Emmanuelle JUILLARD

ENFANTS et ADOS

Moments difficiles → Solutions faciles

Table des matières

PREAMBULE

Eduquer un enfant, c'est l'accompagner dans ses besoins au fil des années, le sécuriser dans les étapes de son évolution physique, émotionnelle, intellectuelle et psychologique, lui apprendre à se connaître et à être en relation sainement avec lui-même et avec les autres.

Apprendre à conduire une voiture est beaucoup plus simple que de prendre soin d'un enfant ! Pourtant, avant de prendre le volant, on suit des cours, on passe un "permis"... alors que pour s'occuper d'un enfant, on n'a pas d'autre choix que de se jeter à l'eau, directement dans le grand bain ! Et chaque enfant nous fait apprendre une nage différente...

Eduquer un enfant devrait donc être facile et intuitif ? Oh que non !!! Chacun apprend à être parent, éducateur, thérapeute, **chaque jour** de chaque moment de la vie de chaque enfant, en fonction de qui il est, de son âge, mais aussi en fonction de notre propre personnalité. Autant le dire : la relation adulte-enfant, c'est parfois vouloir résoudre une équation à dix inconnues avec un manuel de maths de CP !

Depuis des années, je reçois des petits comme des grands, en solo, en fratrie, en famille. J'aide aussi des professionnels en situation de blocage avec leurs jeunes patients. Je constate à quel point, nous, parent ou accompagnant de l'enfant (thérapeute, enseignant, éducateur, nounou, grand-parent...), sommes parfois démunis. Démunis et culpabilisés, souvent plus par nous-mêmes que par les autres, sur ce que l'on devrait savoir faire, sur ce que l'on ferait mal, sur ce que l'on ne saurait pas faire ou qu'on ne ferait pas comme il faut.

Il n'y a pourtant pas de quoi culpabiliser, surtout si on relativise : jusqu'au XVIIIe siècle, la psychologie de l'enfant n'existait pas ! En France, la naissance de la pédiatrie date seulement d'une centaine d'années et il a fallu le Docteur Dolto dans les années 1960 pour que la psychologie de l'enfant soit révélée au grand public. C'est très peu à l'échelle de l'évolution humaine ! Et que dire du **fossé éducatif entre nos enfants modernes, "2.0",**

et l'éducation des générations précédentes : un grand écart difficile à appréhender.

Coincés entre ce que nous avons vécu nous-mêmes avec le modèle éducatif de nos propres parents et les courants éducatifs actuels, il est facile de s'y perdre, de douter, de mal interpréter. Nous nous retrouvons à faire "comme on peut", parfois en mode survie, avec énervement, désarroi, culpabilité, tristesse, incompréhension, exaspération.

Il est difficile d'élever un enfant : on tâtonne, on essaie, on se trompe, on recommence. **Les recettes qui fonctionnent pour un enfant** (recettes dont on est si fier !) **ne marchent parfois absolument pas avec d'autres**. Être parent n'est donc pas toujours ou tout le temps simple, il faut parfois faire preuve de capacités d'adaptation hors normes pour que la relation soit fluide et paisible.

Pour les mêmes raisons, il est difficile d'encadrer, d'aider et d'**accompagner des enfants qui ont un mode de fonctionnement parfois très éloigné du nôtre** et parfois difficilement compréhensible avec nos anciennes grilles de lecture, qu'elles soient liées à notre éducation ou empreintes d'enseignements parfois obsolètes.

L'objectif de ce livre est de **proposer, d'une part des explications, et d'autre part, des solutions concrètes et efficaces** pour surmonter la plupart des problèmes que l'on peut rencontrer avec les enfants.

Le vocabulaire est volontairement et volontiers accessible, parfois humoristique et même familier, pour que **les concepts et les idées soient faciles à retenir et à mettre en place.**

Au fil des pages, vous trouverez des informations, des idées, des astuces, qui ne sont en aucun cas des vérités absolues : **chacun fait comme il veut, comme il peut, en fonction de sa personnalité, son énergie du moment, ses valeurs, ses ressentis, ses besoins… et ceux de l'enfant !**

Dernier point très important : ne mettez en place les outils qu'en cas de problème et soumettez-les à votre libre arbitre. Tout ce que vous avez déjà mis en place et qui fonctionne... fonctionne ! On ne relave pas une voiture propre, n'est-ce pas ? Si ce que vous faites marche, c'est que votre solution est adaptée, même si elle est très différente de celles proposées dans ce livre. ***Le mieux est l'ennemi du bien*, gardez ce qui fonctionne !**

Et pour ce qui dysfonctionne, j'espère sincèrement que cet ouvrage permettra à toute personne en relation avec un enfant d'être plus à l'aise et efficace pour l'aider à grandir... Pour des enfants heureux et épanouis et des adultes détendus et souriants... ou l'inverse !

LE ROLE DE L'ADULTE VIS-A-VIS DE L'ENFANT

Etre un parent ou un adulte référent fiable

POURQUOI ?

Bien sûr, être parent ou adulte référent fiable, c'est **offrir un cadre sécurisant, bienveillant et aimant**… Mais pas que ! Ce cadre a pour objectif de **permettre à l'enfant de grandir, évoluer sereinement et être autonome, respecté et respectueux des autres et des règles de la vie en société**.

• Pour ce faire, l'adulte doit garder en tête quelques principes fondamentaux parfaitement simplifiés par Claude HALMOS dans son livre *L'autorité expliquée aux parents* (Le livre de Poche – 2011) :

"*Premier principe :* *Dans une société civilisée, on peut tout penser et tout dire mais* ***on ne peut pas tout faire*** *(même si l'on en a très envie). Parce que l'on doit tenir compte des autres, auxquels on n'a pas le droit de faire du mal. […] C'est interdit et puni par la Loi. […]*

Deuxième principe : ***On ne peut pas tout avoir****. Même si l'on est une grande personne. Même si l'on est très puissant. […]*

Troisième principe : Chez les humains, ***la sexualité est soumise à des règles*** *:*
- elle est interdite entre adultes et enfants et entre membres d'une même famille ;
- elle ne peut exister qu'entre partenaires consentants […] ;
- et […] ce qui concerne le sexe doit toujours se passer en privé et jamais en public. […]

*Quatrième principe : Si l'on veut réussir ce que l'on entreprend, il y a toujours un prix à payer parce qu'****on ne réussit jamais sans effort****. Il ne s'agit pas là d'un principe moral, mais d'une nécessité imposée par la réalité.*"

L'adulte a pour mission de transmettre ces quatre principes qui, bien au-delà de l'enfant lui-même, s'appliquent à tout être humain et permettent la vie en communauté.

• L'adulte doit aussi aider l'enfant à comprendre quelle est sa place :

"Sa place d'enfant par rapport aux adultes : Il est un être qui compte, un être dont la parole compte. Et ***il a une valeur. Mais il n'est pas un adulte****. Il n'est donc pas autorisé à faire tout ce que font les adultes. Et ce sont eux qui "commandent". Sans avoir pour autant tous les droits [...]*

Sa place dans la famille : L'enfant a, dans sa famille, une place à part entière. [...] On s'enquiert de ses désirs. On lui demande, jour après jour, son avis sur ce qui le concerne. [...] ***Il a une place, mais n'a pas toute la place****. Ses parents en effet ne sont pas seulement des parents. Ils sont aussi un couple. C'est-à-dire des amoureux. [...] Ils ont besoin de moments sans lui. [...]*

Sa place par rapport à l'interdit d'inceste : [...] On ne dort pas avec ses parents. On ne partage pas le lit de papa ou de maman, même si, pour une nuit ou pour plus longtemps (à la suite d'un divorce par exemple), ils dorment seuls."

Sur ce dernier point, il existe des cas particuliers : certaines cultures ou certains parents qui font le choix éducatif de pratiquer, dès le retour de la maternité, le cododo avec leur très jeune enfant. Néanmoins, la question de l'âge auquel le cododo doit cesser est une question difficile qui peut nécessiter un échange avec un professionnel.

• Evidemment, toutes ces règles, tous ces principes nécessitent du temps et de la répétition... L'enfant grandit et mûrit en même temps qu'augmente l'espace de ses possibles. Chaque règle doit être adaptée à l'âge et à la maturité de l'enfant et il faudra du temps pour les assimiler, parfois beaucoup de temps !

COMMENT ?

Répéter sempiternellement les mêmes consignes est normal. Mais **comment cadrer avec bienveillance et patience quand l'enfant teste les limites et s'oppose ?** Car s'il est normal que l'enfant vive dans le tout-et-tout-de-suite, s'il est donc logique que l'enfant veuille vivre sans contraintes, l'adulte doit faire respecter les demandes légitimes.

Vous pouvez dire :
Je pense que tu entends au son de ma voix que ça me casse les pieds de te demander pour la troisième fois de venir prendre ton bain. J'imagine bien que si tu n'es pas déjà dans l'eau, c'est que ça te casse les pieds à toi aussi. Bref, c'est sans doute nul pour tous les deux mais le bain est non négociable ce soir. Est-ce que tu peux filer te laver maintenant s'il te plait avant que l'eau soit froide ?

Si tu regardes bien les expressions de mon visage, tu vas comprendre que j'en ai assez de t'attendre pour faire les devoirs. C'est facile pour moi de comprendre que ça te saoule de les faire car moi aussi je déteste reprendre mon ordinateur pour bosser le soir. Deux solutions, soit tu viens maintenant, soit tu te débrouilles tout·e seul·e. Si rien n'est fait ou si j'estime que ce n'est pas fait comme il faut, je mettrai un mot dans le cahier de liaison expliquant que je n'ai pas pu surveiller les devoirs car tu n'étais pas disponible pendant les 30 minutes dédiées aux devoirs.

Ecouter et accueillir sincèrement les propos des enfants sans les passer à la moulinette de notre maturité d'adulte. Ne pas minimiser l'importance que peuvent prendre pour les enfants certains petits évènements : l'enfance est pavée de premières fois, c'est l'expérience de vie et l'âge qui permettent de relativiser certaines choses.

Vous pouvez dire :

Quand on a 5 ans, que l'on est obligé·e d'aller au supermarché avec papa, alors que c'est barbant pour tous les deux, et qu'on passe devant le rayon des jouets de Noël, ça ne m'étonne pas que tu aies hyper méga envie de repartir avec le train Playmobil ! Attendre Noël pour recevoir des cadeaux, à ton âge, c'est souvent super super dur !

Ne pas minimiser les réactions ou émotions de l'enfant, car il vit tout intensément. Mettre en perspective des évènements est un apprentissage qui prend du temps. Evidemment, il ne s'agit pas de cautionner ni d'approuver l'émotion ou son intensité mais de valider que, compte tenu de son fonctionnement et de son âge, la réaction de l'enfant est légitime.

Zoom sur une situation concrète :

Il est fréquent, quand un enfant tombe, qu'un adulte réponde par : *C'est rien !* ou *C'est juste une égratignure* ou *Tu ne pleurais même pas avant que je te regarde !*
Tout cela est sans doute vrai, mais ce n'est pas la question !

Première hypothèse, l'enfant pleure peut-être car il se sent bête ou maladroit d'être tombé… Un peu comme une starlette qui se prend les pieds dans sa robe le jour des Oscars : ce qui est grave, c'est qu'il y ait du public, la même cabriole dans son salon n'aurait pas les mêmes effets.

Deuxième hypothèse, l'enfant pleure peut-être car cette mésaventure est la goutte d'eau qui fait déborder son vase émotionnel. Il pleure intensément car trop, c'est trop : la cantine hyper bruyante, la brouille avec son copain, les parents de mauvaise humeur, la banane pour le goûter alors que les autres enfants ont des Kinders… L'enfant pleure pour tout ça à la fois et pas juste parce qu'il est tombé. D'ailleurs, souvent, il se rend bien compte que sa réaction est exagérée car il ne soupçonne pas – et l'adulte non plus – toutes ces autres choses qui ont grignoté sa capacité à gérer ses émotions et qui se déversent tout d'un coup quand il tombe.

Troisième hypothèse, l'enfant pleure car il a une sensibilité particulière et qu'il ressent vraiment une douleur intense même si elle est passagère... Comme un patient chez un dentiste qui tente de lui parler pour dire que le soin est désagréable (malgré la bouche ouverte et les instruments dedans, ce qui est toujours un grand moment) et auquel le dentiste répond *C'est rien !* ou *Vous êtes un peu douillet·te, non ?* Gloups...

Il y a bien d'autres hypothèses mais la solution est souvent la même : accueillir sans minimiser ce que vit l'enfant (~~*C'est pas si grave*~~), sans relativiser (~~*Tu en verras d'autres ! Si tu pleures pour ça tu n'as pas fini !*~~) mais sans cautionner non plus (~~*Tu as raison de pleurer autant pour ça*~~).

Vous pouvez dire :
Mince... ça a l'air d'être un moment vraiment pas drôle du tout pour toi !

Il y a des fois où ça fait vraiment du bien de pleurer.

Je suis désolé·e pour toi mon chat ! Est-ce que tu as envie d'un câlin ?

Même si on sait que ça arrive à tout le monde, ce n'est jamais agréable quand ça nous arrive à nous !

Ça, ça fait partie des trucs vraiment énervants de la vie !

Donner l'exemple, autant que possible, **et être cohérent** c'est-à-dire faire les choses de manière réfléchie et authentique, en accord avec soi-même : dire ce que l'on fait et faire ce que l'on dit.

Zoom sur une situation concrète :
Quand un adulte consulte souvent son téléphone portable, y compris à des moments où il est en interaction avec d'autres personnes, il n'est pas très cohérent s'il reproche à l'enfant d'être collé à son smartphone.

L'adulte commence par réguler sa propre consommation (bien qu'elle puisse être, évidemment, supérieure à celle de l'enfant, notamment pour des raisons professionnelles). Il sera ainsi plus légitime pour demander à l'enfant de faire de même.

Essayer d'accéder à la logique de l'enfant et se souvenir que jamais un enfant ne fait quelque chose de méchant ou déplacé sans raison. Il y a toujours une logique, à laquelle il n'est pas toujours facile d'accéder en tant qu'adulte. Il faut parfois faire preuve de beaucoup d'**ouverture d'esprit** : se souvenir et s'imaginer avec le même âge que l'enfant pour comprendre ses motivations ou ses réactions.

Zoom sur une situation concrète :
Un enfant qui dit qu'il n'aime pas son frère ou sa sœur et qu'il préférerait qu'il·elle ne soit pas là ne cherche pas à être méchant envers lui·elle, ni envers ses parents. Il n'est pas forcément jaloux non plus.

Il veut être entendu dans sa vérité : il n'est pas content car on lui impose une situation qu'il ne souhaite pas, c'est-à-dire cohabiter quotidiennement – alors qu'il ne l'a pas choisi – avec quelqu'un d'autre et forcément partager l'attention de ses parents.

Si l'adulte se met dans la logique de l'enfant, il peut comprendre (ce qui ne veut pas dire approuver et encore moins encourager !) ce que vit l'enfant : l'enfant a de bonnes raisons de ne pas être d'accord même si ce choix ne lui revient pas.

Pour mieux se figurer ce que vit l'enfant, l'adulte peut imaginer, par exemple, que son patron l'oblige à partager tous les jours son bureau avec un inconnu nouvellement recruté.

Plus l'adulte va sincèrement entendre et comprendre le point de vue de l'enfant et le lui faire savoir, moins l'enfant va entrer en opposition. Ce que l'enfant veut vraiment, c'est être compris et entendu dans ce qu'il vit, il sait très bien que son parent ne va pas rendre son frère ou sa sœur !

Vous pouvez dire :
Certains enfants ont plus envie que d'autres d'avoir des frères et sœurs. J'ai bien entendu que toi, tu trouves que déjà une sœur ça suffit. Pourtant cette décision ne t'appartient pas, elle appartient aux parents mais c'est aussi important que je sache que ça ne te fait pas plaisir parce que c'est ce que tu ressens vraiment. Et tu as tes bonnes raisons à toi de ne pas être content de cette situation.

A chaque fois que cela est possible, **tenir compte du rythme de l'enfant** : sommeil, vitesse de marche, temps pour intégrer la nouveauté, nécessité de répétitions des apprentissages scolaires, etc.

Zoom sur une situation concrète :
Quand l'enfant est contemplatif ou qu'il est lent le matin, pourquoi ne pas prévoir de partir 5 minutes plus tôt pour aller à son rythme de marche, pour lui laisser le temps de regarder les

petites fleurs qui poussent dans les interstices du macadam ou pour marcher tel un funambule sur les limites du trottoir.

Si cela fait partie de son rythme, le prendre en compte est vraiment important à chaque fois que cela est possible. Tous les adultes ont le désagréable souvenir d'un professeur qui fait son cours sans se soucier de savoir si les élèves ont le temps de prendre en notes toutes les informations, sans tenir compte du décalage de rythme entre l'oral et l'écrit. C'est un peu la même chose quand l'adulte ne tient pas compte du décalage de rythme entre l'enfant et lui...

En moyenne, il faut à l'enfant **10 secondes pour se mettre en mouvement** à partir du moment où il a *réellement* entendu la consigne.

1...

2...

3...

4...

5...

6...

7...

8...

9...

10...

C'est long ! Très long !

<u>Vous pouvez dire :</u>
Zoé ? Ma puce, tu peux aller mettre tes chaussures s'il te plait, c'est l'heure d'aller à l'école ! et compter dans votre tête :
1…
2…
3…
4…
5…
6…
7…
8…
9…
et 10 !

<u>Vous pouvez éviter de dire :</u>
~~*Zoé ? Ma puce, tu peux aller mettre tes chaussures, c'est l'heure d'aller à l'école !*~~
~~*Zoé ? Chaussures ma puce !*~~
~~*Zoé ! C'est l'heure d'aller à l'école, va mettre tes chaussures ! Hé ho ? Zoé ? Ecole, chaussures!*~~
~~*Allez Zouuuuu là maintenant, tu mets tes chaussures, on va être en retard à l'école !!!*~~
~~*Go go goooo ! Tu te fiches de moi !*~~
~~*Zoé ! Chaussures ou je me fâche !!!*~~ et 10 !

Convenir d'un signe pour informer l'enfant que l'adulte commence à en avoir marre. Adulte et enfant peuvent le définir ensemble : l'adulte se touche le nez, se dresse les cheveux sur la tête avec ses mains, tambourine sur ses genoux, grogne comme un chien pas content, prononce une onomatopée rigolote, etc. Ce signe sert autant à l'enfant qu'à l'adulte : chacun doit trouver une solution pour éviter que la situation ne dérape.

<u>Vous pouvez dire :</u>
Pouêt ! Pouêt ! Les enfants, je vois bien que vous vous amusez comme des petits fous à sauter sur le canapé mais je veux que ça s'arrête car ça ne me convient pas. J'en suis désolé·e pour vous. Pourriez-vous trouver une activité moins bruyante et dans une autre pièce que celle où je suis, s'il vous plait ?

Connaître et respecter son seuil de tolérance pour garder une réaction appropriée. Chaque personne a un seuil de tolérance, en fonction de ce qu'elle est, de ce qu'elle a vécu, mais aussi en fonction de son état émotionnel du moment (fatigue, préoccupations, stress professionnel, mauvaise nuit, etc.). Trop de bruit, trop de chouineries, trop de sollicitations de la part de l'enfant et l'adulte entre en zone risquée : celle d'avoir possiblement des réactions verbales ou physiques inadaptées.

Même si l'adulte n'est pas très à l'aise avec le fait de stopper l'enfant, il est toujours préférable qu'il le fasse plutôt qu'il "pète un plomb". Car quand on perd le contrôle de soi-même, on est forcément injuste, désagréable, voire violent·e dans les actes ou dans les propos.

En conséquence, même si l'adulte va momentanément être plus strict que d'habitude, il sera toujours préférable de frustrer l'enfant plutôt que de lui faire subir des foudres car on atteint notre seuil de tolérance.

<u>Vous pouvez dire :</u>
Les enfants ?
Je vous ai déjà expliqué que les adultes et les enfants n'avaient pas toujours les mêmes besoins ou les mêmes limites.
Là-maintenant-tout-de-suite, j'arrive à mon seuil de tolérance à moi d'aujourd'hui. Avant d'être l'adulte qui crie, qui râle, qui se met en colère et qui punit, je voudrais que vous alliez 5 minutes dans vos chambres.

Le temps sera compté par un minuteur. Quand il sonne, vous pourrez sortir de vos chambres ou y rester, c'est comme vous voulez, mais je vous demande de trouver une autre activité moins bruyante.

Et je sais que ça doit être injuste pour vous d'arrêter de faire un jeu amusant pour vous.

La chambre n'est pas une punition, c'est un espace ressource qui est propre à l'enfant et dans lequel il a tout ce qu'il faut pour s'amuser, lire, dessiner, rêver, jouer, etc.

La pause de 5 minutes (ou plus) n'est pas une punition, elle sert juste à faire baisser l'énervement pour tout le monde afin que la suite de la journée ait les meilleures chances de repartir sur de bonnes bases.

BONHEUR

LE ROLE DE L'ADULTE VIS-A-VIS DE L'ENFANT

Les besoins fondamentaux de l'enfant

POURQUOI ?

Comme, malheureusement, l'amour et la bienveillance ne suffisent pas, l'enfant a besoin de limites et de cadre pour grandir en sécurité. Les 3 axes de sécurité nécessaires à l'enfant sont physique, émotionnelle et intellectuelle.

Sécurité intellectuelle 	- apprendre ; - exercer une analyse critique, avoir un avis propre ; - douter et réfléchir en organisant sa réflexion, en prenant en compte l'avis des autres pour enrichir le sien ou changer d'avis ; - intégrer que chaque société (école, famille, sport, fratrie, etc.) a ses règles et que l'on doit les respecter sinon la vie civilisée n'est pas possible.
Sécurité émotionnelle 	- identifier et accepter ce qu'on ressent ; - expliquer et faire respecter ses sentiments et émotions ; - faire la différence entre des relations équilibrées, déséquilibrées ou même toxiques ; - acquérir la capacité de se protéger émotionnellement ; - être en relation sainement avec les autres dans le respect des différences de chacun.
Sécurité physique 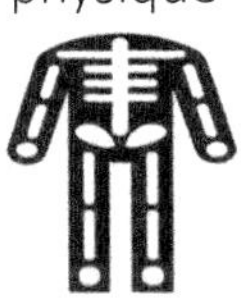	- imposer l'intégrité de son corps ; - respecter l'intégrité du corps des autres ; - acquérir les bases de l'hygiène corporelle ; - prendre soin de son corps (alimentation, sport...) ; - comprendre que la violence n'est jamais une réponse acceptable (sauf légitime défense, seul cas accepté par la Loi).

COMMENT ?

Définir des règles respectueuses de l'enfant : sans humiliation, sans dévalorisation, sans atteinte corporelle, sans culpabilisation.

Vous pouvez dire :	Vous pouvez éviter de dire :
Je vois et je comprends très bien que tu n'as pas envie de mettre la table. Même pour les grands, ce n'est pas une activité enthousiasmante !	*~~Un enfant de 2 ans le ferait déjà !~~*
Tu as l'air fatigué, c'est sûr que ça tombe mal que ça soit le soir où l'on doive aller chez le médecin	*~~Ça va ! C'est pas la mort de mettre la table, ton frère le fait sans râler, lui !~~*
	~~Tu vois que tu sais le faire !~~
	~~Ce n'est pas gentil pour moi de ne pas vouloir aider, tu ne vois pas que je suis crevé·e !~~

Ne pas utiliser le chantage : *~~Si tu ne fais pas ça alors tu ne pourras pas…, Si tu ne m'aides pas alors moi je ne t'aiderai pas la prochaine fois que tu en auras besoin…~~* Bien que très tentant car parfois très efficace, le chantage affectif n'a pas sa place dans la relation éducative, même s'il n'est pas facile pour l'adulte de faire face à sa propre frustration ou à son stress. Soit une action est obligatoire et elle doit être faite par l'enfant, soit une action est facultative et l'adulte accepte vraiment qu'elle puisse ne pas être réalisée. Des solutions alternatives sont évoquées au chapitre suivant sur l'autorité.

Adapter les règles et les solutions à l'âge de l'enfant. Parfois, les adultes attendent des enfants des réponses qui ne sont pas réalistes compte tenu de leur âge.

<u>Zoom sur une situation concrète :</u>
La plupart des enfants, parfois jusqu'à l'adolescence, auront beaucoup de mal à "rester sages" au restaurant ou pendant des repas qui durent trop longtemps, c'est impossible pour eux. Il faut savoir qu'en moyenne, les enfants attendront le CE2 pour arrêter de gigoter sur leur chaise, à table ou à l'école.

Plutôt que d'attendre l'impossible en répétant continuellement une consigne irréaliste (~~*Reste à table !*~~ ~~*Arrête de bouger !*~~), comment faire pour que l'enfant reste assis sans prendre n'importe quel prétexte pour se lever ?

• Quand c'est possible, éviter les situations où l'enfant aurait à tenir trop longtemps sans bouger :
- Pourquoi ne pas choisir un repas à emporter à partager au parc au lieu d'aller au restaurant ?
- Plutôt que de choisir un restaurant en fonction de sa carte, pourquoi ne pas le choisir parce qu'il a des places en terrasse, sur une place aérée, où l'enfant pourra bouger ?
- Pourquoi ne pas laisser l'enfant dans son environnement, en invitant à domicile ?
- Pourquoi ne pas prévoir des activités que l'enfant peut faire tranquillement assis à table ? Jeux de cartes, coloriages, cahiers de jeux, origamis, etc.
- Et, même si la solution n'a rien d'idéale, pourquoi ne pas télécharger sur un smartphone une émission intéressante que l'enfant pourra regarder et écouter au casque ? Parfois, et notamment pour les enfants très actifs, c'est le seul moyen de ne pas transformer un moment agréable au restaurant en un drame familial. Un petit tour au parc après permettra à l'enfant de se dépenser !

• A l'école, si l'enseignant·e est d'accord, un coussin d'équilibre peut être posé sur l'assise de la chaise de l'enfant. Il s'agit d'un coussin de proprioception qui permet à l'enfant de canaliser son énergie en cherchant l'équilibre tranquillement assis sur chaise. Une chambre à air ou un élastique de fitness accroché entre les pieds d'une chaise permettra aussi à l'enfant, quand il pose ses pieds dessus, de gigoter les jambes sans perturber la classe.

• A la maison ou pendant les consultations paramédicales, proposer à l'enfant de s'asseoir sur un ballon de gym plutôt que sur une chaise ou investir dans un coussin d'équilibre : la mobilisation du corps sur l'équilibre permet à l'enfant d'être attentif à ce qu'il doit faire.

Définir clairement ce qui n'est pas permis et faire une proposition sur ce que l'enfant peut faire à la place.

Vous pouvez dire :
Quand on sera chez le médecin, j'aurai besoin de lui expliquer pendant longtemps des choses très importantes pour ta santé, je te demande de rester silencieux·se s'il te plait. Pendant ce temps, tu pourras faire des points à relier ou du coloriage, on en apportera avec une boite de crayons feutres, un crayon papier, un taille crayon et une gomme.

Vérifier l'interprétation de la règle par l'enfant en lui demandant ce qu'il a compris, c'est évidemment particulièrement important quand l'adulte pose un interdit afin d'assurer la sécurité de l'enfant.

Zoom sur une situation concrète :
Adulte : *Ce soir, on va chez quelqu'un qui a une piscine et tu ne sais pas encore très bien nager donc je t'interdis de jouer à côté de la piscine et sur toute la partie en bois qui l'entoure.*

Par contre, tu pourras jouer dans la maison, sur l'herbe et sur la terrasse. Est-ce que tu peux me dire ce que tu as compris ?

Enfant : *Tu penses que je ne sais pas nager pourtant maintenant j'y arrive bien et puis j'ai pris des cours et le maître-nageur m'a dit que j'étais un·e champion·ne !*

Adulte : *Je sais bien ça, mais la règle s'applique pour tous les enfants, même les jeunes nageurs : jamais, jamais, jamais d'enfant au bord d'une piscine sans la surveillance d'un adulte. C'est une interdiction absolue ! Est-ce que tu peux me dire ce que tu as compris car c'est vraiment très important ?*

Enfant : *J'ai pas le droit d'aller à côté de la piscine sans un adulte… trop nul !*

Adulte : *Merci ! Trop nul et trop trop trop interdit, je ne rigole pas avec ça, c'est hyper important !*

Quand c'est possible, **construire la règle *avec* l'enfant.** Mais cela n'est pas toujours facile : manque de temps ou d'énergie de l'adulte, manque de maturité ou d'intérêt de l'enfant, etc.

Vous pouvez dire :

Ce n'est pas possible qu'on se fâche à chaque fois que je te demande d'éteindre la télévision ! Comment pourrait-on faire pour que ça se passe bien ? As-tu des idées ? Moi, j'ai pensé à : mettre un minuteur pour contrôler le temps, éteindre à la fin du générique du 2e dessin animé, compter à rebours de 10 à 0 comme pour le décollage d'une fusée et à zéro j'appuie sur off… Tu veux bien réfléchir à une solution qui te convient et on en reparle au goûter ?

La proposition de solution ne sera peut-être pas la bonne du premier coup ou ne résistera peut-être pas au temps. Il faut expérimenter et, si cela ne fonctionne pas ou plus, il faudra en trouver une autre. L'enfant a le choix entre être acteur et source de propositions ou se voir imposer une solution qui ne lui convient peut-être pas.

Demander à l'enfant de reformuler les règles. Cela a deux effets positifs : vérifier ce que l'enfant a compris exactement de la règle et aider à l'intégration de la règle par la répétition et la verbalisation.

> Vous pouvez dire :
> *Comment tu le dirais avec tes mots à toi ?*
>
> Si la reformulation de l'enfant correspond au message, l'adulte valide : *Génial ! C'est exactement ça !*
>
> Si la reformulation de l'enfant ne correspond pas au message, l'adulte reformule sa demande avec d'autres mots et demande de nouveau à l'enfant ce qu'il a compris : *Mince, je n'ai pas bien expliqué ! Je voulais plutôt dire que ... Est-ce que c'est plus clair ? Peux-tu me le redire avec tes mots à toi ?*

La règle doit être respectée par tous et l'adulte doit montrer l'exemple. Il n'est pas logique de dire à un enfant de ne pas taper les autres en lui tapant sur la main pour lui montrer ce qu'il ne faut pas faire. Ni de crier pour dire de ne pas crier. Ni de s'énerver en demandant à l'enfant de se calmer...

Si l'adulte le fait alors pourquoi dit-il ne pas le faire ? Ce n'est pas cohérent et l'enfant perçoit un message contradictoire. Pourtant, ce genre de choses, tous les adultes du monde l'ont fait à un moment ou à un autre sans même parfois s'en rendre compte !

Vous pouvez dire :	Vous pouvez éviter de dire :
On garde bien ses mains le long du corps quand on sent de l'énervement.	~~*On ne tape pas les gens*~~ en tapant sur la main de l'enfant pour lui montrer ce que cela fait à l'autre.
On tape des pieds très fort par terre et on garde les mains dans les poches quand quelqu'un nous met en colère et, si besoin, on va voir un adulte pour trouver une solution.	~~*On ne pousse pas ses camarades, tu trouves ça agréable si je te le fais ?*~~ en poussant l'enfant pour qu'il fasse l'expérience du désagrément de la réaction d'être poussé par quelqu'un.

Se souvenir que l'enfant vit dans le "moi, tout et tout de suite" et que c'est par la recherche de limites qu'il se construit. Poser un cadre, **faire intégrer des règles est un travail de longue haleine, répétitif et épuisant**. Selon les moments, les sujets, la personnalité des enfants et selon la manière dont l'adulte pose le cadre, la règle va parfois être respectée rapidement, parfois irrégulièrement selon les jours et les humeurs, et parfois l'enfant va s'y confronter avec beaucoup de pugnacité au plus grand désespoir de l'adulte.

Même si c'est très dur, toujours avoir en tête que **s'énerver et crier fait perdre toute crédibilité** à l'adulte... bien que cela puisse fonctionner. L'enfant agit alors par peur, par soumission, par culpabilité ce qui souvent a un effet délétère sur sa confiance en lui et/ou en l'adulte. Cela nuit à une relation adulte/enfant équilibrée et respectueuse.

LE ROLE DE L'ADULTE VIS-A-VIS DE L'ENFANT

Exercer une autorité sécurisante et bienveillante

POURQUOI ?

L'autorité est un sujet ô combien polémique ! En aucun cas ce qui va suivre ne doit être considéré comme des vérités absolues, mais juste comme des pistes de réflexion à passer à la moulinette de la personnalité, de l'histoire, de la réalité de chacun.

A quoi sert l'autorité ?

Le but de l'éducation est de permettre à l'enfant d'**être progressivement autonome et d'acquérir un libre arbitre** pour qu'il soit à même de vivre librement en faisant respecter ses droits et en accomplissant ses devoirs, dans le respect de celui qu'il est et dans le respect de son environnement (les autres et la planète).

Comment expliquer les difficultés des adultes d'aujourd'hui avec les enfants "nouvelle version", les enfants "2.0" ?

Les adultes d'aujourd'hui, nés dans les années 70-80-90, représentent une **génération particulière à la croisée de deux systèmes éducatifs.** Ces deux systèmes ont le même but : faire de l'enfant un adulte épanoui et responsable. Mais ils n'empruntent pas les mêmes chemins pour parvenir à cet objectif.

Cette génération oscille souvent entre les nouveaux adultes référents qu'ils veulent être et les résurgences de l'éducation qu'ils ont reçue. Il n'y a pas à juger ni opposer les systèmes éducatifs mais à trouver une cohérence compte tenu de l'adulte que l'on est, de la personnalité de l'enfant et des évolutions de la société.

Les adultes nés dans les années 70-80-90 ont souvent été élevés selon un système hiérarchique encore vertical. Si on y va fort, on pourrait dire que leur parent (donc les grands-parents des adultes d'aujourd'hui) était perçu comme supérieur, même si l'enfant commençait déjà à avoir une place en tant que personne. L'enfant n'avait pas trop son mot à dire, il se devait d'obéir. **Alors qu'aujourd'hui, les adultes cherchent à élever les enfants en hiérarchie horizontale**, c'est-à-dire, d'égal à égal en tant que personne. Mais cela ne veut pas dire sans autorité et sans limites ! C'est ce qui permet à l'enfant de grandir en sécurité physique, émotionnelle et psychique, et c'est ce qui lui permet d'acquérir les codes sociaux qui vont l'aider à s'épanouir dans sa relation avec les autres (famille, copains, adultes encadrants et futurs patron/conjoint/etc.).

Désormais, **autant que possible, l'adulte construit *avec* l'enfant les règles de vie en tenant compte de son âge, de sa maturité et de sa personnalité.** Autant que possible, l'adulte explique l'utilité de la règle pour l'enfant mais aussi pour l'autre. Parfois, cela n'est pas possible : manque de maturité de l'enfant qui ne lui permet pas encore de trouver du sens à la règle, manque de temps de l'adulte, manque de sens de la règle pour l'adulte lui-même et donc impossibilité d'expliquer la règle… Alors, **l'adulte peut imposer la règle ou la consigne, en ayant conscience que recevoir un ordre n'est jamais facile**.

L'adulte n'a pas forcément à justifier sa position s'il ne le veut pas ou s'il sent qu'il ne le peut pas (fatigue, énervement). D'autant plus que les enfants sont très forts pour trouver un contre-exemple (et ils ont souvent raison !).

Si l'adulte exige quelque chose d'un enfant, il doit avoir conscience qu'il doit le faire **avec parcimonie et pour une raison impérieuse**. Le reste du temps, il doit faire en sorte d'établir un lien collaboratif dès que cela est possible.

Dans le chapitre "Définir les règles du jeu familial", on expliquera comment gérer les actions quotidiennes (faire ses devoirs, mettre la table, se laver les dents) car, bien sûr, certaines règles doivent être définies une fois pour toutes afin de simplifier les journées. Une famille, c'est une équipe et chacun doit connaitre son poste et son rôle à jouer.

Mais que faire lorsque l'enfant rechigne à faire ce qu'on lui demande ?

Comment faire respecter une demande et que faire si l'enfant s'y oppose ?

L'essence même de l'enfant est de faire ce qu'il veut, quand il veut et comme il le veut : c'est normal ! Le rôle d'adulte référent est de **poser un cadre réaliste et respectueux** de l'enfant comme de l'adulte. Mais aussi un cadre **clair, ferme et infranchissable.** Si l'adulte pose une règle en disant clairement qu'elle est obligatoire mais qu'elle n'est malheureusement pas respectée, il perd beaucoup en crédibilité, en cohérence et en fiabilité s'il ne réagit pas. Or, l'adulte doit être une figure rassurante et protectrice pour l'enfant, que ce soit pour les loisirs comme pour les contraintes.

Si l'adulte cède au refus de l'enfant sur une consigne importante, l'enfant – bien sûr – obtient ce qu'il veut (ne pas faire) mais ne comprend pas (était-ce important ou pas ? était-ce obligatoire ou facultatif, finalement ?).

Si l'adulte n'arrive pas à faire respecter une règle cohérente, l'enfant peut extrapoler – consciemment ou non – que l'adulte n'est pas capable de le protéger d'un danger plus grand et plus puissant. Et il y a beaucoup de dangers bien plus grands que de réussir à faire éteindre la télévision à un enfant de 7 ans... même si c'est parfois un vrai challenge ! Et ce, surtout si on parle d'ado et d'écrans...

Il s'agit donc pour l'adulte, et ce n'est pas facile, d'être capable de **poser des règles cohérentes et adaptées. Mais aussi d'exiger que l'enfant les respecte et d'être capable de le sanctionner** s'il les transgresse sciemment ou s'il refuse de jouer son rôle (ce qu'on attend de lui en tant qu'élève, membre de la famille, équipier sportif, etc.).

Alors, comment faire quand l'enfant s'oppose ? Certes, la nuance est mince entre chantage et sanction, mais l'intention n'est pas du tout la même ! Le chantage est une menace (~~*Si tu fais ça alors tu auras ça ou tu n'auras pas ça*~~) ou une manipulation psychologique (~~*Je suis épuisé·e et tu ne fais rien pour m'aider, tu devrais avoir honte !*~~) utilisée pour faire faire à l'enfant l'action en faisant pression sur lui.

En revanche, **la sanction est une conséquence normale à tout manquement.** De même que ne pas respecter – volontairement ou pas – la Loi entraine une amende ou une condamnation.

> Vous pouvez dire :
> *Faire cela fait partie des choses normales à faire à ton âge, je te l'ai déjà expliqué et je t'ai montré comment faire. Je ne peux pas t'obliger à faire cette chose mais tu sais que ne pas la faire entrainera une conséquence.*

COMMENT ?

Pour les tout-petits : l'adulte peut être vigilant à **bien distinguer le "non"** (= Là, maintenant, ce n'est pas possible) **et le "c'est interdit"** (= A cet âge-là ou pour ces raisons-là, ça sera toujours interdit). Dans l'interdiction, il y a souvent une notion de danger.

> Vous pouvez dire :
> *Non, on ne mangera pas de glace ce soir et je comprends que ça soit frustrant pour toi.*

> *Il est interdit de jouer avec les allumettes car c'est très dangereux. Si jamais je te vois en toucher, quelles que soient les raisons, tu auras une très grosse sanction car c'est in-ter-dit, c'est une question de sécurité.*

De plus, les tout-petits ont des pulsions de désirs permanents auxquelles ils peuvent avoir beaucoup de mal à résister. **L'adulte ne doit pas attendre d'eux qu'ils sachent s'auto-censurer ou se raisonner**, c'est impossible ! Mettre l'objet convoité hors de sa vue et de sa portée, évitera alors bien des crises !

Faire la **distinction entre une demande et un ordre.** L'adulte, pour être clair avec l'enfant, doit être clair avec lui-même :

- Suis-je en train de formuler une demande (*Peux-tu mettre la table s'il te plait ?*) à laquelle l'enfant peut répondre par "oui" ou "non" ?

- Ou suis-je en train de donner un ordre, parfois déguisé (*Peux-tu mettre la table s'il te plait ?* qui signifie en réalité : *Tu n'as pas le choix, mets la table !*). Dans cette hypothèse, en réalité, l'adulte n'admettrait pas vraiment que l'enfant réponde "non" et l'enfant appréciera que l'adulte l'assume.

Vous pouvez dire :
Je n'ai pas l'habitude d'obliger les gens à faire des choses mais, là, je veux que tu fasses cela. C'est important pour moi pour mes raisons d'adulte et sans doute est-ce désagréable pour toi et j'en suis désolé·e.

C'est très nul d'être obligé·e par quelqu'un de faire quelque chose. Moi non plus, je n'aime pas ça. Mais là, exceptionnellement, je veux que tu mettes la table même si ce n'est pas ton tour et je reconnais que c'est injuste pour toi.

Plus **l'adulte assume qu'il donne un ordre**, en reconnaissant vraiment que personne n'aime en recevoir, et plus l'enfant sera disposé à l'exécuter parce qu'il comprend que l'adulte comprend que c'est pénible/injuste/dérangeant pour lui. L'adulte a appris, depuis l'enfance, qu'il est parfois obligé de faire des choses qui lui déplaisent ou qui ne l'arrangent pas… mais l'adulte ne vit pas dans le "tout-et-tout-de-suite" de l'enfance. L'adulte a intégré depuis longtemps qu'on ne fait pas toujours ce qu'on veut et quand on le veut, alors que l'enfant est "en cours d'acquisition" de cet apprentissage, comme on dit à l'école.

Vous pouvez dire :
Je suis désolé·e de te déranger parce que je vois que tu es tranquille à jouer aux Lego. J'ai besoin d'aide et je ne vais pas te laisser le choix donc c'est normal que tu n'aimes pas ça. Je veux vraiment que tu … et je sais très bien que tu préférerais jouer aux Lego.

Bien sûr, les gens ne prennent pas ces précautions entre adultes… et c'est sans doute dommage ! Qui n'apprécierait pas un *Je suis désolée de te donner cette urgence à traiter car c'est possible, qu'à cause de ça, tu risques de faire des heures sup', je voulais te dire que j'en suis conscient·e et que ce n'est pas cool pour toi.*

Prévoir **un temps d'échange à propos des règles qui posent problème.** En famille, en groupe ou en duo avec l'enfant : peut-on trouver une règle différente pour parvenir au résultat souhaité ? L'enfant a-t-il besoin qu'on lui explique la raison de cette règle ? Y a-t-il trop de règles et, si oui, quelles sont les règles vraiment prioritaires ? etc.

Soit l'adulte peut ponctuellement recourir à ce moment d'échange quand les tensions s'accumulent, soit il peut institutionnaliser ce moment d'échange en planifiant une réunion sur les choses qui créent des tensions : le dimanche soir avant le repas ? une fois par semaine ou tous les 15 jours ? Le plus dur étant de s'y tenir !

La famille ou le groupe dont fait partie l'enfant (classe, équipe sportive, relation thérapeutique, etc.) peut **choisir un axe d'amélioration par semaine** : être plus positif·ve (moins râler), penser à dire "s'il te plait" et "merci", bannir les gros mots, marcher souplement (ne pas faire l'éléphant) dans l'escalier… On tient alors un tableau où chacun a le droit de mettre une croix à celui qui ne respecte pas la règle (une croix par action). A la fin de la semaine, on regarde ensemble qui a le moins de croix et donc a le mieux respecté la règle. La prise de conscience face au tableau est souvent suffisante pour chacun (pour l'enfant… comme pour l'adulte !). On peut même imaginer que le gagnant puisse avoir un bonus : choisir le jeu de société auquel on va jouer ensemble, proposer le film commun pour la soirée cinéma, faire une activité solo avec l'adulte (si c'est l'enfant qui gagne !) ou décider d'une activité pour le groupe, etc.

<u>Exemples de tableau d'amélioration en classe</u>

Classe de CM1	Elèves	Maître
<u>Objectif :</u> s'exprimer de manière positive ! *Chaque râlerie = une croix.*	X ~~X~~ ~~X~~	~~X~~

N.B. : Si l'élève ou le maître trouve une reformulation positive de son mécontentement, on gribouille la croix. Ainsi, tout le monde voit toutes les fois où chacun a réussi à se rattraper et tout le monde intègre des processus de verbalisation plus efficaces.

Classe de CP	Elèves	Maître
<u>Objectif :</u> avoir une ambiance de travail plus silencieuse. *Chaque objet tombé par inadvertance en faisant du bruit = une croix.*	X X X X X X X X X X X X X X	X

Classe de CM2	Elèves	Maître
<u>Objectif :</u> être devant la porte de la classe immédiatement après la sonnerie. *Chaque fois que l'on attend quelqu'un = une croix.*	X X X X X X X	X X X

<u>Exemples de tableau d'amélioration en famille</u>

Famille MARCH	Papa	Maman	Meg	Jo	Beth	Amy
Venir à table quand les parents appellent. *Chaque attente de plus de 5 min = une croix.*	X	X	X X X		X X	

Famille MARCH	Papa	Maman	Meg	Jo	Beth	Amy
Parler aimablement. *Chaque gros mot = une croix.*	X	X X	X X	X X X X X X	X X X X	X X X X X

Famille MARCH	Papa	Maman	Meg	Jo	Beth	Amy
Repas sans écran. *Chaque consultation de téléphone à table = une croix.*	X X		X X X X X X X	X X X X X X X		

LE ROLE DE L'ADULTE VIS-A-VIS DE L'ENFANT

Communiquer efficacement avec l'enfant

POURQUOI ?

Il ne s'agit évidemment pas de laisser de côté la spontanéité dans les échanges avec l'enfant mais plutôt de connaître quelques règles et astuces pour avoir de meilleures chances d'être réellement entendu.

Il peut être utile d'y recourir quand la communication semble faire chou blanc, ce qui met les nerfs en pelote de tout le monde : l'enfant parce qu'il n'avait pas compris ou mal entendu, l'adulte parce qu'il ne se sent pas respecté ou écouté.

Les solutions pratiques qui vont suivre sont très efficaces bien au-delà du simple rapport adulte-enfant. L'adulte peut aussi s'en inspirer dans ses relations professionnelles, amicales, conjugales et même dans les injonctions faites à soi-même (="Je devrais..." "Il faut que je...").

Quels sont les critères fondamentaux d'une communication efficace ?

• **Avoir l'attention de son interlocuteur :** Quand quelqu'un veut appeler avec son téléphone portable, il fait attention à se mettre dans un endroit qui capte. Eh bien, pour communiquer avec les enfants, c'est pareil ! Si l'adulte veut l'attention d'un enfant, si le message est important, l'adulte doit être dans son champ de réception. Ce qui signifie que, autant que possible, l'adulte doit **être dans la même pièce que l'enfant et capter son attention**.

Si l'enfant est occupé à quelque chose, il est dans sa bulle et personne d'extérieur à la bulle n'existe, l'adulte est hors zone de réception. Au mieux, l'enfant le perçoit de loin comme un vague bruit de fond. Parfois, même, l'enfant répond "Oui... Oui... " ou "OK" ou "Mmm..." mais il ne sait pas à quoi il répond. Les adultes ne le font-ils pas aussi ? ...et particulièrement avec les enfants... Oups !

• L'être humain reçoit les messages principalement de manière visuelle (les yeux), auditive (les oreilles) ou kinesthésique (le toucher, le mouvement). Pour communiquer de manière optimum, vous pouvez **utiliser plusieurs canaux de communication** : visuel et auditif / kinesthésique et visuel / auditif et kinesthésique.

Zoom sur une situation concrète :

Canal de communication ↗			
Montrer le cartable de l'enfant en même temps que lui dire que c'est l'heure de faire les devoirs ;	X	X	
Poser doucement ses mains sur celles de l'enfant en faisant non de la tête pour lui demander d'arrêter une action ;	X		X
Toucher l'épaule de l'enfant et lui dire expressément que ce n'est pas encore l'heure de diner.		X	X

• Choisir **une formulation efficace psychologiquement et neurologiquement**. En effet, selon leur formulation, certains messages peuvent être perçus très différemment du message initial.

C'est notamment le cas du **"Ne... pas..." car le cerveau gère mal la négation.** ~~*N'oublie pas ton sac*~~ pourra être résumé par le cerveau en mots clés : *oublier + sac*... Evidemment, c'est le contraire du message escompté (*Pense bien à prendre ton sac*), ce qui risque de mettre les nerfs des adultes à rude épreuve ! Sur le même principe, **quelques formulations peuvent revêtir un sens caché ou contre-productif**, qui n'est évidemment pas exprimé volontairement : ~~*Ne t'inquiète pas*~~ (le cerveau retient le mot principal : inquiéter) sera bien moins efficace que *Rassure-toi* (le cerveau retient le mot principal : rassurer). **Certains enfants sont très sensibles aux mots** quand d'autres y semblent complètement insensibles.

• **Vérifier la qualité de réception du message**. C'est un peu la méthode du talkie-walkie : le message est-il reçu 5/5 ? Il peut être utile de vérifier si l'enfant a entendu et compris le message que l'adulte souhaite passer, ce sont deux choses très différentes !

COMMENT ?

• Attirer l'attention de son interlocuteur

Tout simplement, l'adulte peut commencer sa phrase en appelant l'enfant par son prénom.

Vous pouvez dire :
Hercule ? (1er toc-toc sur la porte de la bulle de l'enfant).
Hercule ? Tu peux mettre la table s'il te plait ? (Attente d'un signe validant la réception du message).
Et si l'adulte veut être sûr que le message soit reçu : *Hercule ? Tu peux me dire ce que je viens de te demander ?*

L'adulte peut appeler l'enfant pour **capter son regard ou lui toucher doucement l'épaule** pour créer du contact AVANT de lui parler : adulte comme enfant seront alors tous les deux en position de communication.

Si une action doit être faite, **l'adulte peut compter 10 secondes dans sa tête avant de répéter.** Et 10 secondes, c'est long : 1... 2... 3... 4... 5... 6... 7... 8... 9... 10... (et pas 1-2-3-4-5-6-7-8-9-10 !). Pourquoi ? Car c'est souvent le temps nécessaire à l'enfant pour se mettre en mouvement.

• Multiplier les canaux de communication.

Mimer ou montrer en même temps que parler :

Zoom sur une situation concrète :
Prenez le cahier jaune + l'adulte lève en l'air un cahier jaune.

On va se laver les dents + mimer le geste du lavage de dents.

Adjoindre un petit dessin à une consigne écrite :

Zoom sur une situation concrète :
Ecrire "Réservé pour le dessert" sur le gâteau au chocolat + dessin d'un panneau interdit.
Griffonner "Mettre la table SVP" + dessin rapide d'assiette-couteau-fourchette sur le Post It.

• Formuler efficace les phrases

Les principaux "Ne... pas..." à éviter :

Vous pouvez dire :	Vous pouvez éviter de dire :
Retiens bien que... *Pense à...* *Souviens-toi de...* *Imprime dans ta tête que...*	~~*N'oublie pas...*~~
Continue à te concentrer ! *Reste motivé·e !*	~~*Ne te décourage pas !*~~ ~~*N'abandonne pas !*~~
Marche lentement !	~~*Ne coure pas !*~~
Parle doucement !	~~*Ne crie pas !*~~
Calme-toi ! *Mets-toi en mode ninja furtif, mode espion !*	~~*Ne fais pas autant de bruit !*~~
Pourquoi ne ferais-tu pas plutôt ça ?	~~*Ne fais pas ça !*~~

Quelques formulations usuelles pouvant revêtir un sens caché ou contre-productif :

Vous pouvez dire : *C'est plutôt réussi !* *C'est un bon début !* *C'est plutôt bien !*	Vous pouvez éviter de dire : ~~*C'est pas mal…*~~
Sous-entendu : Bravo… et en plus, je sais que tu en as encore sous le pied !	Sous- entendu : tu aurais pu faire mieux !
Vous pouvez dire : *Rassure-toi !* *Tout va bien !*	Vous pouvez éviter de dire : ~~*Ne t'inquiète pas !*~~
Sous-entendu : notion de sécurité.	Sous-entendu : notion de stress.
Vous pouvez dire : *Je constate que c'est important pour toi !*	Vous pouvez éviter de dire : ~~*C'est rien…*~~
Sous-entendu : Ce que tu penses a de l'importance même si je ne pense pas la même chose que toi ou même si je ne comprends pas pourquoi c'est si important pour toi.	Sous-entendu : je m'en fiche/je n'ai pas le temps ; négation des sentiments.
Vous pouvez dire : *Commence à…*	Vous pouvez éviter de dire : ~~*Essaie de…*~~
Sous-entendu : Va jusqu'où tu peux, tu as déjà des connaissances, et si jamais tu as besoin d'aide, je suis là.	Sous-entendu : je ne le sens pas, je ne suis pas sûr que tu vas y arriver…

• Vérifier la qualité de réception du message

Demander à l'enfant s'il a bien entendu. Puis mesurer, à la tonalité de la voix, si **sa réponse est automatique ou impliquée**.

Vous pouvez dire :
Marie-Albertine ? Ce "hummm hum..." ça veut dire "j'ai compris qu'on part dans 5 minutes et qu'il faut que je me prépare ?" ou ça veut dire "hummm hum est-ce que tu peux répéter parce que je ne suis pas sur·e d'avoir entendu..." ?

Demander à l'enfant de reformuler ce qu'il a compris. Cela évite les quiproquos et les malentendus, et cela donne à tout le monde le droit à l'erreur... de compréhension ou de formulation !

Vous pouvez dire :
Peux-tu me dire, avec tes mots à toi, ce que tu as compris de ce que je viens de te dire ?

Permettre aussi à l'enfant d'exprimer son sentiment par rapport à la demande qui lui est faite (approbation, mécontentement, injustice, etc.) **et en tenir compte autant que possible**, sans pour autant remettre en cause l'action à faire. Il est toujours important que l'adulte s'imagine à la place d'un enfant de l'âge de celui avec lequel il est en interaction. Car, oui, devoir mettre la table, même si c'est l'heure et même si c'est son tour, alors qu'on est en train de regarder une série qui plait, ce n'est pas agréable. Il sera souvent très apprécié par l'enfant que l'adulte le verbalise.

Vous pouvez dire :
Effectivement, ce n'est pas cool pour toi ! Je comprends bien que mettre la table à l'heure de ta série, ça soit pénible.

Vous pouvez éviter de dire :
~~*C'est de ta faute, tu aurais dû le faire avant ! Tu sais ce que tu as à faire, c'est à toi de t'organiser.*~~

Même si les remarques déconseillées ci-dessus sont sans doute vraies, elles n'auront pour effet que de mettre de l'huile sur le feu. Cela ne servira qu'à ce que tout le monde passer à table avec les nerfs en pelote… Enfin… si la table est mise…

LE ROLE DE L'ADULTE VIS-A-VIS DE L'ENFANT

Définir les règles du jeu familial

POURQUOI ?

Dès leur plus jeune âge, les adultes référents donnent une **routine de vie** aux enfants, routine qui évolue avec leur maturité et leur autonomie.

Pourtant, la plainte principale des adultes est la répétition perpétuelle de ce cadre. Pourtant, inversement, la plainte principale des enfants est le rappel perpétuel de ce cadre par l'adulte. Voici comment **les actions simples du quotidien deviennent la principale source de tension** dans la famille, souvent dès le réveil, au grand dam de chacun qui trouve que l'autre exagère.

Un outil efficace pour réduire ces tensions est d'**établir un tableau des actions obligatoires.** Ces actions doivent être peu nombreuses, adaptées à l'âge de l'enfant et aux priorités de la famille, et obligatoires. Elles sont donc soumises à conséquences si elles ne sont pas respectées. Ces actions doivent être **précises et explicites (qui/quand/quoi/comment)**. Les conséquences en cas de non-réalisation doivent être posées et, quand c'est possible, être en lien avec l'action qui n'a pas été faite tout en étant respectueuses de l'enfant, bien entendu !

Quelques explications sur l'intérêt des tableaux des actions obligatoires :

- La plupart des adultes hésitent à mettre en place ce type de tableau car ils pensent que les enfants savent ce qu'ils ont à faire. Pour certains enfants, c'est tout à fait juste et ceux-là constateront avec satisfaction qu'ils ont fait ce que l'on attend d'eux, ce qui les valorisera. D'autres ont besoin de plus de cadre et de rigueur et cet outil leur permettra d'être au clair avec ce que l'on attend d'eux et de comprendre que ce n'est pas vrai que l'adulte n'est "jamais content", il l'est parfois et généralement pour de bonnes raisons que l'enfant connait, c'est-à-dire quand l'enfant a rempli sa part du contrat.

Ce type de tableau est donc **bénéfique pour les enfants obéissants comme confrontants**.

- Parfois, l'explication et le dialogue permettent de faire en sorte que l'ambiance familiale soit bonne, du matin au soir, chacun adaptant naturellement ses besoins et contraintes à ceux de la vie en collectivité. Quand ce n'est pas le cas – occasionnellement ou systématiquement –, ce type de tableau règle une grande partie du problème. En thérapie, c'est **un des outils très efficaces pour fluidifier les relations familiales**.

- Pour ce qui est de la répétition, ce type de tableau permet de ne plus répéter sempiternellement les mêmes consignes et donc de **moins râler**. L'adulte invite l'enfant/l'ado à aller regarder par lui-même le tableau, ce qui le rend autonome.

Néanmoins, l'adulte doit garder en tête que la répétition, le rappel de la règle, fait partie de la vie de tous, même quand on est grand. En effet, tout adulte sait normalement que, en ville, tout le monde doit rouler à 30 ou 50km selon les zones. Pour autant des panneaux le rappellent sans arrêt ! De même, parfois, respecter une règle jugée trop stricte (comme par exemple les 30km/h sur une belle et fluide ligne droite) n'est pas toujours facile pour bien des conducteurs, qu'ils le fassent sciemment ou par inattention. Et si un adulte se fait arrêter 2 fois de suite pour avoir légèrement dépassé la vitesse, est-il juste de dire qu'il l'a fait exprès ? Personne ne fait exprès de "mal faire" par plaisir. Quand on le fait, c'est toujours pour une bonne raison (en tout cas de notre point de vue !). Pour l'enfant, c'est exactement la même chose.

- Pour ce qui est de la sanction (mesurée, respectueuse et, si possible en corrélation directe avec le problème), certains s'insurgeront, d'autres trouveront cela difficile à mettre en œuvre, d'autres trop "bisounours"... Rappelons-nous que même les adultes ont des règles qui s'imposent à eux de manière parfois arbitraire : ce n'est pas parce que je suis en retard au travail après avoir été bloqué·e 15 minutes par un camion en panne que j'ai le droit de dépasser la limitation de vitesse.

De plus, aucun être humain ne sait être tout le temps sous contrôle, sinon les radars sur les bords des routes ne flasheraient pas si souvent, que le conducteur ait transgressé la règle volontairement ou non.

COMMENT ?

Règle du jeu du tableau des actions obligatoires :

- On ne demande à l'enfant que 5 actions obligatoires le matin et 6 le soir : pas plus ! Ce qui signifie que les actions qui ne sont pas dans le tableau (voir exemple ci-après) incombent malheureusement à l'adulte... alors autant être ingénieux pour que ces actions puissent être faites rapidement et facilement, c'est gagnant-gagnant.

Zoom sur une situation concrète :
Rentrer chez soi et trouver les pièces de vie parsemées d'affaires d'enfants/ados (jeux, cahiers, crayons, bouts de papier restés là après du bricolage, emballages de goûter, chargeurs de téléphone, cartes de bus et de cantine, clés, etc.) peut être, pour certains adultes, le coup de grâce après une longue journée de travail... et parfois une excuse toute trouvée pour relâcher la pression en râlant dès leur arrivée à la maison.
Or, le rangement n'est pas du tout, sauf rares exceptions, la préoccupation des enfants, quand bien même ils savent que c'est important pour l'adulte. Ça ne fait pas partie de leur réalité, au même titre que déclarer les impôts ou faire les courses.

Une solution gagnant-gagnant, c'est :
- Si la tâche de rangement fait partie des actions obligatoires du quotidien de l'enfant (voir tableau ci-après) et qu'il peine à réellement "ranger" : mettre à la disposition des enfants/ados un grand bac dans le placard de l'entrée pour qu'ils y déposent chaque soir pêle-mêle toutes leurs affaires qui trainent et qu'ils n'ont pas envie de ranger. Un joli sac de linge (généralement

esthétique et de grande capacité) dans un coin de pièce fera aussi parfaitement l'affaire selon l'agencement du lieu de vie. Oui... c'est vrai... les affaires ne sont pas rangées à proprement parler... mais le lieu de vie est agréable aux yeux de l'adulte qui va pouvoir passer sa soirée à autre chose que ranger à la place des enfants... ou râler sempiternellement !

- Si la tâche de rangement ne fait pas partie des actions obligatoires du jour attribuées à l'enfant : l'adulte prend quelques minutes en rentrant pour dispatcher les affaires qui trainent dans les bacs/sacs de chacun et obtient l'intérieur propre et rangé dont il a besoin pour se détendre le soir plutôt que de passer sa soirée à se désespérer que le rangement ne soit toujours pas intégré aux automatismes de l'enfant.

- Utilisation possible, avec parcimonie, d'un "joker" : Il se peut que l'adulte estime normal ou qu'il souhaite que l'enfant effectue une tâche occasionnelle qui n'est donc pas, par définition, dans le tableau. L'adulte lui propose ou impose – selon les cas – une action supplémentaire : mettre la table alors que ce n'est pas son tour, ranger sa chambre avec quelques jours d'avance pour permettre d'installer le lit d'un camarade invité à dormir, donner un coup de main en allant chercher le pain, etc.

Certains enfants trouveront cela normal et d'autres trouveront cela injuste même si l'action, in fine, leur bénéficie. Ici, l'important est de faire savoir à l'enfant que, en tant qu'adulte, on est conscient qu'on lui demande quelque chose en plus : les plus aidants seront valorisés d'être reconnus dans leur rôle d'aidant, les plus rebelles seront entendus dans leur sentiment d'injustice. Evidemment, il s'agit là d'une injustice d'enfant/d'ado que l'adulte peut reconnaitre sans pour autant la cautionner.

Autant que possible, même s'il les pense très fort, l'adulte essaiera d'éviter les phrases qui mettent de l'huile sur le feu en sermonnant, culpabilisant, jugeant – volontairement ou non – l'enfant. L'adulte doit garder en tête sa priorité : un coup de main… ou une leçon de morale – aussi justifiée puisse-t-elle être !

Attention à ne pas lâcher l'objectif : ce que l'adulte veut, c'est un coup de main sans prise de bec !

Vous pouvez dire :	Vous pouvez éviter de dire :
En tant qu'adulte, je peux comprendre qu'aller chercher le pain alors qu'on est tranquille dans sa chambre soit une corvée, tout en trouvant normal d'avoir un coup de main quand j'en ai vraiment besoin !	~~*Tu peux bien faire ça au lieu de légumer sur ton lit ! C'est pas la mort non plus ! Je ne te demande pas la lune ! Avec ton père, on fait tout pour vous, franchement, tu pourrais au moins faire ça !*~~
Je vois bien que tu n'es pas content·e d'aller chercher ton frère à l'école. Tu sais, une famille, c'est un peu comme une équipe. On peut être amener à jouer à un poste qui n'est pas le sien. Au foot, si le gardien est absent, les autres joueurs devront défendre les buts en plus d'assurer leur poste sinon ils perdront le match. Ça s'appelle l'intérêt général.	~~*Ton frère, lui, il le ferait sans broncher !*~~ ~~*Tu ne crois pas que tu es un peu égoïste là ?!? T'es en vacances et tu ne fais rien alors que moi je travaille ! La prochaine fois que tu auras besoin de quelque chose, tu verras !*~~

Et si l'adulte estime qu'un refus n'est pas acceptable, ce refus aura des conséquences : réduction du temps d'écran, attribution d'une ou deux aides supplémentaires plus tard dans la journée ou le lendemain, etc.

> Vous pouvez dire :
> *Ça m'embête de te demander ça parce que tu as l'air pénard·e sur ton lit comme tout·e bon·ne ado mais j'ai absolument besoin que tu ailles chercher le pain. Je peux facilement imaginer que ça te saoule et que tu trouves ça injuste... mais là, je ne te laisse pas le choix parce que j'en ai vraiment besoin. Je sais que ça ne fait pas partie de tes actions obligatoires du jour, je fais le maximum pour ne pas recourir à ce genre de demande supplémentaire.*

- **Chaque famille/chaque groupe a ses impératifs et ses idéaux de vie** : Pour certains, se laver les dents est obligatoire dès 3 ans, pour d'autres cela sera de faire son lit ou d'aérer la chambre... Certains parents aiment prendre le temps d'habiller leurs jeunes enfants car ils considèrent ça comme un moment privilégié, d'autres parents préfèrent ranger les affaires de toute la famille après le repas pour aller plus vite... **Chaque adulte fait avec ce qu'il est** ! Ce qui est important pour les Capulet ne le sera peut-être pas pour les Montaigu, ce qui est important en colo ne le sera peut-être pas chez les grands-parents. Le tableau ci-après propose les cas les plus fréquemment exposés par les familles. Pour autant, à chacun (ou pas !) son tableau, ses horaires et ses règles !

- Il est important que les actions obligatoires demandées soient **connues et expliquées à l'avance.** Il doit également impérativement exister **un support papier** que l'enfant/l'ado peut consulter (il peut même cocher les actions faites s'il le souhaite). Enfin, l'enfant/l'ado doit connaître les conséquences en cas de non-respect des règles obligatoires. Vous trouverez ci-après des exemples concrets adaptés à chaque âge.

- L'adulte doit **choisir des sanctions qu'il sera capable de tenir** sinon ça ne fonctionnera pas. L'enfant sentira que c'est une menace (chantage) et non une réalité (chacun a des droits et des devoirs et les manquements ont des conséquences).

Il sentira que l'adulte n'appliquera sans doute pas la sanction et donc sera plus enclin à ne pas faire ce qu'il a à faire.

En effet, à part le mécontentement de l'adulte, il ne subira pas la conséquence de ses actes… même si pour certains enfants, décevoir l'adulte est pire qu'une sanction…

Zoom sur une situation concrète :
Certains adultes sont contre l'idée d'amener l'enfant en pyjama à l'école (quand il n'a pas voulu s'habiller) ou le ventre vide (quand il s'est habillé mais tellement tardivement qu'il n'y a plus de temps pour le petit-déjeuner).
Certaines sanctions chez les uns seront inenvisageables chez d'autres, que ce soit parce qu'elles sont contre leurs principes ou que ce soit parce ce qu'ils savent qu'ils ne les mettront pas en œuvre. Dans ce dernier cas, il suffit juste que l'adulte trouve une autre sanction réalisable et en accord avec ses valeurs.

- Autant que possible, les **conséquences doivent être en lien avec l'action à faire** (et respectueuses de l'enfant et des valeurs éducatives de l'adulte). De plus, l'adulte doit pouvoir les appliquer à chaque fois, sauf circonstances exceptionnelles.

Zoom sur une situation concrète :
Ne pas faire ses devoirs peut entrainer une suspension du temps d'écran le lendemain.

Ne pas mettre la table peut engendrer le fait de ne pas passer à table.

Ne pas se laver ou ne pas descendre son linge sale peut avoir pour conséquence que, à part pour les sous-vêtements, l'enfant doive s'habiller avec les mêmes vêtements que la veille ou qu'il se retrouve en pénurie de caleçon et doive faire une machine et l'étendre par ses propres moyens.

Ne pas ranger sa chambre le dimanche comme convenu ? L'adulte collecte tout ce qui traîne dans un grand sac qu'il range à l'arrière de la voiture familiale. Le contenu du sac ne lui sera rendu que le samedi suivant à charge d'être rangé pour le jour convenu pour le rangement de chambre… sinon l'adulte recommence la même opération. Ce n'est agréable pour personne mais c'est une solution facilement applicable. Néanmoins, préalablement, il faut penser à se mettre d'accord avec l'enfant sur ce qu'est "ranger la chambre" et accepter que sa définition du rangement ne soit pas vraiment la même que celle d'un adulte. En cas de désaccord, on peut trouver un compromis : qu'il n'y ait rien au sol pour pouvoir passer l'aspirateur, que les vêtements propres soient rangés et les sales dans le bac à linge.

- **Arrêter de râler ! C'est un point important mais très difficile à respecter** pour tous.

Puisque l'enfant va déjà subir la conséquence de ses actes (sanction connue et prévue), alors **surtout pas de double peine** avec les reproches, culpabilisations, râleries des adultes (même si les adultes ont évidemment le droit de dire qu'ils sont mécontents que l'enfant ne respecte pas le contrat).

En plus d'être une double peine (sanction ET râleries), s'énerver ou râler met tout le monde de travers pour le reste de la journée et c'est souvent sans effet positif sur l'action qui n'a pas été faite… et sur celles qu'il reste à faire…

Explications sur la notion de double peine :

Imaginez votre réaction si vous avez fait une erreur de conduite et qu'un policier vous verbalise… et que, en plus de vous rappeler la Loi – ce qui est normal – et donc l'amende qui va avec – ce qui est la conséquence logique de votre infraction que vous l'ayez fait exprès ou non –, le policier vous fasse la morale.

Vous vous sentez déjà suffisamment nouille de ne pas avoir respecté la Loi ou pour certains, de vous être fait prendre ! – et de devoir payer une amende.

Vous êtes légitimement redevable d'une sanction et d'un rappel à la Loi, mais pas d'une leçon de morale, surtout si elle s'éternise !

Explications à propos de la râlerie :

Même si elle est légitime et très compréhensible, elle a des effets néfastes pour l'adulte comme pour l'enfant.

Râler fragilise la relation adulte-enfant et fait baisser la capacité de l'enfant à se concentrer sur ce qu'il a à faire dans la suite de la journée : comment être complètement attentif à l'école quand on s'est fâché avec une personne qu'on aime ? Comment se sentir confiant·e quand on a le sentiment d'avoir encore déçu l'adulte ou d'avoir été nul·le ?

Même si c'est difficile à croire, les enfants les plus rebelles sont très affectés de décevoir l'adulte… encore une fois, même si cela ne se voit pas.

Proposition de frise du temps pour les jeunes enfants :

7h00	7h15	7h30	8h00	8h20

Se réveiller	S'habiller	Prendre le petit-déjeuner et ranger ses affaires (lave-vaisselle ou évier)	Se laver les dents 3min, se coiffer, faire une toilette visage et mains	Mettre ses chaussures et son manteau, prendre son cartable et son goûter
Conséquence - On ne passe pas à l'étape d'après donc pas d'habillage, petit déjeuner, etc. ; - Les parents informent l'école de la raison de l'absence ou du retard : l'enfant n'a pas voulu se lever et, à part user de la force, il n'y avait rien à y faire. L'enfant assumera les remarques de l'enseignant·e et sera, dans le cadre familial, privé d'écran ou téléphone ou activité sportive ou autre pour la journée/le lendemain.	Conséquence - On ne passe pas à l'étape d'après donc pas de petit-déjeuner, etc. ; - Aller en pyjama à l'école ou une autre sanction (aide familiale supplémentaire pour compenser le temps perdu par son refus de s'habiller).	Conséquence - Avoir un petit-déjeuner qui ne nécessite aucun rangement le lendemain (tranches de pain, pomme, etc.) ; - Manger le repas du soir dans le bol resté sur la table depuis le matin.	Conséquence - Montrer une image (tolérable) de dents cariées ; - Supprimer 10 min de temps d'écran ; - Ne pas avoir d'histoire le soir.	Conséquence Selon l'âge : - Aller en chaussons à l'école ; - Risquer d'être confiné pendant la récré car pas de blouson ; - Devoir expliquer à l'enseignant·e pourquoi l'enfant n'a pas ses affaires ; - Ne pas avoir de goûter si l'enfant ne l'a pas pris.

16h00	16h30	17h30	18h30	19h30	20h30
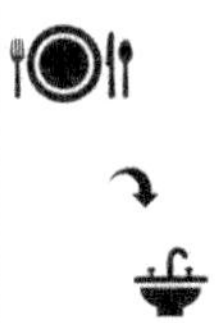		 Chaque jour /  Lundi Mercredi Samedi			
Prendre son goûter et ranger ses affaires après (jeter miettes, emballage, peau de banane)	Faire ses devoirs	Se laver (quoi et quand) et se mettre en pyjama	Aide familiale (selon l'âge) Sortir le chien, Ranger linge propre, Arroser les plantes, Ranger les jouets du salon, Mettre la table...	Se laver les dents 3 min et Faire une toilette visage et main	Après l'histoire, aller faire pipi et rester dans sa chambre calmement jusqu'au sommeil.
<u>Conséquence</u> - Ce qui n'est pas rangé ou nettoyé se retrouve posé dans l'assiette du repas du soir ; - Attribuer une tâche supplémentaire le lendemain.	<u>Conséquence</u> - Mettre un mot expliquant que l'enfant n'a pas voulu faire ses devoirs, malgré votre fermeté. Il assumera avec son enseignant·e.	<u>Conséquence</u> - Garder les mêmes vêtements que la veille (sauf les sous-vêtements). Il assumera de dire (ou vous assumerez d'expliquer) qu'il est sale ou qu'il risque de sentir mauvais parce qu'il n'a pas voulu se laver...	<u>Conséquence</u> - Suppression d'une heure d'écran ; - Attribution de deux contributions familiales à la place d'une seule le lendemain ; - Ne pas avoir d'histoire le soir...	<u>Conséquence</u> Selon l'âge : - Montrer une image (tolérable) de dents cariées ; - Supprimer dix minutes de temps d'écran ; - Ne pas avoir d'histoire le soir...	<u>Conséquence</u> - Suppression d'une heure d'écran ; - Attribution de deux contributions familiales à la place d'une le lendemain ; - Ne pas avoir d'histoire le soir...

<u>A propos de ce tableau pour les plus jeunes (jusque fin de primaire) :</u>

- Chacun peut faire sa propre "frise du temps" et l'illustrer en choisissant avec l'enfant les photos, images, pictogrammes qui lui parlent le plus : plus c'est explicite, rigolo ou décalé et plus l'image va sauter aux yeux de l'enfant, plus ça a de chance d'être efficace. On peut, par exemple, accrocher la vieille brosse à dents "Lapins Crétins" sur la case de la toilette obligatoire du matin ou le logo de la boite de céréales préférées de l'enfant sur la case petit-déjeuner.

- L'habillage juste après le réveil permet que, quoi qu'il se passe, l'enfant soit prêt pour partir à l'école à l'heure... quitte à ce qu'il mange une banane sur le chemin de l'école ou qu'il ne mange pas avant midi.

- Les enfants contemplatifs ont besoin de plus de temps que les autres pour être prêts, pourquoi ne pas les lever plus tôt pour ne pas les presser (*~~Dépêche-toi !~~, ~~Tu n'as pas encore...~~, ~~On va être en retard~~*) ? Cela évitera, à l'enfant comme à l'adulte, de commencer sa journée stressés par la peur d'être en retard.

- L'adulte peut faire le rappel du temps en demandant à l'enfant d'aller voir la frise du temps. Il peut être utile de rappeler à l'enfant que maintenant *ceci et cela devraient être faits et que c'est l'heure de le faire quand la grande aiguille est sur le chiffre 4.*

- Des sonneries peuvent être programmées (du lundi au vendredi pour ne pas être dérangé le week-end !) sur un smartphone pour marquer le temps. L'enfant peut même choisir la sonnerie qui lui parle le plus pour chaque action (se préparer pour partir à l'école = sonnerie de la charge de la cavalerie / prendre sa douche = bruit de la pluie).

Si l'idée vous plait, cherchez dans vos placards un vieux téléphone portable sans carte SIM ou achetez pour quelques euros un très vieil IPod sur un site de petites annonces d'articles d'occasion. Veillez à supprimer toutes les applications "à risque" (~~accès internet~~, ~~jeux~~...) et programmez une sonnerie pour chaque échéance de la frise du temps. L'enfant sera autonome et l'adulte sera moins tenté d'intervenir (*~~tu n'es pas encore habillé.e !!!~~*) et d'exprimer son agacement.

- L'adulte, autant que possible doit se souvenir de ne pas râler et laisser l'enfant choisir entre faire ou subir la conséquence de ne pas avoir fait.

Proposition de frise du temps pour les plus grands :

Planning de Maxime							
MATIN	**Lun**	**Mar**	**Mer**	**Jeu**	**Ven**	**Sam**	**Dim**
Aérer la chambre quelques minutes	!!!	!!!	!!!	!!!	!!!	!!!	!!!
Ouvrir les volets	X	X	X	X	X	X	X
Eteindre la lumière de la chambre	!!!	!!!	!!!	!!!	!!!	!!!	!!!
Préparer son petit déjeuner	!!!	!!!	!!!	!!!	!!!	!!!	!!!
Ranger ses affaires du petit déjeuner	X	X	X	X	X	X	X
Nettoyer la table du petit déjeuner				X		X	
Se laver les dents (3min)	!!!	!!!	!!!	!!!	!!!	!!!	!!!
Sac : clés + carte bus + téléphone + carte self	X	X	X	X	X		
Départ école /collège / lycée	7h15	7h15	7h45	8h15	7h15		
9.15-10.15 : Judo (Départ 8.50)						!!!	
10.45 : Vérification/aide devoirs avec l'adulte						!!!	
Ranger sa chambre						X	X
!!! Pas d'écran avant 11h le matin	!!!	!!!	!!!	!!!	!!!	!!!	!!!
MIDI	**Lun**	**Mar**	**Mer**	**Jeu**	**Ven**	**Sam**	**Dim**
Mettre la table du déjeuner et débarrasser			X				X
APRES MIDI	**Lun**	**Mar**	**Mer**	**Jeu**	**Ven**	**Sam**	**Dim**
17.15-17.45 : Orthophonie (Départ 17.00)		!!!				!!!	
16.30-18.00 : Trompette (Départ 16.00)			!!!				
Faire les devoirs *(Voir agenda papier + en ligne)*	X	X	X	X		X	
Faire ses exercices de musique (10min)	X	X	X	X	X	X	X
Préparer les affaires de sport-musique pour lendemain		X			X		
Ranger/mettre à laver le sac de sport/musique			X			X	
Passer l'aspirateur (cuisine, salon)							X
Vider le lave-vaisselle	X			X			
Faire des petites courses/chercher pain			X			X	
Descendre le linge sale dans le bac à linge		X			X		
Se laver : - Corps - Cheveux - Oreilles - Ongles	Co	Co Ch	Co Or	Co Ch	Co	Co	Co Ch Or On
SOIR	**Lun**	**Mar**	**Mer**	**Jeu**	**Ven**	**Sam**	**Dim**
Mettre la table du diner et débarrasser	X			X			X
20.00 : Ecrans en bas (et mis en charge)	X	X	X	X	X	X	X
Laver les dents (3min)	!!!	!!!	!!!	!!!	!!!	!!!	!!!
Aérer chambre quelques minutes							
Être dans sa chambre à 20h30 / ~~lumière~~ à 21h15	!!!	!!!	!!!	!!!	!!!	!!!	!!!

A propos de ce tableau pour les plus grands :
- Les actions " ! ! !" sont nommées pour mémoire car elles doivent être déjà acquises à cet âge.

- Les conséquences doivent être aussi choisies et exposées à l'ado, elles peuvent faire partie d'un contrat signé à part.

- Et toujours, le plus difficile : appliquer sans râler les éventuelles sanctions prévues quand l'ado ne fait pas ce qu'il a à faire.

LA GESTION DES EMOTIONS ET SENTIMENTS

Importance de la gestion des émotions et sentiments

POURQUOI ?

Pour chacun, petit ou grand, **se couper ou se méfier de ses émotions revient à douter d'une partie de soi-même**. En effet, une émotion veut dire quelque chose et ne pas prendre en compte ce quelque chose est souvent une bombe à retardement. C'est comme ne pas se soucier d'une lumière inhabituelle qui s'allume sur le tableau de bord d'une voiture : ce n'est peut-être "pas grand-chose" ou peut-être faut-il s'arrêter immédiatement. Et si plusieurs lumières de "pas grand-chose" s'allument en même temps, peut-être faut-il quand même s'arrêter rapidement ?

L'adulte a appris à mieux connaître le monde de ses émotions et donc à limiter les débordements ou craquages émotionnels. Mais pour l'enfant, c'est un apprentissage à faire, **un apprentissage long et progressif** en fonction de sa maturité. Comme l'enfant vit dans un sentiment (normal) de toute puissance (il veut tout et tout de suite et ne comprend pas encore que ce n'est pas possible), il est sans arrêt confronté à ses émotions : frustration de ne pas pouvoir faire ou de ne pas avoir ce qu'il veut, de ne pas être compris de l'autre, de ne pas pouvoir expliquer ce dont il a besoin car souvent il l'ignore lui-même ou il n'a pas encore les mots pour l'exprimer clairement, etc. Il est donc important de lui apprendre à vivre avec ses émotions et, **progressivement, lui permettre de les extérioriser d'une manière appropriée**.

Ignorer une émotion, c'est prendre un risque de développer :
- de l'insécurité (je ressens un signal d'alerte et je ne le prends pas en compte. En conséquence, je ne sais plus vraiment ce qui est dangereux ou pas) ;
- un manque de confiance en soi (ce que je ressens n'a pas d'importance) ;
- du stress (je ne peux pas me fier à ce que je ressens) ;

- de la violence interne (je suis nul·le) ;
- de la violence externe (violence verbale ou physique) contre soi-même ou contre les autres.

L'émotion ou le sentiment, une fois qu'il est présent, a besoin d'être extériorisé. Imaginons le cœur comme un réservoir à émotions et sentiments. Au fur et à mesure de la journée, s'y accumulent des expériences émotionnelles positives (félicitations de la maitresse, invitation à l'anniversaire d'un copain, frites à la cantine) et négatives (peur d'être en retard, stress d'une évaluation, camarades désagréables, chute dans la cour). Que ces expériences soient infimes comme un grain de sable (un copain fait la tête) ou énormes comme un caillou (être exclu·e d'un groupe par le caïd de la récré), elles remplissent progressivement le réservoir émotionnel qui peut aller jusqu'à déborder : c'est alors la crise. Crise qui peut revêtir différentes formes comme de la violence physique ou verbale, des hurlements, des pleurs, de l'isolement... **Plus l'adulte encourage l'enfant à extérioriser au fur et à mesure ce qu'il vit, moins il y a de risque de voir le réservoir émotionnel déborder et donc d'avoir à affronter une crise.**

Il est enfin très important d'aborder un dernier cas : il arrive souvent qu'une crise vienne gâcher une journée scolaire/familiale/amicale très sympa. C'est malheureusement normal ! **Trop d'émotions positives peuvent provoquer la même crise que trop d'émotions négatives**... mais il est très compliqué de le comprendre en tant qu'adulte. Il est fréquent que les adultes trouvent l'enfant ingrat dans ce genre de cas, alors que l'intensité de la crise est en parfaite adéquation avec l'intensité du bonheur de l'enfant pendant la journée : tout ce bonheur, toute cette stimulation, tous ces rires ont fait déborder son réservoir d'émotions. C'est très injuste pour tout le monde car la crise ponctue une journée parfaite... mais elle est quasiment inévitable si la journée a été intense (d'autant plus si l'enfant est jeune, mais pas que). Avec le temps, l'enfant apprendra à réguler – la plupart du temps – ce genre de situation comme par exemple en s'isolant un peu ou en piquant un somme dans la voiture lors d'un trajet.

COMMENT ?

<u>Quels sont les outils de base pour gérer les émotions de l'enfant ?</u>

Rassurer : Ce que l'enfant ressent est vrai et légitime pour lui… même s'il est parfois difficile de le concevoir compte tenu de notre vision ou maturité d'adulte. L'idée n'est pas de cautionner le point de vue de l'enfant (~~*Tu as raison de réagir comme ça*~~) mais de valider qu'il réagit émotionnellement à quelque chose d'important pour lui.

<u>Vous pouvez dire :</u>
C'est normal que tu ressentes cette émotion car, pour tes raisons à toi d'enfant, cette situation est importante pour toi.

En tant qu'enfant, vivre ce genre de chose, ça ne doit vraiment pas être facile ! C'est donc normal que ça te mette dans un tel état ! Je suis désolé·e pour toi.

Il est souvent surprenant de constater qu'il peut suffire d'**accuser réception de la légitimité de son état** émotionnel pour que l'enfant se calme car il se sait entendu dans ce qu'il ressent par une personne importante pour lui.

<u>Vous pouvez dire :</u>
Si tu es dans cet état-là, tu dois avoir de bonnes raisons et il a dû vraiment se passer quelque chose de très désagréable pour toi !

Ça serait tellement bien pour toi, évidemment, si on pouvait aller au parc ce soir avec tes copains. Si j'étais un enfant, je crois que moi aussi j'aurais du mal à accepter de rentrer directement à la maison pour faire les devoirs.

Reformulation par l'adulte de ce qu'il a compris du problème puis interrogation de l'enfant pour savoir s'il pense que l'adulte a vraiment compris son problème. Cela l'aide de deux manières : l'enfant apprend à partager avec quelqu'un son problème plutôt que de le garder pour lui et cela l'aide à structurer sa pensée pour mieux comprendre lui-même ce qui ne lui convient pas.

Une fois que l'enfant a validé que le problème est bien celui-là, l'adulte peut **proposer de chercher avec l'enfant des solutions à son problème**.

Zoom sur une situation concrète :
Si j'ai bien compris, tu es hyper en colère contre Jean-Marcel, le caïd de l'école, car c'est lui qui choisit qui joue au foot, est-ce que c'est bien ça ?

→ Si "non" : *Mince, excuse-moi ! Est-ce que tu peux me réexpliquer ?*

→ Si "oui", l'adulte valide en disant quelque chose de vrai pour lui : *Je crois que, si j'étais enfant, je serais super en colère aussi !* ou *Les despotes, ça me met hors de moi donc je comprends ta colère* ou *Ça fait longtemps que je ne suis plus enfant donc, honnêtement, je ne sais pas trop quoi dire mais je vois à quel point ça te met en colère.*

Puis, l'adulte peut aider l'enfant à trouver des solutions à son problème :
Et si tu amènes ton propre ballon de foot ?
Est-ce que ce problème de foot peut être mis à l'ordre du jour du Conseil des Enfants de l'école ?
Quel autre jeu pourriez-vous trouver avec tes copains où Jean-Marcel ne viendrait pas mettre son grain de sel ?

💡 Aider l'enfant à **identifier précisément l'état émotionnel** dans lequel ce problème le met. Il y a sur internet des outils très utiles, selon l'âge des enfants, comme la roue des émotions ou des tableaux de smileys ou des listes de sentiments.

COLÈRE	DEGOÛT	TRISTESSE	JOIE	SURPRISE	PEUR
Je me sens…	Je me sens…	Je me sens…	Je me sens…	Je me sens…	Je me sens…
Embarasse·e	Déçu·e	Coupable	Optimiste	Etonné·e	Humilié·e
Dévasté·e	Dégoûté·e	Abandonné·e	Paisible	Confus·e	Rejeté·e
En insécurité	Hésitant·e	Désespéré·e	Fort·e	Surpris·e	En insécurité
Jaloux·se	Révolté·e	Déprimé·e	Accepté·e	Choqué·e	Anxieux·se
Furieux·se	Mal à l'aise	Seul·e	Fier·e	Consterné·e	Apeuré·e
Enragé·e	Humilié·e	Indifférent·e	Joyeux·se		Terrifié·e
Provoqué·e	Indisposé·e	Vulnérable	Libre		Craintif·ve
Irrité·e	Choqué·e	Inférieur·e	Amusant·e		Préoccupé·e
Enervé·e		Impuissant·e	Curieux·se		Incapable
Méprisé·e		Ignoré·e	Important·e		Inférieur·e
Critiqué·e		Honteux·se	Confiant·e		Insignifiant·e
Evincé·e		Intimidé·e	Courageux·se		Ridiculisé·e
Agressif·ve		Triste	Aimé·e		Exclu·e
En colère		Ridicule	Espiègle		Non respecté·e
Haineux·se		Incompris·e	Drôle		
Menacé·e		Jugé·e	Excité·e		
Incompris·e		Inférieur·e	Energique		
Blessé·e					
Révolté·e					
Humilié·e					
Je me sens…	Je me sens…	Je me sens…	Je me sens…	Je me sens…	Je me sens…

Vous pouvez dire :
Peux-tu m'aider à mieux comprendre ce que tu ressens s'il te plait ? C'est plutôt de la déception ? De l'agacement ? de l'irritation ? De l'énervement ? De la colère ? De la rage ?

L'état dans lequel ça te met d'être privé de jeux vidéo, est-ce que tu dirais que c'est un peu comme ce smiley-là ? comme la fois où ton frère a détruit ton château de Lego ?

Demander à l'enfant s'il a besoin de l'adulte ou pas pour trouver une solution à son problème ou une idée pour ne pas aller vers une extériorisation émotionnelle inappropriée (énervement, colère, etc.).

Parfois, le simple fait de partager le problème est suffisant pour l'enfant et il ne souhaite que cela, il n'a aucune envie de l'avis de l'adulte.

Parfois, l'adulte peut construire avec lui des solutions pour ce problème précis ou si la situation recommence plus tard.

Jouer au "3-/3+" : chacun nomme à tour de rôle les 3 choses qu'il n'a pas aimées dans sa journée, puis les 3 choses qu'il a bien aimées. Un des participants peut exceptionnellement ne pas être inspiré et ne trouver qu'une ou deux choses mais il ne doit jamais y avoir plus de points négatifs que de points positifs. Tout peut être nommé : les grands ou pires moments comme les plus insignifiants.

Exemples pour les enfants :	Exemples pour les enfants :
- vexation de ne pas avoir été interrogé alors qu'il·elle avait levé la main ; - repas pas bon à la cantine ;	- compliment reçu ; - courage d'avoir dit à son·a copain·ine qu'il·elle n'était pas d'accord avec lui·elle ;

<u>Exemples pour les enfants :</u> - injustice dans la cour de récré ; - faute d'étourderie à la dictée ; - maman qui oblige à prendre un blouson alors qu'il faut chaud ; - frère ou sœur qui ne lui laisse pas de temps de parole à table - copain·ine qui lui a coupé la parole en classe, etc.	<u>Exemples pour les enfants :</u> - fierté d'aller acheter seul·e le goûter à la boulangerie ; - le magasin de courses en ligne qui a échangé le petit pot de pâte à tartiner bio avec l'énorme pot de vrai Nutella avec de la vraie huile de palme, - être allé·e au parc, etc.

<u>Exemples pour les adultes :</u> - mécontentement envers son chef ; - déception d'avoir perdu un client ; - énervement d'avoir cherché ses clés juste avant de partir ; - stress d'arriver en retard à un rdv ; - être arrivé·e trempé·e au bureau ; - avoir eu mal aux pieds dans ses chaussures toute la journée ; - ne pas avoir eu le temps de faire pipi tellement il y avait de travail ; - être tombé·e dans les bouchons ; - avoir oublié d'acheter le pain ; - avoir eu peur que la voiture ne démarre pas, etc.	<u>Exemples pour les adultes :</u> - douceur d'un petit bisou d'enfant au réveil ; - plaisir de partager une bonne nouvelle avec un·e collègue ; - moment de complicité avec son amoureux·se ; - satisfaction d'avoir osé exprimer son point de vue lors d'une réunion ; - avoir reçu un compliment ; - avoir goûté un dessert à tomber au restaurant ; - s'être garé·e sans avoir à chercher de place ; - avoir entendu une blague drôle ; - avoir réalisé une action difficile ; - avoir reçu un SMS sympa, etc.

Cet exercice est très utile sur plusieurs aspects :

- il permet d'**offrir à chacun un moment pour extérioriser ses émotions** négatives (vider le négatif) et focaliser son attention sur les bons moments (redynamiser le positif) ;

- il permet à l'adulte de **mieux appréhender l'état émotionnel** de l'enfant et à l'enfant de mieux appréhender celui de l'adulte ;

- il permet à l'enfant de s'inspirer des extériorisations de l'adulte pour **conscientiser les faits et évènements qui influencent son bien-être, positivement comme négativement**, pour qu'il puisse les verbaliser à son tour une prochaine fois.

C'est un exercice facile à mettre en œuvre et très efficace à chaque fois que l'adulte sent l'enfant chargé émotionnellement (à la sortie de l'école avec le parent ou la nounou, au début d'une consultation si on est professionnel de santé, sur le chemin de retour d'un goûter d'anniversaire, etc.)

Idéalement, quand on est en famille, cet exercice peut être pratiqué – quasiment – tous les soirs au moment du repas. C'est souvent un bon moyen que tout le monde ait un temps de parole (et pas que les plus bavards) mais aussi un bon moyen pour tous de connaître l'actualité et la météo émotionnelle des autres membres de la famille.

Aider l'enfant à **identifier les 3 stades qui annoncent un débordement émotionnel** pour pouvoir anticiper et stopper les crises avant qu'elles ne se produisent.

Zoom sur une situation concrète :

- Stade 1 : soupirs, absence de réponse à un trait d'humour de l'adulte, pas envie de faire les choses qui normalement sont agréables pour lui, râleries plus fréquentes, etc.

- Stade 2 : mauvaise humeur, ne veut pas décrocher des écrans, plaintes, rechigne à respecter le planning familial, s'énerve contre son frère ou sa sœur, verbalisation d'un sentiment d'injustice, etc.

- Stade 3 : gros mots, gestes brusques, claquage de porte, parle mal, etc.

Ce ne sont que des exemples et pour certaines personnes, les actions du stade 2 sont des "stade 3" et celles du stade 3 sont peut-être des "stade 1", cela dépend beaucoup des personnalités des enfants, de ce qui est habituel ou pas dans le fonctionnement familial. Ce qui est perçu comme banal ou normal chez certains pourra être vu comme déplacé ou interdit chez d'autres.

Identifier les signes précurseurs de la crise **permet d'entamer le dialogue avant qu'il ne soit trop tard pour la désamorcer**. Comme beaucoup d'autres exercices de ce livre, il peut être très intéressant pour l'adulte d'identifier lui-même ses propres stades pour se repositionner avant d'arriver dans le rouge.

L'adulte et l'enfant peuvent **convenir d'un code secret**, un geste ou un mot, pour informer l'enfant qu'il semble rentrer en zone émotionnellement dangereuse. L'adulte aura déjà convenu préalablement avec l'enfant de ce que l'enfant doit faire dans ce cas. Eventuellement, l'adulte pourra accompagner l'enfant et le faire avec lui.

<u>Zoom sur une situation concrète :</u>
L'adulte dit *Code cacahuète !* (pour signifier que l'attitude de l'enfant part en cacahuète) = l'enfant fait 3 fois le tour du jardin en courant le plus vite possible.

- L'adulte mime qu'il s'arrache les cheveux = l'enfant va déchirer de vieux prospectus pour se défouler sans partir en crise de nerfs.

- L'adulte crie *Coussin !* = l'enfant peut aller taper un gros coussin spécifiquement choisi comme "coussin de la colère"... ou crier voire insulter autant qu'il le souhaite mais avec la tête enfouie dedans pour étouffer les sons.

LA GESTION DES EMOTIONS ET SENTIMENTS

La colère

POURQUOI ?

La colère est une émotion. L'énervement ou l'agressivité sont des comportements. Tout le monde a le droit d'être en colère mais certains comportements provoqués par la colère ne sont pas admissibles.

Qu'est-ce que la colère ?

Quand quelque chose est important pour nous et que l'on n'arrive pas à l'expliquer ou à le faire comprendre ou que l'autre s'en moque, alors la colère peut se développer. La colère est une **émotion légitime**, un signal que l'on n'est pas respecté. La **colère est donc très utile**. C'est le moyen de l'exprimer qui doit être approprié.

Ce qui est difficile pour l'enfant, c'est qu'il pense – et c'est normal – qu'il a le droit à "tout-et-tout-de-suite". Grandir, c'est faire l'apprentissage que, non, on ne peut pas avoir tout-et-tout-de-suite et que certaines choses sont injustes ou frustrantes et que c'est comme ça.

Il est donc **facile de comprendre pourquoi l'enfant est souvent en colère** : il doit apprendre la frustration + il doit accepter des limites alors qu'il n'a pas toujours la maturité de les comprendre + il n'est pas encore assez grand pour analyser et expliquer ce qui ne lui convient pas.

De plus, **sous l'effet de la colère, le corps sécrète des hormones** qui insensibilisent et donc favorisent la perte de contrôle dans l'intensité des actes et des paroles. C'est pourquoi on peut, enfant ou adulte, perdre le contrôle et notre comportement peut devenir inadapté sous l'effet de la colère.

COMMENT ?

Que faire quand l'enfant est encore en capacité d'échanger ?

Rassurer l'enfant : la colère est une émotion normale, on n'est pas "pas gentil" d'être en colère. L'important est de trouver très rapidement comment faire baisser cette colère ou faire une "belle" colère (et pas une moche où on fait des choses que l'on regrette après parce qu'on n'a pas pu se contrôler).

Pour ce faire, dans un premier temps, l'adulte pourra tout simplement **accuser réception de la légitimité de l'état émotionnel de l'enfant.**

Vous pouvez dire :
Si tu es aussi énervé·e, tu as forcément tes bonnes raisons de l'être.

Dans un second temps, l'adulte pourra **demander à l'enfant s'il a besoin de son aide ou pas** pour trouver une solution.

Vous pouvez dire :
As-tu besoin que je fasse quelque chose pour que cette colère ne devienne pas une moche colère où tout le monde s'énerve et, à la fin, tout le monde s'en veut d'avoir fait ou dit des trucs nuls ?

Demander à l'enfant de **dire, mimer ou dessiner** son problème ou le sentiment qu'il lui procure, ce qui a pour effet de mobiliser le corps et de faire baisser la tension corporelle avant qu'elle ne soit trop grande pour être canalisée.

L'aider à **trouver le pourquoi de la colère et si besoin une solution** pour que le problème cesse. Il est même possible, quand l'enfant est encore accessible à l'humour, d'utiliser l'imagination.

> Vous pouvez dire :
> *Ton camarade mériterait le sort de Crache-Limaces dans Harry Potter ! Tu imagines ! Devant toute l'école ! Il ne l'aurait pas volé !*

Que faire quand il est trop tard et que l'énergie de colère doit sortir ?

Souvent, quand la colère est là, il est trop tard pour échanger avec l'enfant, il faudra le faire plus tard.

Bien évidemment, l'adulte peut utiliser les solutions ci-dessus mais si elles semblent ne pas avoir de prise ou, pire, attiser la colère, il faut changer de stratégie :

Rassurer l'enfant : Toute personne qui est dans cet état d'énervement a de bonnes raisons de l'être, personne n'a envie d'être en colère, personne n'a envie de crier ou de dire ou faire des choses "méchantes" juste comme ça.

> Vous pouvez dire :
> *Tu es un·e enfant sympa et si tu es dans cet état-là, ça ne doit pas être drôle pour toi et tu dois avoir de sacrées bonnes raisons.*
>
> *Généralement, quand tu es aussi énervé·e, c'est soit parce que quelqu'un a vraiment abusé, soit parce qu'il s'est passé trop de trucs "beurk" dans la journée ! Personne n'est dans cet état par hasard !*

Lui proposer un moyen d'extérioriser "proprement" son émotion.

Vous pouvez dire :
Tu as envie d'aller courir dehors hyper vite ou de crier de toutes tes forces dans un coussin ?

Est-ce que tu veux qu'on déchire de vieux magazines ensemble pour évacuer cette envie de tout casser ?

Ça ne serait pas le moment d'aller t'enfermer dans les toilettes pour crier le plus de gros mots possibles en 3 minutes ?

Tu pourrais peut-être gribouiller la tête du type en couverture de ce magazine en imaginant que c'est la tête de la personne qui a volé tes cartes Pokemon ? Et on la montrera à ton papa ce soir pour qu'il se rende compte à quel point ça t'a rendu fou de rage !

C'est souvent **d'autant plus efficace quand l'adulte le fait avec l'enfant** car ce n'est pas facile pour l'enfant de canaliser des pulsions pour les diriger vers une action acceptable.

Néanmoins, si la colère de l'enfant vient activer celle de l'adulte, alors, il vaut mieux que l'un des deux s'isole.

APRES la crise, proposer à l'enfant de parler de ce qui a pu provoquer une émotion négative si puissante. L'adulte écoute avec bienveillance en se mettant dans la peau d'un enfant du même âge : sans minimiser les ressentis de l'enfant. Attention : ne pas minimiser ne signifie pas que l'adulte cautionne ce qui se passe, l'adulte peut comprendre qu'un enfant tape un autre enfant parce qu'il est très en colère sans pour autant être d'accord avec ce comportement.

Et si l'adulte ne comprend pas, c'est important qu'il le dise à l'enfant.

Vous pouvez dire :
Parfois, les adultes n'arrivent pas à se souvenir de quand ils étaient enfants. Sur ce sujet précis de colère liée à la frustration, au sentiment d'injustice, c'est dur pour moi de comprendre que ce qui s'est passé provoque autant d'énervement, de violence et de gros mots. Mais je vois à quel point ce qui s'est passé est important pour toi vu l'intensité de ta réaction.

APRES la crise, trouver des solutions pour la prochaine fois, si ça recommence :

Vous pouvez dire :
Quelles idées pourrions-nous trouver pour faire une belle colère la prochaine fois : taper le matelas de ton lit plutôt qu'une personne ? inspirer et souffler très fort plusieurs fois comme si on était le loup des trois petits cochons devant la maison de paille ? faire comme si tu étais un avocat qui devait faire condamner celui qui a jeté ta trousse dans les toilettes et moi je serais le jury qui écoute sans pouvoir parler ?

Est-ce que tu peux m'aider à savoir ce que je peux faire la prochaine fois pour t'aider à ce que la colère ne prenne pas cette ampleur ?

Et si la colère vient d'une broutille ? L'adulte doit se souvenir que c'est souvent "la goutte d'eau qui fait déborder le vase". Evidemment, une colère aussi forte ne peut pas être provoquée par une petite chose. Si c'est le cas (énorme colère quand on demande à l'enfant de mettre la table), c'est que la colère a forcément été provoquée par une accumulation (visible ou pas) d'émotions souvent négatives comme des frustrations, des échecs, de la fatigue… mais parfois, aussi, par une accumulation de trop d'évènements positifs comme la joie, l'excitation, les surprises, etc.

Montrer ou dire à l'enfant qu'il est ridicule de faire une crise pour une chose aussi insignifiante n'est pas aidant et ne fait que remettre de l'huile sur le feu pour une prochaine crise, car l'enfant se sent déjà coupable/anxieux/énervé/ridicule de ne pas avoir maitrisé ses émotions. Il est alors important de lui expliquer que, parfois, on cumule plein d'émotions au fil des jours ou des heures et que "mettre la table" n'a été que l'émotion négative de trop qui a fait déborder son réservoir d'émotions. La force de sa colère est la somme de tous les petits et grands énervements/frustration/incompréhensions/injustices qui ne se sont pas exprimés. L'adulte peut alors tenter de **remonter le fil du temps avec l'enfant pour identifier les situations ou émotions** positives comme négatives, intenses ou répétées, qui ont pu remplir son réservoir d'émotions.

Zoom sur une situation concrète :
Le réservoir émotionnel de l'enfant peut être rempli par à-coups ou petit à petit : une mauvaise note, un anniversaire avec des copains surexcités et une montagne de bonbons, la transition maman-papa d'une garde alternée, le bruit à la cantine, une journée intense à la plage, un temps de parole pas respecté à table, une réflexion générale d'un professeur que l'enfant aurait prise personnellement, une embrouille avec des copains, la promesse d'une prochaine activité très attendue, la fatigue de la fin d'une période scolaire, un frère ou une sœur envahissant·e, etc.

Et s'il y a lieu de sanctionner ? Selon ce qui s'est passé pendant la crise et selon les principes éducatifs de l'adulte, il se peut que l'adulte souhaite poser une sanction.

Il est alors **important de séparer le "fond" et la "forme" de la crise**. OUI, être en colère est normal et, si l'enfant l'a été, c'est pour des bonnes raisons – identifiées ou pas. Et NON, exprimer quelque sentiment que ce soit, quelles qu'en soient les raisons, en tapant, en insultant ou en cassant des objets, n'est pas admissible. C'est cela qui est sanctionné et non pas la colère en elle-même qui, elle, est légitime. En règle générale, la sanction est beaucoup mieux admise par l'enfant quand le fond et la forme de la crise sont verbalisés par l'adulte.

Aussi surprenant que cela puisse être, certains enfants seront même soulagés d'être punis (si la punition est réfléchie, expliquée et proportionnée) car ils savent que leur comportement n'était pas admissible et la sanction est alors le prix à payer pour être absous. Les enfants les plus rebelles peuvent alors être rassurés de constater que quelqu'un peut les arrêter s'ils ont un comportement inapproprié. Les enfants les plus obéissants, quant à eux, seront souvent soulagés d'être punis afin de ne pas être rongés de remords... voire s'autopunir (se taper eux-mêmes, se dénigrer, etc.). La relation adulte-enfant repart alors sur de nouvelles bases, vierge de l'évènement désagréable qui s'est produit.

Quand tout cela est fait, il est important de **ne pas trop insister sur le problème une fois que l'on a eu une explication avec l'enfant** et qu'il a effectué son éventuelle sanction (si l'adulte estime qu'une sanction est nécessaire).

Métaphore :
Revenir souvent sur le problème serait un peu comme si un policier venait régulièrement sonner à la porte de la maison d'une personne qui aurait fait un excès de vitesse pour lui rappeler son erreur passée alors que le rappel à la Loi a été fait et l'amende payée il y a belle lurette.
L'intention du policier est sans doute bonne : rappeler de ne pas recommencer des actes répréhensibles pour ne pas avoir de problème mais la mise au point a déjà été clairement faite lors de l'interpellation.

L'équation doit être respectée : **explications + éventuellement sanction réfléchie-mesurée-proportionnée = absolution** = on ne revient pas sur le problème… même s'il peut parfois être utile de rappeler la règle pour éviter la récidive. Le rappel de la règle se fera alors sans rappeler l'évènement fâcheux et de manière impersonnelle.

Vous pouvez dire :	Vous pouvez éviter de dire :
Je rappelle à tout le monde que toute activité a des limites horaires et que le non-respect de ces limites entraine une diminution du temps de sortie ou une privation de sortie pour une prochaine fois.	~~*Je te préviens Berthe-Marie : si tu me fais le même coup que la dernière fois en arrivant 20 minutes plus tard que l'horaire défini, tu n'es pas prête de revoir tes copains de si tôt, c'est moi qui te le dis !*~~
A toutes fins utiles, je rappelle que si des portes sont claquées violemment, même pour de bonnes raisons, je dégonde la porte de chambre de celui ou celle qui l'a fait et je la mets au garage pendant une semaine.	~~*Pierre-André ? Tu reclaques encore une fois la porte de ta chambre et je te jure que je la démonte et que je la mets dans le garage jusqu'au moins Noël prochain !*~~
Comme les tours dans la salle de bain posaient problème, j'ai établi un planning. Celui ou celle qui ne respecte pas le planning est dernier·e à la salle de bain pour la semaine suivante.	~~*Jacques-Olivier ! Je me trompe ou tu te fous de moi ? Ce n'est pas ton tour d'aller dans la salle de bain en premier aujourd'hui et tu le sais très bien ! Tu le fais exprès pour embêter tout le monde !*~~

LA GESTION DES EMOTIONS ET SENTIMENTS

L'ennui

POURQUOI ?

Comprendre l'intérêt de l'ennui

Toute la journée et au fil du temps, notre tête se remplit d'idées, d'apprentissages, de souvenirs, de questions, de pensées. Notre cœur, lui, se remplit d'émotions, de sentiments parfois agréables et parfois moins. Notre corps aussi est très actif : il bouge, il manipule, il apprend (écrire, couper, dessiner, attraper, utiliser une règle ou un compas...), etc.

L'ennui est un temps de pause qui nous questionne sur **ce que l'on veut vraiment plutôt que de faire des choix par facilité ou automatisme.**

L'ennui, aussi désagréable soit-il, est donc important pour l'enfant.

Métaphore :

On peut imaginer qu'une personne est un peu comme une boule à neige. Toute la journée, elle est remuée dans tous les sens par des idées, des apprentissages, des émotions, etc., au point de ne plus trop savoir ce qu'il y a à l'intérieur.

Quand on arrête de remuer la boule à neige, on obtient un peu de calme intérieur, voire de l'ennui. Et c'est parfois à cette condition que l'on peut accéder à des choses que l'on n'aurait jamais remarquées si on avait continué à remuer notre boule à neige dans tous les sens. Quand les flocons retombent, on voit ce qu'il y a à l'intérieur de la boule à neige. Quand le calme revient, on perçoit mieux ce qu'il y a dans le cerveau : un besoin, une idée, un rêve, une pensée, une envie, un projet, etc.

L'ennui et les écrans

Evidemment, les écrans (télévision, consoles et autres tablettes, téléphones...) sont une solution qui fera l'unanimité chez la plupart des enfants. Mais ils privent des bénéfices de l'ennui : se recentrer sur soi, accéder à la créativité, se relaxer, questionner ses envies, etc. A défaut de dépendre d'un autre être humain, **la solution à l'ennui dépend alors d'une machine ce qui n'autonomise pas l'enfant et peut même le rendre dépendant.** Les écrans sont comme le Doliprane, il soulage momentanément mais ne résout pas le problème... et le surdosage est dangereux pour la santé.

COMMENT ?

Bien entendu, il est primordial que l'adulte passe du temps avec l'enfant : partager, échanger, jouer, transmettre des savoirs non scolaires, rire, faire du sport, cuisiner ensemble, etc. Mais il est aussi important que l'enfant sache s'occuper par lui-même afin que son bonheur, son épanouissement, ne dépendent pas de quelque chose ou de quelqu'un. Voici quelques idées pour l'y aider :

💡 Dessiner/coller/écrire sur une grande feuille des **idées de jeux/d'activités** que l'enfant peut faire seul. A chaque fois qu'il le souhaite ou que l'adulte le lui demande, il peut venir y piocher une ou des idées pour s'occuper.

Plus il y aura d'idées et plus l'enfant aura de chance d'accrocher sur quelque chose qui le motivera en fonction de son état et de ses envies du moment. Idéalement, l'adulte fait cette liste avec l'enfant pour maximiser les idées.

Liste des choses que je peux faire :			
- Faire la plus haute tour possible en Kapla ; - Faire des perles à repasser ; - Faire un jeu de 7 familles avec des personnages de dessins animés (en inventant ceux qui n’existent pas) ; - Prendre des photos de chacun de ses jouets et écrire leur histoire ; - Dessiner le meilleur souvenir des dernières vacances ; - Faire un chamboule tout avec des bouteilles d’eau/lait vides et les décorer avec des dessins de chaque membre de la famille ; - Reproduire en dessin ou peinture un objet de la maison ;	- Faire une animation stop motion avec des Lego ; - Faire un concours photo de grimaces ; - Inventer un parcours santé dans le jardin ; - Souffler des bulles de savon ; - Cuisiner un gâteau seul·e *(la cuisson pouvant être assurée par l’adulte en fin d’activité) ;* - Inventer une chorégraphie sur une musique ; - Reproduire un dessin avec un calque ou en transparence sur une vitre ; - Recopier la peinture d’un tableau en affichant le modèle à l’envers ; - Apprendre des pliages d’origami ; - Faire de la pâte à modeler ;	- Faire des coloriages magiques ; - Trouver des mots difficiles dans le dictionnaire et tester ses parents pendant le diner sur leur définition ; - Apprendre un instrument de musique ; - Faire un dessin sur un thème particulier ; - Reproduire un monument connu en Kapla/Lego/pâte à sel ; - Se faire un maquillage d’Halloween au mois de janvier ; - Prendre un bain (selon l’âge de l’enfant) ; - Jouer dehors avec des pistolets à eau ; - Faire un reportage vidéo sur sa maison comme si on était un agent immobilier ;	- Trouver une recette de cuisine à réaliser soi-même ou le week-end prochain en famille ; - Faire des points à relier (modèle à imprimer sur internet) ; - Décorer un vieux tee-shirt avec des stylos type Bic (résistants au lavage) ; - Trouver une idée de futur activité ou voyage en famille et présenter le projet ; - Coudre et décorer une vieille chaussette pour faire une marionnette ; - Ecrire des phrases avec des pâtes alphabet ; - Faire un recueil de ses recettes de cuisine préférées et y ajouter une photo quand on les a réalisées ;

-Inventer des rébus à faire deviner aux autres ; - Faire une belle affiche "Interdit de rentrer sans autorisation" pour sa chambre ; -Faire un circuit de billes ou de voitures avec des Kapla/Lego ; - Transformer les paroles d'une BD en collant des Post-it sur les bulles et en réécrivant l'histoire ; - Chanter en karaoké en imitant la chorégraphie du clip ou en inventer une ; - Faire un château de cartes ; - Téléphoner à un proche ; - Commencer un herbier dans un vieil annuaire.	- Inventer des coiffures belles ou bizarres et se photographier ; - Ecrire une histoire en changeant à chaque fin de phrase de main ; -Préparer des futures décorations de Noël, Pâques, Halloween, etc. ; - Démonter un vieil objet cassé avec de vrais tournevis de la caisse à outils des adultes ; - Faire et peindre une guirlande avec des nouilles ; - Apprendre à jongler ou à faire le poirier ; - Faire un plan de chez soi ou de sa chambre, de sa maison de plus tard "quand on sera grand·e" ; - Faire du vélo ou de la trottinette.	- Apprendre à dessiner en suivant une planche modèle éditée sur internet ; - Ecrire une histoire avec 2 personnages, 1 objet et 1 lieu (proposé par les parents) et l'illustrer ; - Inventer des smileys ; - Construire un attrape-rêve avec un vieux cintre en métal, des rubans/ficelles et quelques perles ; - Inventer des mots et faire un dictionnaire personnel ; - Dessiner des visages sur les ballons de baudruche ; - Faire des objets en pâte à sel, les peindre ; - Inventer des règles alternatives à un jeu de société.	- Faire un dessin en prenant une photo comme modèle ; - Découper dans un magazine de jouets sa liste d'anniversaire ou de Noël ; - Peindre un décor (paysage, système solaire, ville) pour jouer aux Playmobil ; -Transformer un gros ours en momie avec du papier toilette ; - Ecrire le plus de mots possibles sur un plateau de Scrabble ; - Lire un livre ou écouter un livre audio, un podcast ; - Dresser la table pour le repas comme si c'était un jour de fête (serviettes pliées comme au restaurant, menu...), etc.

Pour les choses que l'enfant a envie de faire avec un adulte, en famille ou à l'école : mettre à sa disposition une **liste de souhaits** qu'il peut compléter (dessin ou mots selon l'âge) quand il a une idée : cela évite qu'il vienne interrompre l'adulte pour lui en parler à un moment inapproprié.

Il est important qu'à un moment de la journée (le gouter ? le repas ? un soir précis dans la semaine ?), l'adulte prenne l'initiative d'échanger avec l'enfant sur les idées qu'il a notées pour choisir et surtout planifier la réalisation d'une ou plusieurs de ces activités. Sinon, la liste de souhaits ne sert à rien et l'enfant la désinvestira vite.

Certains enfants sont aussi des mines d'interrogations… et c'est parfois épuisant pour l'adulte. On peut alors organiser un **cahier de questions**. L'enfant dessine ou écrit sur une page l'idée qu'il a. On divise la 2ème page en deux : dans la partie supérieure, l'enfant note ses hypothèses de réponse, et dans la partie inférieure sera notée la réponse qui naîtra de l'échange entre l'enfant et le parent (comment a-t-on réussi à trouver la réponse ? quelle est la solution à la question ? Est-ce que cette solution te fait penser à une autre question ?).

Le cahier de questions peut aussi être utilisé le soir pour les enfants qui ont beaucoup d'idées ou d'interrogations avant de s'endormir. Au lieu de se relever et d'en parler immédiatement avec l'adulte, l'enfant note ses idées ou interrogations sur le cahier pour en reparler à un moment approprié qui ne perturbera pas son cycle d'endormissement.

LA GESTION DES EMOTIONS ET SENTIMENTS

La frustration

POURQUOI ?

Qu'est-ce que la frustration ?

La frustration définit l'**état de quelqu'un qui est empêché d'atteindre un but ou de réaliser un désir**. C'est donc un sentiment facilement présent chez l'enfant car :

- l'enfant **vit dans le monde du "là-tout-de-suite-et-maintenant"** ;

- l'enfant a **beaucoup de désirs et n'a pas toujours la maturité** de comprendre pourquoi ils ne sont pas réalisables immédiatement ;

Zoom sur une situation concrète :
Si on se met réellement à la place d'un jeune enfant qui accompagne un adulte au supermarché (activité qui n'a aucun intérêt pour lui) et qui se retrouve en face d'un rayon de jouets (alors que cela a beaucoup d'intérêt pour lui), alors : Oui ! Oui, il est facilement envisageable (encore une fois si on imagine vraiment que l'on a 5 ans) que cela soit dur pour un enfant et qu'il ne comprenne pas que l'adulte lui dise "non".
Bien évidemment, l'adulte n'a pas à céder à l'enfant mais juste intégrer que cela est légitimement dur pour l'enfant sans penser que c'est nécessairement un caprice.

- l'enfant a **beaucoup de buts, d'apprentissages, d'expériences à réaliser** pour grandir (marcher, parler, attraper, comprendre des concepts scolaires, etc.). Or, il n'a **pas toujours le développement corporel, intellectuel ou émotionnel pour y parvenir.** Il arrive souvent qu'un enfant ait un développement plus rapide dans un domaine que dans un autre. Cela l'empêche alors de réaliser une action qu'une partie de lui saurait faire alors qu'une autre partie de lui n'est pas encore assez développée pour y arriver ! C'est un peu comme si un adulte affamé trouvait une boite de raviolis et que l'emballage était impossible à ouvrir. Les enfants, eux, ont faim de se réaliser et pas toujours les moyens faciles d'y parvenir, ce qui est fatalement très frustrant !

- inévitable, la **frustration est également nécessaire au développement de l'enfant** qui doit assimiler petit à petit que tout n'est pas possible, tout n'est pas autorisé non plus, et que ses envies et désirs doivent prendre en compte son environnement : les gens impactés, la possibilité matérielle de faire quelque chose, les moments où certaines choses sont possibles et les moments où non, etc.

COMMENT ?

La chose à faire en priorité :

Accuser réception du message de l'enfant sans le minimiser. L'adulte tente de s'imaginer à la place de l'enfant (compte tenu de son âge et de sa personnalité) afin de comprendre réellement que ce qui est difficile pour lui… sans pour autant cautionner.

> Vous pouvez dire :
> *Oui, ça doit être très dur pour un enfant qui a faim et qui est gourmand de passer devant autant de bonnes choses dans les rayons du supermarché sans pouvoir avoir un paquet de gâteaux là tout de suite.*

C'est difficile parce que c'est un enfant, et non pas parce que ne pas avoir de gâteaux est une épreuve insurmontable dans la vie : c'est dur parce que ne pas faire ou avoir les choses immédiatement n'a aucun sens pour lui et c'est normal !

Prenons un autre exemple dont la logique liée à la santé n'a de sens que pour certains adultes : pourquoi l'enfant n'a-t-il pas le droit de manger entre les repas ? surtout que, parfois, les adultes l'autorisent comme lorsque par exemple le boulanger offre à l'enfant un bonbon et que l'adulte l'autorise à le déguster là tout de suite. Pour l'enfant – consciemment ou non – ce n'est pas logique et cela tendrait à prouver que manger entre les repas est autorisé. Il peut donc se mettre en opposition une prochaine fois si l'adulte lui oppose qu'il n'est pas autorisé à manger en dehors des repas.

Or la diminution de la frustration se fait par l'intégration de sens, de logique et par la maturité. Ce sont des apprentissages longs que l'enfant va acquérir progressivement.

Les étapes suivantes possibles :

Utiliser l'imaginaire : *Ça serait tellement bien si..., Imagine que...*

Vous pouvez dire :
Imagine que Noël soit le 24 août ! Tu aurais pu avoir le dernier vaisseau Star Wars dès sa sortie !

Ça serait tellement bien si, quand on n'a pas d'argent sur soi et qu'on voit un marchand de glace, un drone venait nous amener 10 euros !

Peut-être qu'un jour, on inventera une pilule qui nous permettra de manger des bonbons tous les jours sans que ça ne soit dangereux pour notre santé...

Demander à l'enfant s'il a besoin d'aide ou pas pour faire face à la frustration.

S'il dit "non" : l'adulte s'abstient de tout conseil, l'enfant voulait juste que l'adulte sache qu'il se sent frustré.

S'il dit "oui" : l'adulte peut l'interroger sur ses idées pour résoudre le problème (travail de l'autonomie) tout en gardant en tête que les idées auront l'âge de celui qui les formule. Elles seront souvent futées et logiques pour un enfant de cet âge... mais pas forcément réalisables. Dans ce dernier cas, l'adulte évitera de couper l'herbe sous le pied de l'enfant par un *oui mais ce n'est pas possible* et tentera d'élargir les horizons de réflexion de l'enfant par un *ça, c'est malin et ça serait trop sympa si c'était possible ! Quelle autre idée serait plus possible aujourd'hui ?*

<u>S'il dit "oui" mais qu'il n'a pas d'idée pour résoudre son problème :</u> l'adulte peut lui donner des idées : *Peut-être que... ou alors... ou autre chose... Qu'est-ce que tu en penses ?*

<u>Vous pouvez dire :</u>
Peut-être que l'on pourrait quand même acheter ces gâteaux, pas pour tout de suite mais pour le goûter ?

Peut-être que l'on pourrait mettre cette activité dans la liste des choses à faire dans les semaines à venir ?

Peut-être que tu peux manger une pomme maintenant si tu as très faim, ça peut arriver, et on garde le pain au chocolat pour le petit déjeuner de demain matin ?

Tenir un carnet d'envies où noter les choses que l'enfant a envie de faire et qui ne peuvent pas être réalisées maintenant : l'adulte initie alors l'enfant à la notion de remettre à plus tard. Ce carnet doit être consulté ensemble de temps en temps ce qui permet de :
- respecter l'enfant dans ses idées/envies car elles sont légitimes pour lui et de lui montrer que "plus tard" ne veut pas dire "jamais" ;
- le rassurer sur le fait qu'il peut avoir confiance dans les "plus tard" des adultes et que, dans la mesure du possible, cela se réalisera ;
- lui faire réaliser que certaines envies sont momentanées ou que, finalement, son envie n'était peut-être pas si importante que ça ou qu'elle l'était mais à un moment donné. Cela permet aussi à l'enfant de faire une hiérarchie : quelle envie est la plus importante pour lui ? qu'elle est l'envie que l'enfant choisit de réaliser là maintenant quand l'adulte le propose ?

Identifier **quel est le besoin derrière l'envie et y remédier concrètement**.

Zoom sur une situation concrète :

Quand un enfant a autant envie de chocolat à 11h30, c'est peut-être qu'il a vraiment faim, l'adulte peut peut-être envisager :

- de déjeuner plus tôt exceptionnellement ce jour-là (les enfants déjeunent souvent tôt à la cantine et ce n'est pas facile pour eux de se décaler les jours non scolaires ?)
- d'introduire plus de féculents ou des protéines au petit-déjeuner pour aider l'enfant à tenir jusqu'à l'heure du repas (les céréales des enfants et autres brioches et pains de mie sont souvent plus riches en sucres rapides qu'en sucres lents) ?
- de retarder l'heure du petit déjeuner de 30 minutes plutôt que de le prendre au saut du lit ? etc.

L'aider à **identifier l'émotion précise** qu'il ressent face à la situation de frustration : est-il triste ou agacé ou très en colère ? Se sent-il exclu ou incompris ?

Si la verbalisation est difficile, l'adulte peut recourir à un tableau des émotions (beaucoup de modèles sur internet) ou lui demander d'indiquer quel smiley (sur les smartphones) correspond le mieux à son sentiment du moment.

Tu te sens ?

Différer, en introduisant la notion de temps : si l'envie est réalisable mais pas immédiatement, il est important de **dire quand, précisément,** cela sera possible. L'enfant pourra être satisfait (l'adulte a pris en compte son envie/besoin) ou faire l'apprentissage que, finalement, son envie était momentanée et qu'il a survécu à ne pas avoir tout de suite ce qu'il voulait.

Vous pouvez dire :	Vous pouvez éviter de dire :
Oui, pour une fois puisque tu en as très envie, on va penser à finir le repas avec deux carreaux de chocolat. Par contre, ça sera à la fin du repas car, dans notre famille, on ne mange pas entre les repas. N.B. : si l'adulte le dit, il le fait !	~~De toutes façons, tu ne peux pas avoir faim avec ce que tu as mangé ce matin. Et non ! On ne mange pas de chocolat à 11h00 !~~

Quand l'émotion a pris le dessus et que l'enfant n'est plus en mesure d'écouter.

Avant tout, un gros craquage est souvent lié à **un manque d'un des besoins de base** de l'enfant :

- A-t-il faim ou soif ?
- Dort-il assez en ce moment ?
- Est-il dans de bonnes conditions de sécurité physique ou affective ? En effet, il n'est pas rare que l'enfant soit irritable quand l'adulte l'est aussi ou quand il sent l'adulte triste ou stressé ou quand le couple parental est en désaccord. Même si l'enfant n'a été témoin de rien, il est très doué pour les ressentis (souvent plus que les adultes !).

La crise sera sans doute inéluctable mais l'adulte en aura identifié les raisons. A posteriori et avec le temps, l'adulte saura mieux identifier les conditions propices aux débordements émotionnels de l'enfant et pourra prendre les devants pour y remédier avant que la crise n'arrive.

Zoom sur une situation concrète :

Faire manger les enfants plus tôt quand un des parents est en retard par rapport aux horaires habituels des repas ;

- Prévoir un pull supplémentaire dans la voiture quand l'enfant rentre de sa séance de piscine de mauvaise humeur car il se plaint d'avoir froid ;
- Zapper exceptionnellement le jour du bain si le retour à la maison est tardif ;
- Aller au parc pour que l'enfant se défoule quand il sort très énervé de l'école, même si cela n'était pas prévu au programme de la soirée, etc.

Permettre une **extériorisation "propre" des émotions** :

- Vous pouvez dire :
  Vite vite vite, je te chronomètre, tu montes 3 fois les 5 étages de l'immeuble en vitesse turbo !
- *Concours de celui qui crie le plus fort possible ?*
- *On déchire ensemble des prospectus publicitaires ?*
- *Tu prends une grande feuille et tu écris tous les gros mots qui te passent pour la tête !*

Et s'il y a lieu de sanctionner ? Selon ce qui s'est passé pendant la crise et selon les principes éducatifs de l'adulte, il se peut qu'une sanction soit posée. Elle doit – bien évidemment – respecter l'enfant et l'émotion qu'il ressent.

- Vous pouvez dire :
  C'est complètement normal d'être frustré·e ou en colère quand on est un enfant et, si tu l'as été si fort, c'est pour tes bonnes raisons à toi. Sur ce point-là, je comprends. En revanche, frapper, casser, insulter parce qu'on n'est pas content, c'est interdit et c'est pour ça que je te sanctionne de 3 jours sans écrans/sorties.

Vous pouvez dire :

*Je peux comprendre que ça te saoule de respecter les horaires de retour à la maison, surtout si tes potes ont le droit de rester plus tard que toi. Mais il n'est pas possible que tu rentres avec 30 minutes de retard sans prévenir ni répondre au téléphone quand on s'inquiète de savoir où tu es. Et il est in-to-lé-rable que quiconque dans cette maison traite notre famille de "famille de m****" !*

Tu es rentré·e avec 30 minutes de retard donc tu es sanctionné·e de 30 minutes de sortie en moins demain. Et, à cause des injures, je multiplie la sanction par deux donc tu rentreras 1 heure plus tôt demain.

Note que j'aurais tout aussi bien pu t'interdire de sortir demain mais je sais à quel point, à ton âge, les amis sont importants.

Pour ne pas te prendre en traitre et que les choses soient claires pour nous deux, je préfère te prévenir que le non-respect de cette double sanction entrainera le fait que tu sois consigné·e une journée entière.

Tu sais ce qu'il en est, c'est toi qui choisis : soit tu choisis de respecter la règle et la sanction, soit tu choisis de l'enfreindre et d'être privé·e de sortie pendant une journée entière.

Et pour être encore plus constructif·ve, vous pouvez ajouter :

Ceci étant dit, je peux comprendre que tu aies besoin de plus de temps avec tes amis le soir. Je te propose qu'à l'avenir, si tu as envie de rester plus longtemps avec eux, tu m'appelles sur mon portable et/ou sur le téléphone fixe de la maison. Si je réponds et que c'est possible, on fixe un nouvel horaire de retour ; si je ne réponds pas, tu rentres comme convenu.

LA GESTION DES EMOTIONS ET SENTIMENTS

La peur

POURQUOI ?

A quoi sert la peur ?

La peur est une **émotion d'anticipation** face à une information que le cerveau identifie ou imagine comme dangereuse. Le corps sécrète immédiatement de l'adrénaline, se mobilise physiquement et le rythme cardiaque augmente. Tout cela afin de se préparer à fuir le plus vite possible ou afin de réunir toutes ses forces pour combattre, bref, **pour assurer sa survie**. C'est pourquoi l'on appelle ça être sur le "qui-vive". La peur est un signal d'alerte, une alarme qui se déclenche pour faire face à une **menace immédiate ou potentielle, réelle ou imaginaire**.

C'est quand ce système d'alarme s'allume de manière intempestive qu'il y a un problème : peur imaginaire panique, phobie, anxiété (et dans des cas plus extrêmes, syndrome de stress post-traumatique), ce qui provoque des réactions inadaptées.

Il faut donc bien distinguer les peurs utiles (celles qui protègent contre un vrai danger) et les peurs "déréglées" (celles qui mettent le corps en mode combat alors qu'il n'y a pas de danger avéré).

Informations et précautions à prendre avant de travailler sur les peurs :

- **Prévoir la rechute** peut sembler étrange mais c'est très utile quand il s'agit de guérir un système d'alerte déréglé. En effet, comme le cerveau croit qu'il défend la vie de la personne, forcément, il peut mettre du temps à désactiver les réflexes qu'il a mis en place dans le but de protéger.

Comme le cerveau peut avoir besoin de temps pour intégrer qu'une peur est une peur "déréglée", il est important de prévenir l'enfant qu'il y a des moments où son réflexe sera d'avoir encore peur alors que, beaucoup de fois, il aura bien réussi à passer au-dessus. De plus, quand le système nerveux est en surchauffe (fatigue, stress, etc.), il peut y avoir des loupés car le cerveau a trop d'informations à gérer.

- **Ne pas trop protéger** quand il n'y a pas de notion de danger.

> Métaphore :
> Quand on arrose une plante, on est quasiment certain de lui faire du bien car une plante a besoin d'eau pour vivre. On a beaucoup moins peur de trop arroser que de ne pas assez arroser alors que les dégâts peuvent être aussi graves : pourrissement des racines, ne pas habituer la plante à s'adapter aux périodes plus sèches, faible développement des racines qui ne pourront pas à aller capter l'eau en profondeur, etc.

Pour la peur, c'est un peu la même chose. L'adulte pense souvent que trop protéger est moins grave que ne pas assez protéger alors que les dégâts peuvent être aussi graves : manque de stratégie pour faire face à un problème, déficit de confiance en soi, difficulté à estimer l'importance de la menace, etc.
On parle ici de peurs déréglées et non pas de danger. En cas de danger, évidemment, il n'est pas question de modérer une quelconque protection.

- **Déjouer les stratégies d'évitement qui alimentent le problème** : avoir vaincu une peur déréglée n'est pas la même chose que de tout faire pour ne plus y être confronté ! C'est ce qu'on appelle une stratégie d'évitement : aller à pied quand on a peur de prendre le bus, ne plus jouer au babyfoot de peur d'aller dans le sous-sol, demander à quelqu'un de vérifier s'il n'y a pas un voleur caché sous le lit, etc.

Toutes ces stratégies qui contournent le problème, malheureusement, le renforcent aussi : plus j'évite et plus j'augmente ma peur pour la fois d'après... Même si la solution trouvée est souvent judicieuse et efficace à court terme.

- Si les pistes de solution ci-dessous ne fonctionnent pas et que le dérèglement des peurs fait glisser l'enfant vers des **troubles obsessionnels compulsifs (TOC) envahissants ou des phobies**, il est capital de consulter un professionnel de la psychologie dès que possible.

- Les **personnes plus sensibles et/ou créatives que la moyenne sont plus sujettes aux peurs**.

Les premières car elles perçoivent des choses (petits bruits, détails visuels, tension relationnelle, etc.) que les personnes moins sensibles ne perçoivent pas. Leur cerveau reçoit donc plus de signaux qui peuvent potentiellement être interprétés comme inquiétants.

Zoom sur une situation concrète :
Les légers craquements de l'escalier interprétés comme un agresseur qui monterait sur la pointe des pieds.

Le Tic-Tac de la lointaine horloge de la cuisine perçu comme l'alternance de pas d'une personne malveillante qui arriverait, etc.

Les secondes parce que leur imaginaire va rapidement faire des liens, des histoires, avec quelques signaux qui sembleraient anodins à d'autres personnes moins créatives.

Zoom sur une situation concrète :
Le chat n'est pas rentré ce soir et c'est inhabituel… Donc le chat est mort… Or il y avait un monsieur bizarre dans la rue en rentrant de l'école… Donc c'est lui qui a dû tuer le chat… Donc il y un tueur dans le quartier… Donc ma famille va mourir ce soir !

L'ombre de la table de nuit dont les contours deviennent ceux d'un monstre (un peu comme le jeu où, allongé·e dans l'herbe à regarder le ciel, un nuage devient une baleine, puis une fusée, puis une épée, puis un éclair au chocolat, etc.)

COMMENT ?

Aucune peur n'est ridicule. Certaines sont disproportionnées mais toutes les peurs naissent d'une logique de survie qu'il faut identifier le plus précisément possible.

Zoom sur une situation concrète :

Prenons l'exemple de la peur du noir. Est-ce la peur de s'endormir ? D'être seul·e ? De mourir pendant la nuit ? D'être enlevé·e ? De faire des cauchemars ? De ne pas se réveiller à temps le lendemain ? D'un cambriolage ? D'être abandonné·e ? Est-ce la peur que les adultes ne réagissent pas en cas de problème s'ils sont eux-mêmes endormis ?

La vraie raison, celle qui se cache derrière la peur, n'est pas toujours facile à identifier !

Objectiver la peur permet de focaliser l'attention sur un élément sur lequel une action est possible. Il s'agit alors d'apporter, quand c'est possible, des solutions concrètes et logiques pour faire face à un sentiment d'insécurité.

Mais **identifier précisément la peur** est loin d'être facile ! En thérapie, c'est souvent une des tâches les plus complexes car, quand la peur prend toute la place, elle s'empare de tout ce qui touche, de près ou de loin, au problème et tout devient confus. Trouver le point focal de la peur prend parfois du temps et peut se faire par étape, un peu comme ouvrir des poupées russes pour progressivement aller jusqu'au cœur.

Une fois la peur profonde identifiée, on peut **retrouver du contrôle sur soi** : il ne s'agit plus de subir inconditionnellement la peur. La peur ne fait pas le poids face à une logique à laquelle l'enfant adhère ou à des actions qu'il entreprend pour l'affronter et donc la diminuer radicalement ou progressivement.

Vous pouvez dire :
Est-ce que tu crois vraiment que, moi qui t'aime par-dessus tout, je te laisserais tranquillement dormir dans ta chambre si je ne pensais que tu n'étais pas en parfaite sécurité ?!? Rassure-toi, j'en suis certain·e et je pense que tu sais que je suis quelqu'un de confiance.

Vous pouvez éviter de dire :
~~*Maintenant ça suffit ! Tu files dormir ! Tu ne crois pas que, pénible comme tu es chaque soir pour aller au lit, il y aurait quelqu'un d'assez maso pour venir te kidnapper ?!?*~~

Au-delà du sens de la phrase qui apporte une solution logique à laquelle l'enfant peut (ou pas) adhérer, chaque mot compte pour apaiser l'enfant. Dans le premier cas, les mots entendus par l'enfant sont : aimer, tranquillement, parfaite sécurité, rassurer, certain·e, confiance.

Un des outils les plus utiles contre la peur est la **cohérence cardiaque**. Le principe est de respirer sur un rythme de 5 ½ secondes :

- pendant 5 ½ secondes, l'enfant inspire doucement (de préférence par le nez) ;
- puis pendant 5 ½ secondes, l'enfant souffle doucement (de préférence par la bouche) ;
- et l'enfant recommence plusieurs fois (idéalement pendant 5 minutes pour obtenir des effets optimaux).

Cet exercice est un **excellent régulateur du système nerveux**. Il existe de nombreuses applications sur téléphones mobiles (RespiRelax+, Respiration Pranique, etc.) et de nombreux tutoriels sur internet, comme par exemple, le fichier disponible sur You Tube mis en ligne par Catherine Darbord : "Cohérence cardiaque sur des sonorités méditatives".

Dans l'idéal, l'exercice doit être fait 3 fois par jour mais il s'agit plutôt ici de penser à **le faire avant et pendant les situations anxiogènes** (endormissement, prendre le bus, descendre à la cave, passer un examen, etc.). Cela oblige le corps à réduire le rythme cardiaque à un niveau confortable (on ne peut pas stresser avec un rythme cardiaque lent) et cela permet de focaliser son attention sur quelque chose de maitrisé et concret. Faire l'exercice évite alors l'emballement de l'imagination (un craquement dans l'escalier qui devient un *il y a quelqu'un dans l'escalier* qui devient un *il y a quelqu'un étranger à la maison dans l'escalier* qui devient un *on vient me kidnapper)*.

Métaphore :
Pratiquer la cohérence cardiaque quand on a peur, c'est comme regarder un film d'horreur sans la bande son : on a nettement moins peur et, possiblement, on peut même commencer à trouver cela un peu tiré par les cheveux !

La **méditation** est, elle aussi, un outil très efficace contre le stress et l'anxiété. Elle favorise la gestion des émotions, la bonne humeur, la concentration et le bien-être psychologique. Des applications comme "Petit Bambou", les livres audio d'Eline Snel (attention ! la voix de la grenouille, c'est quitte ou double : les enfants adorent ou détestent !), les vidéos You-Tube (bien en écouter le contenu avant de faire écouter à l'enfant), etc. Il y a beaucoup d'offres disponibles.

Développer les capacités d'adaptation du cerveau : un exercice qui est souvent apprécié et qui est très utile consiste à rompre la routine et à s'exposer à des situations inhabituelles pour renforcer les stratégies d'adaptation.

Chaque jour, on fait exprès de faire une chose (même toute petite) bizarre ou différente. Plus c'est drôle ou décalé et plus c'est efficace ! Tenez un journal de bord de ces petits challenges de l'enfant.

Zoom sur une situation concrète :

- Mettre des chaussettes de couleurs différentes ;
- Manger le dessert avant le repas ;
- Rentrer en moonwalk dans la chambre ;
- Changer les places à table ;
- Se laver les dents au goûter avec du Nutella ;
- Se laver les dents après le goûter (avec du dentifrice cette fois ! peu d'enfants ont l'habitude de se laver à ce moment-là) ;
- Faire ses devoirs avec des lunettes de soleil ;
- Manger avec des baguettes chinoises la salade de fruits ;
- Aller à l'école avec un smiley dessiné sur le ventre ;
- Faire deux fois le tour de la voiture avant de monter dedans ;
- Prendre sa douche en chantant sans s'arrêter ;
- Se déplacer uniquement sur la pointe des pieds ;
- Déjeuner avec une coiffure invraisemblable ;
- Manger avec les doigts ;
- Faire pipi à califourchon dans les toilettes ;
- Porter un bonnet pour dormir ;
- Dîner aux chandelles, etc.

LA GESTION DES EMOTIONS ET SENTIMENTS

La timidité... ou l'introversion ?

POURQUOI ?

Il y a souvent une confusion entre timidité et introversion alors que cela n'a rien à voir : le premier est un mode de fonctionnement et le second un problème psychologique.

Métaphore :

Forcer un introverti à être en relation avec les autres, c'est comme taper sur la carapace d'une tortue pour qu'elle sorte : cela produit l'effet contraire. Mais si on laisse la tortue prendre le temps de faire connaissance avec son environnement, elle sillonnera le jardin dans tous les sens, aussi vite et efficacement que le lièvre. L'introverti n'a pas de "problème". Il a besoin de temps et d'être respecté dans son mode de fonctionnement, et surtout pas d'être pathologisé car son mode de fonctionnement n'est pas celui de la majorité de gens dans les pays occidentaux.

Forcer un timide à être en relation avec les autres, c'est comme pousser quelqu'un qui a le vertige à sauter à l'élastique en le sanglant de force et en le poussant dans le vide. C'est contre-productif et cela ne fera qu'empirer les choses. Le timide, lui, a une difficulté à résoudre, souvent avec une aide professionnelle.

• Quelles sont les caractéristiques d'une personne introvertie ?

- L'introverti·e aime avoir du temps seul·e. Il·elle ne s'ennuie pas mais au contraire est stimulé·e pendant ces moments d'isolement qu'il·elle fasse quelque chose (peinture, écriture, bricolage, lecture, musique, etc.) ou qu'il·elle ne fasse rien en apparence (rêverie, temps calme, etc.).

- Il·elle a besoin d'un temps d'observation, d'adaptation avant d'interagir avec les autres (comme les enfants qui restent à côté de leur parent pendant quelque temps avant d'aller jouer avec les autres enfants aux jeux du parc).

- Il·elle apprécie d'être avec les autres même s'il·elle peut sembler réservé·e ou discret·e, mais peut préférer les relations en duo qu'il·elle trouve plus profondes et ne pas être toujours très à l'aise au milieu d'un grand groupe de personnes.

- Il·elle réfléchit avant de parler ou de faire. Il·elle prend son temps et observe avant d'agir, ce qui lui donne une forte propension à faire bien, à tomber juste, du 1er coup.

→ L'introverti·e doit apprendre à connaitre son mode de fonctionnement, à le respecter et à informer les autres de son "mode d'emploi".

Différences entre extraversion et introversion :

EXTRAVERTI·E	INTROVERTI·E
- Stimulé·e principalement par le monde extérieur, l'environnement, les gens et les choses.	- Stimulé·e principalement par son monde intérieur, ses pensées et ses sentiments.
- Attiré·e par les demandes extérieures.	- Rebuté·e par les demandes extérieures.
- Energisé·e par les personnes et activités extérieures.	- Energisé·e par ses propres ressources et les expériences intérieures.
- Action > Réflexion > Action.	- Réflexion > Action > Réflexion = Observe et ensuite agit (y compris dans la mise en relation avec les autres).
- Souvent amical·e, parle aisément ; - Facile à connaître.	- Souvent réservé·e, tranquille ; - Difficile à connaître.
- Parle de ses émotions.	- Ne parle pas de ses émotions.
- A besoin de contact.	- A besoin d'intimité.
- Peut sembler superficiel·le pour un·e introverti·e.	- Peut sembler distant·e pour un·e extraverti·e.

• Quelles sont les caractéristiques d'une personne timide ?

- Le·a timide est généralement tendu·e/anxieux·se quand il·elle doit être en interaction avec les autres ;

- Il·elle a le sentiment qu'il·elle est ou va être ridicule, que l'autre va le·la juger ou se moquer de lui·elle ;

- Il·elle peut se sentir mal à aise, même avec les personnes qu'il·elle connait bien ou depuis longtemps.

Modération : tout le monde est plus ou moins timide selon les moments, les personnes ou les circonstances, que l'on soit introverti·e ou extraverti·e. Ce qui est problématique, c'est quand la timidité empêche la personne de faire ou de vivre des choses auxquelles elle tient vraiment.

→ Le·a timide doit gagner en estime et en confiance en lui·elle, soigner son anxiété et apprendre des compétences sociales supplémentaires pour être plus à l'aise dans sa relation aux autres.

COMMENT ?

CONCERNANT L'ENFANT INTROVERTI :

Laisser du temps à l'enfant introverti pour observer, connaître et comprendre son environnement.

Zoom sur une situation concrète :
Un enfant introverti restera très souvent collé à son parent pendant un moment quand il arrive au parc, chez ses grands-parents ou quand il est invité quelque part. Même s'il connait assez bien le lieu et les personnes. Il ne sert à rien de le pousser à aller plus vite vers les autres, il a besoin d'un temps d'observation et sentira le bon moment pour intégrer le groupe. Quand cela est possible, au cas probable où l'enfant aurait besoin d'un temps d'adaptation, l'adulte peut donc se prévoir un

peu de temps pour prendre un café ou avoir une discussion avant de laisser l'enfant chez des amis, des grands-parents, avec les moniteurs du centre aéré, à la crèche, au cours de judo, etc.

Accepter que l'enfant introverti ne se mélange pas toujours aux autres enfants : l'enfant introverti aura moins de facilité à aller vers des gens ou d'autres enfants avec lesquels il n'a pas d'affinité car il aime les relations profondes.

Zoom sur une situation concrète :

Si vous êtes invité·e·s chez des amis dont les enfants n'ont pas ou peu de points communs ou un système de fonctionnement trop différent de celui de l'enfant introverti, alors, pourquoi ne pas penser à amener de quoi lui permettre de s'occuper par lui-même (et sans doute pas très loin de l'adulte) ?

Pour autant, ne pas se gâcher la soirée à l'avoir sur les genoux si l'adulte veut être tranquille avec ses propres amis. Si l'enfant introverti a de quoi s'occuper dans un coin tranquille et pas très loin de l'adulte, passées les premières 10 minutes, il a le choix entre rejoindre les autres ou jouer tranquille dans son coin mais il n'a pas pour autant forcément sa place dans le moment des adultes.

Informer l'entourage (famille, école, amis, professionnels interagissant avec lui) de l'enfant introverti son mode de fonctionnement pour que, notamment :

- les autres respectent son côté rêveur et son besoin de s'isoler (il aime être dans son monde intérieur qui est très riche) ;

- les autres ne lui reprochent pas son manque de spontanéité (l'enfant introverti observe avant d'agir donc il sera évidemment moins prompt à s'exprimer que les extravertis qui agissent en réfléchissant et corrigent le tir au fur et à mesure) ;

- les autres ne confondent pas rapidité et efficacité, qu'ils lui laissent du temps pour répondre (recherche de la réponse la plus exacte possible) ;

- les autres valorisent son sens de l'observation et sa capacité à écouter et interagir avec finesse avec les autres ;

- les autres ne confondent pas discrétion et manque de confiance ;

- les autres sachent que l'enfant introverti peut mettre plus de temps à s'habituer à la nouveauté.

💡 **Laisser du temps à l'enfant introverti pour s'isoler car c'est un besoin** : ne pas trop charger le planning d'activités car l'introverti se ressource en étant dans son monde intérieur, de préférence dans son univers (sa maison, sa chambre).

💡 **Informer l'enfant introverti, si possible en avance, de ce qui va se passer.** La plupart du temps, il le fait de lui-même en questionnant l'adulte sur les étapes de sa journée ou les futurs évènements de la semaine : **ne pas y voir forcément de l'anxiété** car l'enfant introverti est tout simplement en train de s'habituer par anticipation au changement afin d'être plus à l'aise, plus vite, face à un évènement qui sort de son quotidien.

CONCERNANT L'ENFANT TIMIDE :

Quand elle prend trop de place, la timidité peut vraiment être handicapante pour l'enfant et nécessite souvent un suivi thérapeutique, mais les astuces du chapitre sur la confiance en soi sont généralement d'une aide précieuse et d'une réelle efficacité. Voici aussi quelques astuces spécifiques pouvant être mises en œuvre :

💡 Fragmenter le problème, c'est-à-dire **créer des étapes graduelles** pour parvenir au résultat.

Vous pouvez dire :
Je sais que tu n'aimes pas trop dire bonjour mais c'est une règle de politesse de base obligatoire, j'attends de toi que tu le fasses quand on arrivera chez papy mais ça peut être juste un signe de la tête ou de la main, tu n'es pas obligé·e de le dire ou de faire un bisou.

Quand l'enfant est confronté à la nouveauté, si possible, **l'adulte fait avec l'enfant** pour qu'il voie comme faire, qu'il comprenne ce dont il a besoin pour faire ce qu'il a à faire, qu'il assimile les processus permettant de réaliser l'action. Attention, il s'agit de faire puis de "faire avec" mais pas de "faire à la place" de l'enfant.

Zoom sur une situation concrète :
Commencer les devoirs ensemble pour qu'il intègre de bonnes bases d'apprentissage.

Jouer un quart d'heure avec l'enfant pour lancer une activité qu'il poursuivra en autonomie ensuite.

Discuter avec d'autres enfants pour initier la relation, etc.

LA GESTION DES EMOTIONS ET SENTIMENTS

La confiance en soi

POURQUOI ?

Avoir confiance en soi, c'est savoir qu'on a des capacités, c'est croire en son potentiel et être capable de s'appuyer dessus pour agir.

Le manque de confiance en soi empêche d'agir, de faire des choix, de donner son avis, d'interagir avec les autres en étant soi-même, d'oser faire des choses nouvelles. Les personnes qui manquent de confiance en elles se sentent souvent inférieures et se comparent beaucoup négativement aux autres chez qui elles ne voient que les qualités.

Alors comment booster la confiance en soi et redonner assurance et sourire à ceux qui n'ont pas assez confiance en eux ?

COMMENT ?

Construire un mur de fiertés : Dessiner ou écrire sur des feuilles type Post It (faire attention à en choisir qui collent bien) des évènements ou actions qui sont des réussites de l'enfant suscitant une certaine admiration. L'adulte peut commencer à le faire avec l'enfant en se remémorant des moments du passé, puis l'entretenir et le compléter par des épisodes du quotidien de l'enfant.

Zoom sur une situation concrète :
- Monter sur scène à la fête de l'école ;
- Aller pour la 1ère fois dormir chez un·e ami·e ;
- Goûter un nouveau plat qui ne faisait pas envie de prime abord ;
- Cuisiner sans l'aide d'un adulte ;
- Faire du vélo pendant longtemps ;

- Apporter du soutien à un·e camarade pourtant pas très sympa mais qui vit un moment triste ;
- Réussir à faire l'équilibre sur les deux mains ;
- Avoir fait preuve de sang-froid dans une situation difficile ;
- Présenter un exposé devant toute la classe ;
- Aller chercher le pain sans l'aide d'un adulte ;
- Penser à photographier et envoyer un sms avec les devoirs pour un élève absent ;
- Oser dire à un adulte quand quelque chose ne va pas ;
- Monter tout en haut de la structure de jeu du parc ;
- Aller à la rencontrer d'un enfant inconnu pour jouer sur la plage, etc.

Cap' de… L'adulte et l'enfant peuvent jouer ensemble à relever des petits challenges. C'est amusant et cela fait travailler des stratégies d'adaptation (peur du ridicule, ne pas oser, comparaison). Idéalement, l'adulte tient une liste des exploits en se souvenant que chacun a le droit d'être "cap'" ou "pas cap'". Parfois, l'enfant met un peu de temps avant de participer mais devant l'engagement de l'adulte, il s'y met sous quelques jours. Les défis doivent être rigolos et respectueux de tous.

Petit jeu pour aller mieux : Cap' de…
- Cap' de mettre deux chaussettes différentes (la première fois, le faire peut-être un jour où l'on met des bottes et que ça ne se voie pas) ?
- Cap' de manger son yaourt les yeux fermés ?
- Cap' de se coiffer n'importe comment pour le dîner (bonnet, couettes et barrettes dans tous les sens, chapeau de paille sur la tête en plein hiver) ?
- Cap' de faire un dessin de lapin avec la main avec laquelle on n'a pas l'habitude d'écrire ?
- Cap' d'utiliser des baguettes pour déguster des pâtes ?

- Cap' de prendre un bain en maillot de bain même pas pour se laver ?
- Cap' de manger des restes du dîner au petit déjeuner ?
- Cap' de rester en pyjama tout le dimanche ?
- Cap' de parler comme Maître Yoda toute la soirée ?
- Cap' d'enfiler une culotte avec les coutures à l'extérieur ?
- Cap' de faire un repas en commençant par la fin ? etc.

Focaliser l'attention de l'enfant sur ce qu'il sait faire avec le jeu des petits cailloux. Prendre une bouteille en plastique d'eau minérale ou un haut vase transparent. A chaque fois que l'enfant fait quelque chose de chouette, l'adulte le dit et dépose dans le vase/la bouteille un petit caillou/une bille/un haricot rouge (mais pas un bonbon car le but n'est pas la récompense par un cadeau).

Au fil des heures et des jours, le récipient se remplit et témoigne de toutes ces choses chouettes que sait faire l'enfant. Toutes les actions sont observées, toutes les actions y passent pourvu que ça soit une action concrète, qu'elle soit banale ou exceptionnelle.

L'adulte ne retire jamais de caillou pour les actions désagréables ou pas faites ou pour les actions pas sympas, il essaie même de ne pas trop en parler durant la période de l'exercice qui sera fait scrupuleusement pendant plusieurs jours (une semaine maximum !).

Ne pas faire l'exercice pour plusieurs enfants à la fois ou de manière trop rapprochée car ce n'est surtout pas une compétition.

<u>Petit jeu pour aller mieux :</u> Les petits cailloux.
Penser à éteindre la lumière dans la salle de bain ? caillou !
Tirer la chasse d'eau des toilettes ? caillou !
Etre à l'heure pour partir à l'école ? caillou !
S'attacher dans la voiture sans aide ? caillou !
Faire les devoirs sans râler ? caillou !

Respecter le temps d'écran sans filouter ? caillou !
Débarrasser spontanément ses affaires à table ? caillou !
Remettre des croquettes au chat ? caillou !
Penser à faire un dessin pour l'anniversaire de mamie ? caillou !
Dire bonjour au Maître en arrivant en classe ? caillou !
Mettre son blouson au porte-manteaux ? caillou !

Faire des compliments vrais, factuels et précis à l'enfant.

Vous pouvez dire :

C'est chouette que tu aies été aussi concentré·e pendant les devoirs parce qu'ils étaient super longs : bravo !

J'aime beaucoup le choix des couleurs dans ton dessin !

C'est très agréable que tu aies pensé à mettre la table sans qu'on te le demande.

Merci d'avoir pensé à couper l'eau du robinet pendant le lavage de mains.

Tu es incroyable d'avoir été si sage pendant tout le temps d'attente chez le médecin. J'apprécie beaucoup !

A chaque fois qu'il y a une comparaison, qu'elle vienne de l'enfant (*Untel fait mieux que moi)* ou de l'adulte *(Ton frère le fait sans râler, lui !)*, **une seule réponse : "Comparaison = Poison".**

Et, quand l'enfant se dénigre, même si l'adulte en a très envie, surtout ne pas tenter de prouver à l'enfant qu'il est super par des exemples et contre-exemples qui auront eux-mêmes leurs exceptions et leurs "oui mais...". Cet adage est la seule réponse possible.

L'adulte peut même en faire un jeu pour que l'enfant conscientise, par lui-même ou par l'intervention de l'adulte, toutes les fois où il se compare.

Petit jeu pour aller mieux : "Poison !"
Dire le premier "*Poison !*" à chaque fois que quelqu'un (famille, classe, rdv psy ou orthophoniste ou toute autre personne qui participe au jeu) se compare à quelqu'un d'autre, un peu comme dire "*Uno !*" en premier quand il ne reste qu'une seule carte en main.

Aider l'enfant à faire des choix : certains enfants bloquent spontanément quand on leur demande de choisir et répondent qu'ils ne savent pas ou que c'est comme l'autre veut. Est-ce la peur de se tromper ? La crainte de décevoir ? Trois astuces très efficaces leur permettent de mieux exprimer leurs choix :

- **Laisser une marge de doute = Méthode du "un peu"**. Au lieu de demander s'il préfère ci ou ça, l'adulte peut demander à l'enfant s'il préfère "un peu" plus ça ou "un peu" moins ça.

Vous pouvez dire :
Tu préférerais un peu plus aller chez Mamie ou peut-être un peu plus aller au parc ?

Est-ce que tu as une toute petite préférence pour la gaufre ou une toute petite préférence pour la crêpe ou pour autre chose à laquelle je n'ai pas pensé ?

Est-ce que c'est un chouïa mieux de rester dans la salle d'attente ou un chouïa mieux de venir avec moi à mon rendez-vous ?

- **Brancher l'enfant sur sa réponse instinctive = Méthode des onomatopées** : bof, beurk, pffff, grrrr, youhouuuu, hum-hum, mmmmm, tadammm, etc. L'adulte n'utilisant pas de mot pour définir le sentiment par rapport à l'action, le message ne passe pas par l'intellectualisation qui entrave souvent le processus de décision (*oui mais / et si / je ne suis pas sûr·e*).

Les onomatopées stimulent un ressenti instinctif qui apportera une réponse naturelle, généralement très fiable, sur laquelle l'adulte bondira avant que les tergiversations du cerveau n'arrivent (*OK, on fait ça !*).

Vous pouvez dire :
C'est un peu youpi (l'adulte lève les bras au ciel dans le style d'un supporter de foot devant un but mis par son équipe) *d'aller chez Mamie ou c'est un peu bof* (l'adulte fait la moue en fronçant le nez comme une jeune enfant qui boude) ?

C'est plus mouais-pourquoi-pas (l'adulte fait un timide signe de la main avec pouce vers le haut) *de manger une crêpe et un peu bof* (idem avec pouce vers le bas) *de manger une gaufre ?*

Aller à la piscine, c'est plutôt (l'adulte fait un petit haussement d'épaule pour signifier pourquoi pas) *ou plutôt un peu* (l'adulte fait une grimace pour signifier un petit beurk) ?

- Connecter l'enfant à sa réponse corporelle = Méthode du "Ça me fait oui"/"Ça me fait non". Il s'agit ici de permettre à l'enfant de ressentir la réponse instinctive de son corps à une proposition qui lui est faite.
L'adulte observe la réponse corporelle de l'enfant puis lui restitue ce qu'il a vu afin de l'aider à prendre une décision respectueuse de ce qu'il ressent vraiment. Cela permet d'éviter les réponses "je ne sais pas", les réponses pour faire plaisir à l'autre, les réponses pour faire ce que l'enfant croit qu'on attend de lui ou encore les réponses pour faire comme les autres.

Vous pouvez dire :
Retourner en colo pour une semaine cette été, ça te fait plutôt "oui" (signe avec pouce vers le haut et visage souriant) *ou plutôt "non"* (signe avec pouce vers le bas et visage mécontent) ?
[Observation de la réponse corporelle de l'enfant]
Cette légère moue dubitative des lèvres indiquerait-elle plutôt un petit "non" ? Qu'en dis-tu ?

Encourager l'enfant à donner son opinion en émettant des hypothèses = Méthode du "peut-être".

Certains enfants ont besoin que l'adulte les lance pour donner leur vraie opinion : "Peut-être … ou peut-être… ou encore… ou autre chose ?" et qu'on leur laisse un peu de temps pour répondre sans le presser.

Vous pouvez dire :

Pour le choix de ton gâteau d'anniversaire, tu dirais un peu plus celui au chocolat, ou peut-être celui au citron, ou encore celui à la chantilly, ou un autre auquel je n'aurais pas pensé ?

Aller chez mamie après l'école, il y a peut-être une partie de toi qui se dit que c'est chouette parce qu'elle est souvent toute seule… et en même temps une partie de toi qui préférerait aller au parc avec les copains ? Qu'est ce que tu en penses ?

Jouer au "3-/3+" : Extérioriser ses émotions est un gros défi quand on manque de confiance en soi. En apprenant à le faire avec les personnes les plus proches de lui, l'enfant prend de l'assurance : il ose exprimer ses émotions et sentiments et il comprend que ce qu'il vit a de l'importance pour les autres, qu'on se soucie de lui et de ce qu'il pense.

Petit jeu pour aller mieux :

Chacun nomme, à tour de rôle, les 2 ou 3 choses qu'il n'a pas aimées dans sa journée, puis les 2 ou 3 choses qu'il a bien aimées. Il ne doit jamais y avoir plus d'idées négatives que d'idées positives. Tout le monde joue : adulte·s comme enfant·s.

Je n'ai pas aimé : partir en retard au travail, être entassé·e dans le bus et que la table ne soit pas mise quand je rentre. J'ai bien aimé : avoir des compliments de mon·a chef·fe sur mon travail, recevoir une carte postale au lieu de factures, entendre des rires quand je suis arrivé·e à la maison ce soir.

LES QUESTIONS EDUCATIVES LES PLUS FREQUENTES

Le sommeil

POURQUOI ?

Attention, sujet sensible ! Pourquoi ? Parce qu'il s'agit d'un des besoins de base de l'enfant… mais aussi de l'adulte ! Or, dès que l'on touche aux besoins vitaux, les réactions sont très souvent exacerbées. C'est pourquoi, particulièrement sur ce sujet, les idées et informations partagées ci-dessous sont à soumettre à la réalité de chacun. S'il y avait des formules magiques qui marchent à tous les coups pour que les enfants aillent au lit à l'heure et s'endorment rapidement, ça se saurait !

Il faut aussi garder en tête que nous ne sommes pas égaux face au sommeil : il y a des gros dormeurs et des personnes qui ont moins besoin de sommeil, des dormeurs tardifs et d'autres qui s'écroulent dès que la luminosité baisse, certains s'endorment en fermant les yeux et d'autres mettent plusieurs dizaines de minutes…

A titre indicatif, voici combien de temps un enfant devrait dormir selon son âge :

Groupe d'âge	Âge	Nombre moyen d'heures de sommeil nécessaires / 24h	Nombre moyen de siestes nécessaires / 24h
Nouveau-né	0-3 mois	14-17	3-10
Nourrisson	4-11 mois	12-15	1-4
Bébé	1-2 ans	11-14	1-2
Âge préscolaire	3-5 ans	10-13	0-1
Âge scolaire	6-13 ans	9-11	0*
Adolescent	14-17 ans	8-10	0*
Jeunes adultes	18-25 ans	7-9	0*
Adultes	26-64 ans	7-9	0*

**Dans certaines cultures/régions, les enfants plus âgés et les adultes font des siestes quotidiennes. Tableau adapté du National Sleep Foundation.*

Source : *https://douglas.research.mcgill.ca/fr/sommeil-et-enfant-donnees-scientifiques.*

Mais que faire quand l'enfant tarde à s'endormir, revient voir l'adulte plusieurs fois, attend que l'adulte se couche dans la chambre voisine pour s'endormir ou quand il se réveille la nuit ?

COMMENT ?

• Avant toute chose, vérifier s'il n'y a pas de frein à l'endormissement :

L'enfant a-t-il eu assez de temps ou au moins **un petit moment, en exclusivité, avec un adulte important pour lui** ? Même si ce ne sont que quelques minutes mais un moment où l'adulte est vraiment et complètement disponible pour l'enfant (et pas avec la liste des choses encore à faire qui tourne en boucle dans la tête), ni un moment partagé avec d'autres enfants ou des frères et sœurs. Evidemment, le quotidien fait que l'adulte n'a pas toujours beaucoup de temps.

Zoom sur une situation concrète :

Pourquoi ne pas mettre un minuteur sur un temps imparti (5 minutes ? 10 ?) pour signifier que, malgré le manque de temps, l'adulte choisit et définit un moment d'exclusivité rien qu'entre l'enfant et lui.

Le minuteur aide à faire face à la frustration de l'enfant dont la perception du temps est généralement liée à son besoin immédiat sans prendre en compte ceux des autres. Or, quand le minuteur sonne, l'enfant n'a pas la sensation que l'adulte l'abandonne, il sait que le temps imparti pour ce moment privilégié s'arrête car il a duré le temps convenu : c'est ce qui était prévu parce que, malheureusement, ce soir-là exceptionnellement, l'adulte n'avait pas tout son temps comme d'habitude pour parler, jouer, échanger avec l'enfant, ou parce que, passé une certaine heure, il est temps de dormir.

Vous pouvez dire :

Je suis particulièrement fatigué·e ce soir. J'ai envie de passer un moment rien qu'avec toi et, en même temps, j'ai besoin de passer du temps rien qu'avec moi. Je te propose de mettre le minuteur sur 10 minutes et, quand il sonnera, je te ferai un gros dernier câlin et j'irai m'occuper de prendre soin de moi pour que tu aies un papa / une maman de bonne humeur et en pleine forme demain !

Cette astuce du minuteur peut aussi être utilisée quand les adultes sont agacés par la longueur des couchers du soir : mieux vaut alors définir un moment de qualité où l'adulte appréciera d'être avec l'enfant qu'un moment long où l'enfant sentira que l'adulte commence à en avoir marre. En effet, l'adulte n'a pas toujours le temps et/ou la patience d'attendre que l'enfant ait "sa dose" et il n'est pas question que l'enfant prenne l'habitude de la présence de l'adulte pour s'endormir (c'est un des apprentissages de l'autonomie que d'apprendre à s'endormir seul). Le minuteur **pose alors le cadre sans culpabilité ni chantage affectif**.

Zoom sur une situation concrète :

Voici quelques idées de petits moments de partage du soir :

- une séance de massage ;
- s'écrire des lettres dans le dos pour se dire un mot gentil ;
- lire quelques paragraphes d'un livre pour les plus grands ;
- avoir un moment de confidences ;
- faire une partie de Uno ;
- écouter une méditation ou des bruits de la nature main dans la main ;
- se donner des idées de rêves qu'on aimerait bien faire dans la nuit, etc.

L'enfant s'est-il **assez dépensé – intellectuellement ou physiquement – dans la journée** ? En effet, certains enfants ont du mal à trouver le sommeil car ils ne sont tout simplement pas fatigués. Dans ces cas-là, l'adulte peut réfléchir à intercaler une activité dans la journée pour pallier ce manque.

Zoom sur une situation concrète :
* Pour les enfants très actifs physiquement qui ont besoin de bouger et qui sont restés assis le plus tranquillement possible (longue journée d'école ou de transport, etc) :
- Laisser l'enfant à la garderie du soir pour qu'il se défoule avec ses copains ?
- Permettre à l'ado de sortir du lycée pour aller à la salle de sport s'il a une longue pause méridienne ?
- Penser à passer un peu de temps au parc avant de rentrer à la maison ?

* Pour les enfants très malins qui n'ont pas été assez stimulés intellectuellement au cours d'une journée :
- Prévoir de regarder un "C'est pas sorcier" en rentrant de l'école ? en regarder plusieurs épisodes lors d'un long trajet en voiture sur l'autoroute ?
- Aller à la bibliothèque emprunter des magazines sur leurs sujets préférés (Sciences et Vie Junior, Histoires Vraies, Astrapi, National Geographic Kids, etc.)

L'enfant est-il **préoccupé** par quelque chose qu'il aurait vu ou entendu ? par une réflexion que quelqu'un lui aurait faite ? par une idée angoissante ? par un évènement de sa journée qui le tracasserait ?
Parfois, l'enfant/l'ado n'ose pas en parler car il voit les adultes déjà très occupés ou préoccupés par des choses qu'il pense plus importantes que son problème. Parfois, il ne conscientise même pas qu'il est stressé et que le fait de parler lui permettrait de comprendre ce qui ne va pas, voire d'y apporter des solutions. Parfois, il ne sait pas comment parler de son

problème ou il déverse des flots sans discontinuer et l'adulte doit l'aider à exprimer concrètement son problème.

Si l'enfant s'exprime, l'adulte fait tout ce qu'il peut pour **ne pas banaliser ni minimiser** son problème puisque, visiblement, ce problème le perturbe. En revanche, l'adulte peut donner son point de vue d'adulte pour apaiser l'enfant. L'adulte évitera de trop argumenter ou justifier son point de vue afin que l'enfant puisse adapter ses propres solutions sans tomber dans le "oui mais", surtout si l'enfant est naturellement doué pour trouver des exceptions et contre-vérités.

Vous pouvez dire :

Je veux ce qu'il y a de mieux pour toi dans la vie et, moi, qui suis quelqu'un d'intelligent et qui te connais bien, je suis complétement rassuré·e sur le point que tu viens d'évoquer.

Si l'adulte ne peut pas avoir un temps d'échange avec l'enfant/l'ado (par manque de temps, de patience, d'idée pour trouver une solution), il peut aider l'enfant à extérioriser son problème et différer le moment d'échange à propos du problème.

Vous pouvez dire :

OK, je vois à quel point tout cela te tracasse... Je te propose de vider ta tête en me confiant tous ces problèmes. Je vais donc écrire toutes ces choses que tu m'as dites ce soir pour y réfléchir. Il y a ça, ça, ça. Est-ce que j'ai bien tout noté ?

Serais-tu d'accord pour qu'on en parle demain quand je rentre du travail ? Ça veut dire qu'il faut que les devoirs soient faits pour qu'on ait vraiment le temps d'en discuter. C'est bon pour toi ?

Si d'autres sujets te viennent, tu les sors de ta tête en les dessinant ou en les écrivant sur cette feuille à côté de ton lit, on les rajoutera à ce que j'ai écrit ce soir.

Certains enfants ont plus besoin de sommeil que d'autres au même âge ou ont ponctuellement plus besoin de dormir. Les adultes le perçoivent rapidement à l'éventuelle fatigue au réveil ou à l'irritabilité dans la journée. **Mais l'inverse est vrai aussi** : si l'enfant/l'ado peine à trouver le sommeil, pourquoi ne pas faire l'essai de l'autoriser à éteindre 15-20 minutes plus tardivement, à condition qu'il reste calme dans sa chambre ? Si les soirées sont plus agréables et le comportement de l'enfant/l'ado inchangé en journée, peut-être a-t-il, ponctuellement ou définitivement, besoin de se coucher plus tard ? Dans ce cas, l'adulte peut prendre soin de prévenir l'enfant que son horaire de coucher pourra être réévalué, si besoin, ultérieurement.

Vous pouvez dire :

Je te propose de faire l'essai, pendant une semaine, de te laisser lire jusqu'à 21h00 au lieu de 20h30.

Si jamais je constate une augmentation de la mauvaise humeur, une fatigue au réveil, une difficulté à te lever ou un autre signe bizarre qui puisse être lié à un manque de sommeil, je t'en parlerai et on essaiera de voir ensemble si cela a un lien ou pas avec ce coucher plus tardif.

Si c'est le cas, il faudra sans doute revenir aux anciens horaires...

Si jamais ça se passe bien, on observe sur les trois semaines suivantes si tout continue dans le bon sens et on pérennise le nouvel horaire.

Attention, cela ne veut pas dire que, si je suspecte une fatigue exceptionnelle, je ne te demanderai pas de te coucher plus tôt !

L'enfant/l'ado est-il en **décalage horaire** ? Il est facile de penser à cette hypothèse dans le cas des voyages mais cela s'applique aussi dans le cas des vacances où les heures de coucher sont parfois 1, 2 ou 3 heures plus tardives : l'enfant peut donc se retrouver en décalage horaire. En tenir compte pour expliquer d'éventuels problèmes d'endormissement.

Vous pouvez dire :
C'est normal que tu n'aies pas très envie de te coucher car, pendant les vacances, tu n'allais au lit qu'à 22h. Ton corps est déréglé pour envoyer les bons messages (=bonnes hormones, notamment la mélatonine) *pour t'aider à dormir à 20h30. Ça risque d'être comme ça pendant quelques jours mais certaines personnes sont super fortiches et arrivent à se re-régler en une ou deux nuits, j'espère que ça sera ton cas !*

A l'adolescence, les sécrétions d'**hormones sont modifiées. Elles incitent l'ado à s'endormir plus tard** et à se réveiller plus tard. Si s'endormir plus tard ne pose généralement pas de problème (à part aux adultes qui veulent avoir un moment pour eux !), les ados sont souvent obligés de se réveiller tôt pour aller en cours.

Il va donc falloir trouver un juste milieu entre l'encouragement hormonal à s'endormir plus tardivement et la réalité des heures de début de cours.

Vous pouvez dire :
Je sais que ton corps, à l'adolescence, t'envoie le signal d'un sommeil plus tardif dans la soirée mais le problème est que tu dois te lever tôt pour aller en cours demain. Peux-tu faire attention à rester au calme et dans un endroit peu éclairé pour forcer ton corps à comprendre que c'est l'heure de dormir ?
Je sais que tu te dis que tu récupéreras le week-end prochain en te levant à midi, mais tous les spécialistes du sommeil disent que la récupération du sommeil le week-end est une fausse bonne idée car cela ne fait que renforcer la désynchronisation du sommeil, pour les ados comme pour les adultes d'ailleurs !

• Puis aider l'enfant à comprendre ce qu'est le sommeil :

Expliquer à quoi sert le sommeil est très utile pour beaucoup d'enfants quand le sommeil est problématique.

Car, au mieux, les enfants pensent souvent que c'est une perte de temps (temps de jeu, temps avec les adultes, temps d'échanges) et que le sommeil est un moment où il ne se passe rien, un moment inutile, vide. Ils cherchent alors à tout prix à rester éveiller en s'agitant même s'ils sont fatigués.

Et au pire, certains enfants peuvent assimiler – consciemment ou non – le fait de dormir à une certaine forme de mort et donc lutter contre le sommeil soit en "tenant par les nerfs", soit en étant pris d'angoisses diffuses ou de questionnements métaphysiques, voire morbides.

Il est donc capital de commencer par expliquer exactement toutes les nombreuses choses très vivantes et protectrices qui se passent pendant le sommeil.

Vous pouvez dire :

*Beaucoup de gens ne le savent pas, mais le sommeil est un des moments où **le cerveau et le corps sont les plus actifs**. Enormément de bonnes choses se passent pendant la nuit.*

C'est comme si la nuit, il y avait des travaux de réparations et de rénovation dans un immeuble. Derrière les échafaudages, même si on ne peut pas le voir vraiment, il se passe plein de choses pour que l'immeuble deviennent plus solide et plus beau.

Eh bien chez l'être humain, c'est un peu pareil :

- *Au niveau général : le sommeil est **un des chefs d'orchestre de ton corps**. Même si personne n'a exactement le même rythme, le sommeil participe énormément à l'**organisation des hormones**. Tout est réglé comme du papier à musique : telle hormone pour faciliter telle activité ou tel besoin du corps. Si le sommeil est bien réglé alors la musique est bonne... si le sommeil est mal réglé alors c'est la cacophonie ! Et si la cacophonie s'installe, il y a de quoi* *devenir dingo ! Ce n'est pas pour rien que la privation de sommeil fait malheureusement partie des tortures de guerre...*

- Au niveau physique : pendant le sommeil ton ***corps grandit, se répare, reprend de l'énergie, consolide ses défenses immunitaires****. Dormir te permet d'être plus vif·ve, plus adroit·e et plus réactif·ve dans la journée.*

- Au niveau émotionnel : dormir permet de ***réduire l'anxiété, de mieux gérer tes émotions, d'être de meilleure humeur et dans un état d'esprit plus positif****.*

- Au niveau intellectuel : le sommeil permet la ***consolidation ou le renforcement de ta mémoire et donc facilite tes apprentissages****. Il* ***augmente aussi la durée et la qualité de ton attention****.*

Expliquer comment fonctionne le sommeil pour permettre à l'enfant de comprendre pourquoi l'endormissement n'est pas toujours immédiat et pourquoi les réveils nocturnes sont possibles.
En effet, le sommeil fonctionne **par cycles avec plusieurs phases au sein de chaque cycle**. A chaque cycle correspond une des actions énumérées ci-dessus (croissance, mémorisation, vigilance, etc.), d'où l'importance, en règle générale, d'un coucher tôt pour que le sommeil puisse faire son boulot dans tous les domaines. Entre chaque cycle, il y a des micro-réveils, généralement imperceptibles mais qui peuvent occasionnellement donner lieu à des pauses de sommeil dans la nuit.

La question la plus souvent posée concernant le sommeil de l'enfant est celle de l'endormissement : pourquoi certains s'endorment-ils immédiatement quand d'autres mettent un peu ou beaucoup plus de temps ? Malheureusement, personne n'est égal sur ce terrain-là, ça peut être à cause d'un terrain familial propice aux difficultés de sommeil, d'un moment de vie où les cycles de sommeil se dérèglent, de certaines mauvaises habitudes... Alors comment expliquer cette phase d'endormissement de manière accessible aux enfants ?

Métaphore du train du sommeil :
On compare souvent l'endormissement à un voyage en train car, pour les deux, il faut être au bon endroit et respecter des horaires pour rendre le projet réalisable :
- on ne peut pas se mettre sur le bord des rails et faire signe au conducteur de s'arrêter, il faut aller au bon endroit sur le quai ; tout comme l'on s'endort rarement le soir si on n'est pas allongé·e dans un endroit confortable et paisible ;
- on ne peut pas être certain·e de monter dans le train dès que l'on arrive sur le quai ; tout comme nous ne pouvons pas présumer du temps qu'il va nous falloir pour nous endormir, sachant que, en moyenne, il y a entre 20 et 30 minutes entre chaque cycle d'endormissement, chaque passage de train du sommeil.

Il y a donc une heure précise (passage en gare=début de cycle du sommeil) et un endroit précis (quai de gare=allongé·e au calme) où l'on peut monter dans le train du sommeil (s'endormir). Si, à ce moment-là, l'enfant n'est pas au calme sur le quai de la gare (donc allongé·e tranquillement sur son lit) mais qu'il est allé prendre un verre d'eau, qu'il décide d'aller voir ses parents, de faire pipi, de rallumer la lumière ou qu'il s'énerve en se tournant dans le lit parce qu'il s'impatiente... alors, c'est comme s'il partait du quai : si le train du sommeil passe à ce moment-là, il le loupe et il est bon pour attendre le train suivant, 20 à 30 minutes plus tard... à moins qu'il ne recommence à quitter le quai. C'est souvent comme ça que les endormissements peuvent s'éterniser.

Quand l'enfant s'endort enfin, les cycles de sommeil s'enchainent, les micro-réveils (passage en gare) passent inaperçus.

Mais il peut arriver que l'enfant se réveille (cauchemars, pipi, bruit), il lui faudra alors parfois attendre le prochain cycle pour se rendormir ou courir sur le quai de la gare pour rattraper le train en marche en sautant dans le wagon.

• Eviter ou résoudre les problèmes de sommeil chez les jeunes enfants :

Pour les petits, avoir un **rituel d'endormissement** est une excellente habitude à prendre dès le plus jeune âge : lavage de dents, puis fermeture des volets, puis lecture d'une histoire (même quand les enfants savent déjà lire ! Que ce soit une grande histoire pour la fratrie ou alors quelques pages seul·e avec chaque enfant), puis le câlin, puis les bisous, puis les "Je t'aime", puis la porte laissée ouverte pour que l'enfant entende la musique des petits bruits de la maison (sauf s'il préfère une porte fermée, bien sûr !). En sortant de la chambre, l'adulte peut rappeler que le train du sommeil n'arrivera peut-être pas tout de suite mais que l'enfant doit rester au calme dans son lit.

Si l'adulte aime ce moment du soir et s'il a du temps : faire durer le plaisir dans la limite d'un horaire raisonnable d'endormissement pour l'enfant.

Si l'adulte a hâte d'avoir du temps pour lui : mieux vaut faire un rituel court où l'adulte est vraiment présent et heureux d'être là, plutôt qu'un rituel trop long où l'enfant sentira que l'adulte n'y prend pas plaisir… ce qui pourra inquiéter l'enfant et risquer de faire déraper les choses : peurs, pleurs, énervement, rappels…

L'adulte peut **rappeler le cadre éducatif** :

Vous pouvez dire :

Je comprends que tu aimerais bien rester encore un peu avec nous. Tu sais, chaque moment de la journée a des fonctions précises : se lever, manger, aller à l'école, jouer, se laver... et dormir. A 20h45, c'est le moment d'aller au lit pour dormir. Les enfants ont besoin de plus de temps de sommeil que les adultes et c'est pour ça qu'ils se couchent plus tôt qu'eux. Ta mission, après avoir été faire un dernier pipi pour bien vider ta vessie une fois pour toute pour toute la nuit, est de rester allongé·e calmement dans ton lit avec le plus de pénombre possible pour attendre patiemment le passage du train du sommeil.

Aussi surprenant que cela puisse paraître, ce qui se passe dans la vie des adultes une fois qu'il·elle est couché·e est parfois une vraie source de questionnement voire d'inquiétude pour l'enfant. Il peut être très efficace pour faciliter l'endormissement d'expliquer à l'enfant que, même si l'adulte veille sur lui pendant son sommeil, **le soir est aussi un temps pour que les adultes fassent à la maison toutes les choses d'adulte qu'ils ont besoin ou envie de faire**. Quand les enfants sont dans leur lit, les adultes ont besoin de ce temps pour leur vie d'adulte : finir des tâches ménagères, être avec son amoureux·se, échanger par téléphone avec des gens qu'ils aiment, finir un dossier professionnel, avoir du temps récréatif comme peindre, lire ou regarder la télévision, etc.

Zoom sur une situation concrète :

La plupart des petits enfants aiment beaucoup quand on qualifie ce moment où les adultes font des choses pour eux de **"temps de Roi/Reine"**.

Si l'enfant a du mal à laisser l'adulte le soir, il peut lui confectionner ou décorer une couronne que l'adulte coiffe après le dernier bisou pour matérialiser le passage au temps de Roi/Reine.

Vous pouvez dire :

Maintenant, c'est le moment pour moi de coiffer la superbe couronne que tu m'as faite pour avoir un petit temps de Roi/Reine avant de m'endormir moi aussi. A partir du moment où je la mets sur ma tête, tu te souviens que tu dois rester calme dans ta chambre pour attendre le train du sommeil et que tu ne viens me voir que si c'est vraiment, vraiment important.

Pour les enfants angoissés ou qui ont des peurs, l'adulte prend le temps de les rassurer et de recadrer la place de chacun : c'est l'adulte qui protège l'enfant.

Vous pouvez dire :

*Je suis ton papa / ta maman et **c'est moi qui assure ta sécurité**. Avec tes frères et sœurs, tu es la personne la plus précieuse au monde pour moi, **notre maison est comme un coffre-fort** : c'est moi qui en ai la clé et qui fais le maximum pour que tous les gens que j'aime soient en sécurité. Je sais comment faire, **c'est moi l'adulte et tu peux me faire confiance** parce que je ne suis pas une nouille ! Je suis même très futé·e, non ? Alors, maintenant, c'est l'heure pour toi de rester au calme et en sécurité dans ta chambre parce que je veille sur toi, je suis tout près et tu pourras même entendre mes petits bruits du soir pour t'aider à t'endormir : la vaisselle, la bouilloire, la télé ou la musique, ma voix qui parle avec mamie au téléphone, etc.*

Pour les enfants qui ont peur que quelque chose ou quelqu'un les guette dans leur chambre. Autant que possible, et ce n'est pas toujours facile de résister à la demande de l'enfant, l'adulte ne regarde pas sous le lit pour vérifier qu'il n'y a pas de monstre. Si on vous dit qu'un lingot d'or est magiquement apparu sous votre lit, vous allez regarder ? Pour le monstre comme pour le lingot, puisque l'adulte sait pertinemment qu'il n'y a rien, il ne regarde pas, c'est logique ! Et l'enfant est très logique.

Par contre, l'adulte pourra recadrer la croyance en donnant son point de vue sur cette peur d'enfant. Même si, dans un premier temps, l'enfant n'est pas très content que l'adulte ne se plie pas à son rituel de réassurance, il gagne significativement en sécurité pour plus tard. A défaut d'aider l'enfant à rationaliser ses peurs ou à faire confiance à l'adulte sur la question de sa sécurité, l'adulte sera rapidement confronté à la suite : les fantômes, les zombies, les vampires, la Dame Blanche – qui est encore une grande star des cours de récré au grand dam de la quiétude des nuits des adultes !

Vous pouvez dire :

Je sais que les enfants ont beaucoup d'imagination et que ton imagination te dit que les monstres existent. Moi, je sais que ce n'est pas vrai alors je ne vais pas aller regarder si quelque chose qui n'existe pas est sous ton lit. En même temps, je comprends que tu imagines ça parce que beaucoup d'enfants le font. Ici, le·la chef·fe de la sécurité, c'est moi ! Et si je te dis que tu es en sécurité dans ta chambre, c'est que tu l'es : je ne suis pas une andouille ! Tu peux donc dormir en toute confiance, c'est moi le·a gardien·ne de la maison et il ne faut pas venir me chercher ! Tu te souviens de ma colère quand tu n'as pas rangé ta chambre la dernière fois [clin d'œil] !

Certains enfants ont **peur du silence ou des petits bruits de la maison**, pourquoi ne pas leur permettre d'**écouter des bruits de la nature ou une histoire enregistrée** ?

Zoom sur une situation concrète :

Il peut s'agir de :

- livres-audio achetés dans le commerce ;
- l'adulte peut aussi faire un enregistrement – même très imparfait – avec son smartphone du son du dessin animé préféré de l'enfant (à un moment où celui-ci le visionne) pour le repasser le soir ;
- l'adulte peut enregistrer sa propre voix quand il raconte une histoire un soir. Si l'enfant parle ou qu'il y a des apartés : aucun problème ! L'enfant se remémorera encore mieux le bon moment passé ensemble ;
- d'autres adultes (tontons, taties, grands-parents) peuvent être mis à contribution pour raconter des souvenirs rigolos et sympas vécus ensemble ou pour lire un livre en activant l'application dictaphone de leur smartphone. L'enregistrement n'a pas à être parfait, au contraire ! Primo, l'enfant le sait car il écoute souvent des adultes raconter des histoires. Secundo, cela lui apprend que, même quand on est bon lecteur, on peut se tromper et donc que ses erreurs à lui de futur ou jeune lecteur sont complètement normales ! Il se peut même que les inévitables *"heu, mince, où j'en étais ?"* le fassent rire et le plongent encore un peu plus dans un cocon de sécurité.

Précautions utiles : faire attention à sélectionner un format d'enregistrement facilement reconnu, type MP3 ; et surtout, être vigilant·e à l'histoire choisie car les grands classiques ne sont pas toujours les plus apaisants pour s'endormir (Hansel et Gretel ou le Petit Poucet parlent d'abandon d'enfant, le Petit Chaperon rouge parle de la perversion de certains adultes voire de l'inceste selon les courants psy qui l'analysent) et, pour citer des créations plus récentes qui semblent plus légères, même Nemo perd sa maman dès le début l'histoire !

Autre astuce efficace pour les petits et les moins petits : les enfants sont souvent très sensibles aux odeurs. Pourquoi ne pas poser sur leur poignet **une goutte du parfum de papa/maman ou mettre dans leur lit un tee-shirt** empreint de leur odeur ? C'est très rassurant et sécurisant pour l'enfant. C'est aussi une bonne astuce à mettre en place quand un enfant va dormir à l'extérieur.

Au moment du coucher, chez certains enfants, émergent des questions plus ou moins anxiogènes (*Et si un terroriste attaquait l'école ? Et si mes parents disparaissaient cette nuit ?)* **ou métaphysiques** (*Que se passe-t-il après la mort ? La Terre est-elle la seule planète habitée ?*).
Or le coucher n'est pas forcément un moment où l'adulte a le temps/l'énergie de discuter… et ce genre de discussion n'est pas très propice à ce que le cerveau de l'enfant s'apaise pour faciliter l'endormissement. Deux outils peuvent alors être proposés à l'enfant :

Petit jeu pour aller mieux :

- **Pour les questions anxiogènes :** l'enfant peut relooker une boîte à mouchoirs en **"boîte à beurk"**. C'est une boîte où l'enfant peut déposer ses idées anxiogènes, ses peurs, ses cauchemars, ses mauvaises expériences, ses problèmes, etc. Il lui suffit de les dessiner ou de les écrire sur un bout de papier qu'il glisse dans la boîte. C'est ce qu'on appelle un processus d'extériorisation : l'idée n'est plus dans la tête mais dans la boîte.

- **Pour les questions métaphysiques :** l'enfant peut disposer d'un **"carnet de questions à résoudre plus tard"** où il peut noter ses interrogations ou les dessiner afin, également, de les sortir de sa tête pour faciliter l'endormissement.

L'adulte et l'enfant pourront choisir un moment dans la journée suivante pour parler de certains sujets si l'enfant en a besoin ou éliminer le problème en émiettant les papiers pour les évacuer dans les toilettes en tirant la chasse d'eau.

Quand les enfants appellent, se relèvent, font la java dans leur chambre... L'adulte commence par poser une règle claire :

> Vous pouvez dire :
> *On ne sort plus de sa chambre après le bisou du soir sauf pour faire pipi, une fois, si vraiment il y a besoin. Dans ce cas, on y va seul et on est aussi silencieux qu'un Ninja.*
> *Si jamais cette règle n'est pas respectée, demain, il y aura les bisous et les câlins comme d'habitude, mais il n'y aura pas d'histoire pour celui·celle qui serait sorti·e de sa chambre sans vraie bonne raison.*

La règle doit avoir une sanction prédéfinie si l'enfant ne la respecte pas : pas d'histoire demain, diminution du temps d'écran... et l'adulte s'y tient !

C'est souvent ce dernier point qui met en échec cette règle d'apparence très simple.

Encore une fois et cela ne sera jamais assez répété, la sanction n'est pas là pour embêter l'enfant mais pour lui montrer qu'il y a des règles et qu'enfreindre ces règles a des conséquences. Parfois, les conséquences seront désagréables pour lui, parfois non : il aura toujours le choix entre respecter la règle et assumer la sanction.

Il y a enfin les **cas de "survie"** : un adulte exténué (par les nuits courtes enchainées, par un travail stressant, par des problèmes personnels, par des soucis de santé, etc.) et un enfant qui ne veut pas dormir dans sa chambre ou qui se réveille et appelle.

C'est un cas extrême car le besoin de dormir est vital et que l'absence de sommeil peut entrainer des attitudes vraiment inappropriées envers les enfants que l'adulte regrettera vite. Il est donc capital de **trouver des solutions rapidement pour que l'adulte puisse dormir lui aussi : c'est la priorité absolue.**

Hors de question (sauf si vous pratiquez naturellement le cododo depuis toujours ou si c'est très exceptionnel) que l'enfant dorme dans le lit de l'adulte. Hors de question également que l'adulte aille dormir dans le lit de l'enfant (encore une fois, sauf cas exceptionnel ou particulier).

Alors que faire ?

- **Pour les plus Jeunes enfants :** l'adulte installera pour un temps un lit parapluie à côté du sien et expliquera ce qui suit à l'enfant (même nourrisson).

> Vous pouvez dire :
> *Je suis é-pui-sé·e et j'ai vraiment vraiment besoin de dormir. Si tu te réveilles alors, exceptionnellement, je viendrai te chercher et te mettre dans le lit parapluie à côté de mon lit et tu pourras y dormir. Mais si tu m'empêches de dormir alors je te remettrai dans ta chambre.*

Evidemment, tout n'est pas si simple et il risque d'y avoir quelques allers-retours... mais c'est généralement assez efficace.
Une fois que l'adulte aura récupéré, il sera en état de gérer la situation, chacun retrouvera sa chambre.
De toutes façons, quand l'adulte va mieux, il y a deux bénéfices immédiats : il est capable de trouver des solutions adaptées et de tenir le cadre de sa solution, mais aussi, comme il va mieux, l'enfant est rassuré et donc plus à même de dormir paisiblement dans sa chambre.

- **Pour les enfants qui descendent de leur lit seuls et qui n'ont pas un parcours dangereux entre leur chambre et celle de l'adulte :** installer, pour un moment, un matelas de gym à côté de lit de l'adulte ainsi qu'un plaid et un coussin (mode camping plutôt que cocooning) et expliquer chaque soir ce qui suit à l'enfant.

Vous pouvez dire :

Je suis é-pui-sé·e, j'ai BESOIN de dormir. Dormir est un des médicaments les plus efficaces pour que j'aille mieux. Si tu as besoin dans la nuit, tu pourras venir tout doucement et en silence, par toi-même, t'installer sur ce matelas. Mais si jamais tu n'es pas silencieux, tu repartiras dans ta chambre.

- Il faut reconnaître que ces solutions peuvent se heurter à un frein : l'adulte a souvent peur que l'enfant, par son mécontentement ou ses pleurs, ne perturbe l'endormissement ou ne réveille d'autres personnes (conjoint·e, autre·s enfant·s, voisin·e·s). Déranger d'autres personnes est un risque à prendre à court terme pour que l'enfant trouve un endormissement autonome et sécurisant à long terme.

Quelques spécificités concernant les adolescents :

Si un ado peine à trouver le sommeil, l'adulte peut suivre la piste de l'influence de la **lumière bleue émise par certains écrans** (ordinateurs, télévisions, smartphones) **et certaines ampoules LED.**

En effet, certaines fréquences du spectre de ces lumières sont les mêmes que celles du soleil : le cerveau confond alors la lumière artificielle avec celle du soleil ; il croit qu'il fait jour, ce qui perturbe l'émission de l'hormone nécessaire pour provoquer le sommeil. Ces fréquences lumineuses envoient au cerveau un signal qui augmente la vigilance (donc le tonus, la réactivité) et empêche la sécrétion de mélatonine qui est l'hormone qui favorise l'endormissement.

Certaines personnes sont plus sensibles que d'autres à l'influence de ces fréquences lumineuses bleues – qui ne sont d'ailleurs même pas perçues comme bleues à l'œil nu.

En cas de difficulté d'endormissement, les spécialistes préconisent d'**être déconnecté de ce type d'écran au moins 1h avant le coucher**.

Chez les ados, la **question des réseaux sociaux et/ou des jeux en réseau, le soir** notamment, est un sujet particulièrement sensible. Voici deux pistes pour y voir plus clair.

- Primo, les moments d'écran sont-ils source de réconfort ou d'énervement ?

- Secundo : jusqu'à quelle heure ? Sur ce second point, généralement, les adultes cadrent trop tôt et les ados se donneraient des délais trop tardifs ! Une idée pourrait être de faire des essais pendant une semaine et que chacun évalue si le comportement familial et/ou scolaire et/ou les résultats scolaires de l'ado semblent modifiés… ou pas !

Vous pouvez dire :

On n'est pas d'accord sur la question de savoir à partir de quelle heure les écrans doivent impérativement être arrêtés le soir. Tu penses 22h00, je pense 20h00 et, de toutes façons, à ton âge, je ne suis pas d'accord pour que cela soit après 21h30.

Je te propose qu'on fasse une expérience : on passe déjà de 20h00 à 20h30 et on observe ce que cela change en mieux (moins de prise de tête pour ranger les écrans ?) comme en moins bien (comportement familial et/ou scolaire et/ou les résultats scolaires). Tu t'auto-évalues et je te donne également mon avis. Chacun notera les évènements factuels et précis sur lesquels il base son évaluation, cela permettra à chacun de mieux comprendre le point de vue de l'autre.

Au bout d'une semaine, nous nous réunissons entre nous (ado concerné et adulte concerné) à un moment convenu à l'avance (avant le repas du dimanche soir ?) pour en discuter ensemble.

Si cela se passe bien, on peut continuer pendant un mois et éventuellement faire la même expérience avec le passage de 20h30 à 21h00 et ainsi de suite.
Mais attention ! Si jamais, même dans plusieurs mois, je constate que ton comportement ou tes notes se détériorent, on refait l'expérience en sens inverse. L'horaire convenu en fin d'expérience n'est aucunement un dû acquis à jamais sur lequel on ne peut pas revenir ! Je veux que cela soit bien compris et accepté par nous deux.

EVIDEMMENT, on ne parle pas ici d'un enfant ou d'un ado malade ou avec un trouble physique, émotionnel ou mental pour lequel la consultation d'un spécialiste est obligatoire ; on ne parle pas non plus des cas où l'enfant/l'ado a un problème de sommeil qui nécessiterait de consulter un spécialiste. Néanmoins, avant de consulter, l'adulte peut vérifier si toutes les conditions ci-dessus sont remplies pour que l'enfant puisse trouver le sommeil et avoir des nuits continues et récupératrices.

LES QUESTIONS EDUCATIVES LES PLUS FREQUENTES

Les écrans

POURQUOI ?

• Quelques notions essentielles :

- Quand on parle d'écran, on parle de **tous les écrans** : téléphone, tablette, ordinateur, console, télévision, etc. On parle des écrans choisis par l'enfant, de ceux proposés à l'enfant, mais aussi des écrans allumés dans la même pièce que l'enfant.

- L'idée n'est pas d'empêcher les enfants d'accéder au monde numérique dont ils ont besoin, mais de les aider à apprendre à y vivre **de manière intelligente et**, à terme, **auto-raisonnée**.

- Le problème est multidimensionnel car il s'agit bien sûr de la **quantité d'écran mais aussi de la qualité** de ce qui est vu. C'est pourquoi il est difficile de répondre à la question tant attendue : *"Alors ? Combien de temps ?"*. Il s'agit plutôt d'**évaluer si l'enfant/l'ado a une vie diminuée**, notamment socialement, à cause du temps passé sur les écrans, si sa vie ne semble tourner qu'autour d'eux au détriment de la "vraie" vie (travail, famille, loisirs hors écran, sport, études, devoirs, lecture...).

- Les adultes ont un grand rôle à jouer : celui de **montrer l'exemple**, et ce pour plusieurs raisons. Primo, les enfants se développent en imitant l'adulte donc ils feront ce que l'adulte fait. Secundo, la congruence éducative (=faites ce que je dis et faites ce que je fais) est essentielle sur les sujets les plus "chauds" sinon l'adulte perd toute crédibilité. Donc, d'une manière générale, l'adulte évite d'utiliser les écrans "loisirs", quand ce n'est pas nécessaire, pendant les temps où il est avec l'enfant.

- Les **écrans le matin** avant d'aller à l'école/collège/lycée sont vraiment à proscrire car ils retardent significativement le démarrage du cerveau pour les apprentissages de la matinée. En conséquence, les premières heures de cours peuvent être considérées comme perdues, non acquises, notamment pour les jeunes enfants et toutes les personnes pour qui l'attention et la concentration ne sont déjà pas leur fort.

- Les **écrans trop tard le soir** sont nocifs car ils émettent une lumière bleue qui augmente la vigilance du cerveau et empêche la sécrétion de mélatonine qui est l'hormone permettant l'endormissement. Il est préconisé que les écrans soient stoppés au moins 1h avant le coucher.

- Les **écrans lors des repas doivent être occasionnels** et ceci pour plusieurs raisons. La plus importante est que les moments de repas constituent souvent le principal temps d'échange et la plupart des spécialistes s'accordent sur le fait que c'est LE moment à privilégier pour l'équilibre familial mais aussi pour l'équilibre psychologique des enfants... et ce, même si les repas peuvent être houleux à certains moments. Les raisons secondaires sont multiples : les quantités avalées sont un tiers plus importantes devant les écrans que sans car les quantités mangées sont en décorrélation avec l'appétit, les programmes regardés au moment des repas sont souvent des journaux télévisés dont les informations sont traitées de manière beaucoup trop anxiogène pour les enfants, etc.

- Les **écrans à demeure dans les chambres sont à éviter absolument** pour toutes les tentations et facilités d'utilisation qui en découlent mais aussi pour toutes les raisons évoquées ci-dessus. Il semblerait que les enfants disposant d'écran très précocement à disposition dans leur chambre aient une corpulence significativement plus élevée, des habitudes alimentaires moins bonnes, un moindre niveau de sociabilité, un niveau plus élevé de détresse émotionnelle et de symptômes dépressifs, une tendance plus élevée à la victimisation et une probabilité plus grande d'agression physique dans l'enfance.

• Préconisations en 2019 de l'Académie Nationale de Médecine, de l'Académie des sciences et l'Académie des Technologies :

"***1 - Avant 3 ans :*** *Ne pas mettre les écrans à la disposition des enfants laissés seuls. [...]*

2 - De 3 à 10 ans : *Il est important de fixer un temps ritualisé dédié aux écrans afin d'apprendre à l'enfant à attendre (ce qui constitue le premier moment de l'apprentissage de l'autorégulation), de préférer les écrans partagés et accompagnés aux écrans solitaires, de parler avec l'enfant de ce qu'il voit et fait avec les écrans, et d'éviter d'acheter aux plus jeunes des objets numériques personnels (comme une tablette) dont il s'avère bien difficile ensuite de réguler l'usage. [...] Une attention particulière doit être portée à l'utilisation des écrans le soir avant le coucher, tant en raison du temps consommé au détriment d'autres activités que pour la difficulté d'endormissement ainsi créée.*

3 - Après 10 ans : *Il importe que les parents maintiennent un dialogue positif sur l'utilisation des écrans et restent attentifs aux symptômes de fatigue liés aux troubles du sommeil, aux signes d'isolement pouvant conduire à un repli sur soi et à un fléchissement des résultats scolaires. Insistons à ce propos sur la fausse bonne idée d'une récupération du sommeil le week-end qui, en réalité, ne fait que conforter la désynchronisation de l'enfant.*

4- Pour tous les âges : *Il faut que les parents s'emploient à un usage raisonné de leurs propres outils numériques, notamment quand ils interagissent avec un jeune enfant, et, quand l'enfant grandit, que le dialogue soit maintenu sur ces questions."*

Source : http://www.academie-medecine.fr/wp-content/uploads/2019/04/19.4.9-Rapport-Ecrans-et-adloescents.pdf

• La règle des 3-6-9-12 à destination des parents développée par Serge Tisseron :

- **Avant 3 ans : éviter la télévision et les écrans non interactifs** car ils contribuent à renforcer la passivité des jeunes enfants et à les éloigner de ce dont ils ont fondamentalement besoin à cet âge : interagir avec leur environnement en utilisant leurs sens (toucher, voir, entendre, bouger, etc.).

- **A partir de 3 ans, la télévision peut être introduite mais avec modération.** Les programmes doivent être choisis avec les enfants (en respectant les âges recommandés sur les programmes) et la durée d'exposition doit être fixée au préalable.

- **Entre 3 et 6 ans : ne pas offrir de console de jeu personnelle à l'enfant.** Limiter le temps d'écran en fixant des règles claires sur le moment durant lequel ils peuvent être utilisés et la durée d'utilisation. Privilégier le jeu à plusieurs ou en famille plutôt que de laisser l'enfant seul face à l'écran, au risque que son attitude devienne compulsive et qu'il se réfugie dans les écrans pour fuir le monde réel.

- **Entre 6 et 9 ans : fixer un temps d'écran autorisé** et laisser la liberté à l'enfant de le répartir comme il le souhaite. Veiller à ce qu'il continue à consacrer du temps à des activités hors écran. Commencer à lui parler de la notion de droit à l'image et de droit à l'intimité.

- **A partir de 9 ans : initier l'enfant à Internet.** Accompagner l'enfant dans cette découverte et lui expliquer les dangers d'Internet en insistant notamment sur le fait que tout ce qui est mis sur le web peut tomber dans le domaine public, ne peut pas être effacé et n'est pas nécessairement vrai. Continuer à fixer une durée autorisée en laissant l'enfant la répartir comme il souhaite entre les différents écrans. Informer l'enfant de l'âge à partir duquel il pourra disposer de son propre téléphone portable.

- **Après 12 ans : laisser l'enfant naviguer seul sur le web** à condition qu'il ait bien intégré les risques liés à cette pratique et que l'adulte définisse un cadre : fixer ensemble les moments de connexion autorisés (en évitant les connexions nocturnes et illimitées depuis sa chambre), informer l'enfant sur les dangers de la pornographie et du harcèlement, discuter avec lui de ce que la loi autorise en termes de téléchargement, lui apprendre à respecter la signalétique PEGI (Pan European Game Information) qui attribue à chaque jeu un âge spécifique.

Source : https://www.3-6-9-12.org

COMMENT ?

💡 Quand le temps d'écran est encadré, l'adulte demande à l'enfant de mettre à **sonner un minuteur** pour signifier la fin du temps imparti. En effet, l'enfant – de bonne foi ou non –, une fois hypnotisé par les écrans, ne se rendra pas compte du temps qui défile. De son côté, l'adulte en a généralement assez de batailler pour faire cesser les écrans.

L'avantage du minuteur est qu'il est impartial, c'est lui le gardien du temps contre qui s'énerver. Quand le minuteur sonne, le temps autorisé d'écran s'arrête.

L'enfant aura alors deux possibilités : soit il choisit de respecter la sonnerie, soit d'assumer la conséquence prévue en cas de dépassement de son temps. Ainsi, si l'adulte n'obtient pas ce qu'il souhaite (le respect du temps d'écran), il garde le cadre (application de la sanction) sans se décrédibiliser (en arrachant la console des mains de l'enfant, en éteignant et ré-éteignant la télé que l'enfant rallume immédiatement, etc.)

En cas de dépassement, l'adulte pose une règle claire à l'enfant : chaque minute dépassée est calculée, multipliée par 2 et déduite du temps dont l'enfant devait bénéficier la fois d'après.

Vous pouvez dire :

Victor-Huguette ? Tu te souviens de la règle ? Tout temps dépassé est du temps doublement en moins pour la prochaine fois. Donc quand le minuteur sonne, c'est comme dans "Top chef", on éteint immédiatement et on met les mains en l'air. Si tu penses que tu as besoin de mettre un autre minuteur à sonner 5 minutes avant la fin pour sauvegarder ta partie, c'est toi qui le mets car quand mon minuteur de fin de temps sonne : les écrans s'arrêtent immédiatement, partie finie ou pas, émission terminée ou pas.

Et toujours : pas de double peine ! L'enfant subit déjà la sanction d'avoir un temps d'écran réduit lors de sa prochaine session d'écran alors pas de sermon en bonus : il assume la conséquence de ses actes, conséquence que l'adulte lui impose, ça suffit amplement ! L'adulte n'a donc pas à râler (même si c'est un sentiment légitime) puisque la Loi est appliquée.

Idéalement, **le temps d'écran doit être défini** (30 min ? 1h ? Plus ?) **et utilisé au moment où l'enfant le souhaite**, à l'exclusion, bien évidemment, des moments où cela perturbe la vie du groupe (famille, internat, cours) et des moments inappropriés comme le matin avant d'aller en cours (afin de ne pas affecter la concentration de l'enfant). Nommer les évidences évite bien des conflits : l'adulte, à chaque fois que c'est possible, pensera à expliquer en amont à l'enfant quand il ne pourra pas accéder aux écrans.

Il est aussi possible, toujours dans le souci d'éviter des sources de conflits inutiles, de **définir une heure avant laquelle les écrans sont interdits le matin et une heure après laquelle ils ne sont plus autorisés le soir**.

Pour limiter toute tentation et beaucoup de fâcheries ou suspicions, **les écrans peuvent tous être rangés à un même endroit le soir** à partir d'une certaine heure avec interdiction d'y toucher avant l'horaire minimum que l'adulte a fixé le lendemain.

💡 **Ranger les écrans** pour qu'ils ne soient pas visibles afin d'éviter la tentation ou la solution de facilité d'y recourir en cas d'ennui.

💡 Quel que soit l'âge, **aucun écran ne doit être installé à demeure dans la chambre** (télévision, console, ordinateur, téléphone, tablette…).

💡 Si l'enfant/l'ado est puni d'écran, l'adulte pourra : **mettre dans un endroit inaccessible les écrans** les plus légers (tablette, téléphone, etc.), prendre avec lui les câbles d'alimentations (télévision, ordinateur fixe, etc.) ou les chargeurs (tablette, ordinateur portable, console… en relevant éventuellement leur niveau de batterie). Il n'est pas question ici de confiance ou pas, si l'adulte est sûr que la règle va être respectée ou qu'il assume qu'elle ne le soit pas : aucun problème !

Il s'agit de **trouver un moyen de ne pas s'empoisonner la vie avec des discussions stériles au sujet de la suspicion que l'enfant ait utilisé (ou pas) des écrans malgré l'interdiction** alors que l'adulte n'a aucun moyen de le vérifier. Ce genre de discussion monte vite dans les tours et il est impossible de connaître le vrai du faux, alors autant les éviter : pas de tentation de l'enfant de ne pas respecter la règle si les écrans restent sans surveillance, pas de tentation de l'adulte de suspecter que l'enfant n'ait pas respecté la règle. Gagnant-gagnant… sauf peut-être pour le dos de l'adulte qui transporterait tout ce bazar.

💡 Parce qu'il ne serait pas juste de ne pas aborder cette question cruciale, voici une **proposition de cadre horaire maximum de consommation d'écran**, c'est-à-dire à ne pas dépasser pour le bien-être et le bon développement de l'enfant/l'ado.

Les indications ci-dessous s'entendent **toutes sortes d'écrans confondues** (tablette, téléphone, ordinateur, console...) et quelle que soit la raison : écrans demandés par l'enfant + écrans proposés par l'adulte (comme par exemple lors du temps d'attente d'un rdv) + temps de "babysitting par les écrans" pour que l'adulte puisse faire quelque chose + temps imposé à l'enfant quand il est dans la même pièce (même s'il ne regarde pas vraiment l'écran).

Les temps proposés doivent être compris en temps cumulé sur une semaine : il peut n'y avoir aucun temps d'écran les jours scolaires mais uniquement le mercredi ou le week-end, ou un peu tous les jours, chacun sa règle !

Zoom sur une situation concrète :

- Entre 0 et 3 ans : zéro écran ;
- Entre 3 ans et 7 ans : écrans occasionnels sans dépasser 30min par jour ou 3h30 par semaine (équivalent de 2 films) ;
- Entre 7 et 10 ans : **maximum** 1h par jour ou 7h par semaine ;
- A partir de 10 ans : **maximum** 1h/année par semaine (14 ans = 14h maximum par semaine ; 15 ans = 15h maximum par semaine).

... Et ce, TOUTES SORTES D'ECRANS CONFONDUES :

LES QUESTIONS EDUCATIVES LES PLUS FREQUENTES

La fratrie

POURQUOI ?

- Dans un de leurs ouvrages, Adèle Faber et Elaine Mazlish comparent la présence d'un frère ou d'une sœur à un collègue qu'un patron imposerait à un de ses employés (*Jalousies et rivalités entre frères et sœurs,* 2003, Editions Stock).

Métaphore :
Imaginez que votre patron vous annonce avoir recruté une personne (sans votre avis et sans vous en informer) qui sort de l'école (donc qui ne connait rien au job et dont il va falloir forcément que vous vous occupiez un peu), qu'il trouve fantastique et avec qui il a un bon feeling (ce qui peut exciter votre jalousie), qu'il va payer comme vous (alors que vous avez plus d'expérience et d'ancienneté) et qui va partager votre bureau (partage du temps et/ou d'espace et/ou de matériel, etc.). Personne avec laquelle il vous demande de collaborer (alors que vous n'avez pas besoin d'elle), d'aider pour les rudiments du fonctionnement du poste (machine, logiciel, timing des pauses, etc.) et aussi, idéalement, de lier une relation sympathique en allant déjeuner ou prendre votre pause-café avec elle pour qu'elle se sente bien accueillie et que cela préserve l'ambiance conviviale de la société.

Quand ils la lisent, tous les adultes qui intègrent vraiment cette métaphore ont obligatoirement un truc qui passe mal dans la gorge ou une tension corporelle qui apparait (sauf ceux qui ont expérimenté à hautes doses les retraites spirituelles en Himalaya). En se mettant réellement dans la peau de cet·te employé·e, l'adulte perçoit ce que certains enfants ressentent, parfois quotidiennement, face à leur fratrie : des personnes avec lesquelles ils sont obligés de vivre alors qu'ils se verraient très bien sans.

Alors, aussi douloureux que cela puisse être pour les adultes, ils doivent accepter que leurs enfants puissent ne pas s'apprécier et même éventuellement verbaliser qu'ils ne s'aiment pas. Mais, si c'est le cas, un recadrage peut s'imposer car, si personne ne peut contrôler les sentiments de quelqu'un d'autre, il n'en demeure pas moins que des règles existent pour vivre en bon intelligence en société, que l'on s'apprécie... ou pas.

> Vous pouvez dire :
> *Vous avez le droit de ne pas vous aimer mais vous n'avez pas le droit de ne pas vous respecter. Aimer fait partie de votre libre arbitre en tant que personne mais respecter les autres fait partie de vos devoirs d'être humain. En tant qu'adulte, on ne peut pas agir sur le premier mais on se doit d'enseigner et de faire respecter le second.*

C'est vrai... il faut avoir le cœur bien accroché pour réussir à verbaliser cela mais quand les relations frère·s/sœur·s sont très tendues, c'est souvent un premier pas vers l'apaisement de la fratrie.

- Il est aussi important de se souvenir qu'aucune personne saine psychologiquement n'embête sans raison quelqu'un qui ne lui a rien fait. Ce qui va être dit ci-après peut choquer mais le simple fait qu'un enfant existe alors que l'autre enfant aurait préféré être enfant unique ou ne pas avoir d'autre frère ou sœur suffit à être une raison valable pour en vouloir à un frère ou une sœur qui, pourtant, ne lui a rien fait directement...

Quand cette idée n'est pas comprise par l'adulte – comprise ne voulant pas forcément dire acceptée – et que les adultes trouvent inconcevable qu'on ne s'aime pas entre frères et sœurs, cela ne fait qu'attiser le problème. L'enfant n'a pas à choisir s'il aura ou pas des frère·s ou soeur·s, il le sait, mais il veut être entendu sur le fait qu'il n'en a pas envie.

Reprenons l'idée de cette personne, employée sans l'avis de son·a futur·e collègue, au même poste que lui·elle, avec le même salaire alors qu'il·elle est débutant·e et qu'il·elle n'a pas fait ses preuves, et qui, en prime, attire toute la sympathie et l'attention du patron. Même si c'est absurde car ce n'est pas de sa faute, la jeune recrue risque fort de ne pas être bien accueillie par son·a collègue, voire être détestée, alors qu'après tout, si quelqu'un a fait quelque chose d'injuste, c'est le patron et pas le·a nouvel·le employé·e.

Evidemment, le degré d'aversion envers cette nouvelle recrue dépendra de chacun : un peu, beaucoup ou extrêmement, mais rarement pas du tout. S'il prend en compte la maturité d'un enfant, tout adulte peut comprendre qu'un enfant puisse avoir une aversion pour son frère ou sa sœur !

- Cette aversion, qui peut aller jusqu'à de l'animosité envers les frères et sœurs, ne touche pas nécessairement l'ainé·e. Cela dépend de la personnalité de chaque enfant, de sa maturité, de son histoire, de celle de son frère ou de sa sœur, de la personnalité de ce·tte dernier·ière. Et bien évidemment, certains enfants ne sont pas concernés par ce sujet mais que faire quand la relation entre les enfants d'une même fratrie est, ou devient, difficile voire carrément infernale ?

COMMENT ?

Quand chaque enfant a sa propre chambre, il est souvent très efficace d'**interdire aux uns l'accès à la chambre de l'autre** : une interdiction stricte qui est respectée par tous les membres de la famille – y compris les adultes si ce n'est pas contre leurs principes –.

En effet, chaque personne a besoin de son territoire, il en va de la nature même de toute espèce vivante. Après une dure journée de travail, en passant la porte de chez lui, l'adulte ressent généralement un vrai sentiment de soulagement, d'apaisement, de sécurité. Le "chez soi" de l'enfant est sa chambre, c'est son univers à lui, son territoire. Il peut s'y réfugier si ce qui se passe ailleurs ne lui convient pas, s'il a besoin de s'isoler ou de se ressourcer ou si son comportement n'est pas admissible dans les parties communes qu'il partage avec les autres personnes qui vivent avec lui.

Vous pouvez dire :
A partir de maintenant, personne n'a le droit de rentrer dans une chambre qui n'est pas la sienne sans l'autorisation de son occupant. Que la porte soit ouverte ou fermée, on toque à la porte et on attend la réponse. S'il n'y a pas de réponse, c'est que c'est non, on ne tambourine pas sur la porte ou sur le mur. C'est une interdiction absolue et le non-respect de cette règle entrainera une sanction.
Si la personne n'est pas là et que l'on a besoin de quelque chose d'urgent : on fait appel aux adultes qui considèrent – ou pas – l'urgence de la situation et qui vont alors eux-mêmes chercher l'objet.

La règle s'impose à tous et est rappelée quand les enfants ont des invités. Généralement, les enfants invités, après un premier moment où ils sont un peu interloqués, demandent à leur·s parent·s de faire la même chose chez eux ! (*Trop bien ! Ta sœur, elle a pas le droit d'entrer dans ta chambre ??? Le bol !*)

Vous pouvez dire :
Les enfants ? Désolé·e de vous déranger avec ça mais je veux vous dire que, ici, on a une règle : il y a interdiction d'entrer dans la chambre de quelqu'un sans son accord, que la porte soit ouverte ou fermée, qu'il soit là ou pas. En cas de problème, vous venez voir les adultes qui décideront quoi faire.

Cette règle et les deux suivantes améliorent 75% des problèmes de fratrie. Elle est facile à mettre en place dès le jeune âge des enfants : quand ils sont très petits, une porte fermée les oblige à respecter le territoire des autres et, quand ils sont en âge d'atteindre la poignée de porte, ils sont en âge de comprendre qu'ils n'ont pas le droit d'entrer.

Il est souvent utile de prévoir une conséquence en cas de non-respect de la règle (pas d'histoire du soir, temps restreint d'écran, travaux d'intérêt général, etc.). Même si, encore une fois, l'adulte doit se souvenir que la sanction n'est pas là pour embêter l'enfant mais pour que l'adulte garde la main sur le cadre éducatif. La sanction n'est là que pour acter la conséquence du non-respect d'une règle sans violence physique, verbale ou psychologique de l'adulte (~~punition~~) ou de l'enfant contre lui-même (~~auto-punition~~).

Certains adultes auront du mal à s'imposer de ne pas avoir un accès libre à la chambre de leur·s enfant·s au motif que l'enfant n'a pas à leur interdire l'accès à quoi que ce soit car ils sont chez eux. C'est humain et compréhensible de la part de l'adulte mais l'idée développée ici est celle de permettre à chacun d'avoir un lieu refuge pour éviter les situations trop frontales où chacun se sent pris au piège. Être dos au mur provoque inévitablement l'instinct de "survie" de celui qui ne trouve pas d'échappatoire... et donc des réactions de défense inappropriées de part et/ou d'autre.

<u>Métaphore :</u>

En tant qu'adulte, on sait qu'il ne faudrait jamais répondre immédiatement à un SMS que l'on juge inacceptable car, emporté·e par l'émotion, il y a de gros risques que la réponse soit trop virulente, blessante, disproportionnée, voire carrément à côté de la plaque (mauvaise interprétation du SMS, réponse assortie de vieilles rancunes qui n'ont rien à voir avec le problème du moment...).

Autoriser l'enfant à avoir un lieu inviolable où se réfugier lui permet de ne pas se faire emporter par ses émotions et donc d'éviter d'avoir des réactions inadaptées envers les autres (parent·s, frère·s, soeur·s, cousin·e·s…).

Petit aparté pour les petit·e·s filou·te·s : Certains enfants profitent, du moins au début, de cette règle pour se dérober à l'autorité de l'adulte en se réfugiant dans leur chambre. Evidemment, il n'est en aucun cas question que l'enfant se soustraie au cadre éducatif en s'enfermant dans sa chambre. Dans ce cas, l'adulte indique à l'enfant que ce à quoi il essaie d'échapper donnera lieu à une discussion à un autre moment précis de la journée.

Vous pouvez dire :
J'ai vraiment besoin de te parler de ce qui vient de se passer, je suis furieux·se contre toi. Tu refuses que je rentre dans ta chambre et, comme c'est moi qui ai posé cette règle pour tout le monde, je la respecte. En revanche, avant que tu prennes le goûter ou avant le repas si tu n'en prends pas, nous parlerons de ce qui s'est passé et je verrai quelle suite donner à cette histoire.

Mettre en place un planning équitable, en évitant le partage d'une même tâche par plusieurs enfants : qui fait quoi et quand et que se passe-t-il si le planning n'est pas respecté.

Cela peut prêter à rire mais tout, tout, tout ce qui pose problème au quotidien peut passer dans le tableau : vider la poubelle, descendre la corbeille à linge des enfants dans la salle de bain, monter à l'avant de la voiture, s'asseoir à côté de papa à table, etc. Tout ce qui entraine des chamailleries, des discussions stériles, des courses poursuites pour arriver en premier au risque de bousculer les autres, tout ce sur quoi les adultes en ont marre de faire la police, tout cela peut être prévu dans ce planning.

	Manon	Max	Léo
Matin : sortir le chien	Lun-Mar	Mer-Jeu	Ven-Sam-Dim
Matin : nettoyer la table après le petit-déj'	Mer-Jeu-Dim	Ven-Sam	Lun-Mar
Midi : mettre la table pour déjeuner	Sam	Mer	Dim
Midi : nettoyer la table après le débarrassage	Mer	Dim	Sam
Midi : sortir le chien	Dim	Sam	Mer
Soir : passer aspirateur salon/cuisine/couloir	Mer	Sam	
Soir : vider le lave-vaisselle	Lun	Mer	Ven
Soir : faire partir une machine à laver le linge	Lun-Mer	Mar-Jeu	(Trop petit)
Soir : aller en 1er à la douche	Lun-Mer	Jeu-Dim	Mar-Ven-Sam
Soir : aller en 2ème à la douche	Jeu-Dim	Mar-Ven-Sam	Lun-Mer
Soir : aller en 3ème à la douche	Mar-Ven-Sam	Lun-Mer	Jeu-Dim
Soir : mettre la table pour le diner	Ven-Sam	Jeu – Dim	Lun-Mar-Mer
Soir : nettoyer la table après le débarrassage	Jeu-Ven	Lun-Mar	Mer-Sam-Dim
Soir : aller se laver les dents en 1er	Lun-Mer	Jeu-Dim	Mar-Ven-Sam
Soir : aller se laver les dents en 2ème	Jeu-Dim	Mar-Ven-Sam	Lun-Mer
Soir : aller se laver les dents en 3ème	Mar-Ven-Sam	Lun-Mer	Jeu-Dim
Soir : avoir le dernier bisou en 1er	Mar-Ven-Sam	Lun-Mer	Jeu-Dim
Soir : avoir le dernier bisou en 2ème	Jeu-Dim	Mar-Ven-Sam	Lun-Mer
Soir : avoir le dernier bisou en 3ème	Lun-Mer	Jeu-Dim	Mar-Ven-Sam

Beaucoup d'adultes trouvent cela consternant de devoir en arriver là, parfois même pour des enfants devenus grands, mais à défaut d'entente en bonne intelligence, ce planning permettra de limiter les conflits et de régler les principales situations qui pourrissent le quotidien.

Bien évidemment, ce qui ne donne pas lieu à chamaillerie n'a pas à être encadré !

Que faire **quand les enfants sont en conflit** ? Il est assez fréquent, en cas de dispute, que l'adulte demande ce qui s'est passé et tranche entre les enfants pour clore le problème. Généralement, l'un est satisfait et l'autre trouve cela injuste, ce qui risque de mettre de l'huile sur le feu pour les prochaines fois.

La troisième règle qui contribue à améliorer la plupart des problèmes de fratrie est de ne pas prendre parti même si l'adulte en a très envie ou que les responsabilités de chacun paraissent évidentes.

Vous pouvez dire :

Ce qui se passe ne me convient pas, je sais que ce que je vais faire va être injuste pour l'un ou l'autre d'entre vous mais je vous demande d'aller chacun dans vos chambres pendant 10 minutes. Quand le minuteur sonnera au bout des 10 minutes, vous pourrez sortir de vos chambres sauf si vous préférez y rester. Je suis désolé·e parce que c'est certainement injuste pour l'un d'entre vous parce que si vous en êtes arrivés là, c'est sans doute à cause de quelque chose d'important !

Il s'agit presque d'une **phrase magique**, tous les mots sont importants :

- "**ce qui se passe**" : le fait de ne pas nommer ce qui se passe précisément fait porter le "stop" sur la manière dont les enfants sont en relation et pas sur le pourquoi de cette mauvaise relation. Le problème du pourquoi, c'est que chacun d'eux aura des arguments qu'il estimera très légitimes, arguments souvent inconciliables sinon les enfants ne seraient pas en conflit.

- "ne **me** convient pas" signifie que c'est l'adulte le·a chef·fe et que c'est l'adulte qui décide ce qui est acceptable ou pas sous son autorité (dans la mesure où tout cela reste respectueux de l'enfant et compatible avec son niveau de développement, bien évidemment). Peut-être que la situation convient aux enfants, peut-être que d'autres adultes réagiraient autrement mais vous, ça ne vous convient pas. Et ça n'a rien de personnel contre eux, ça serait d'autres personnes qui se conduiraient comme ça, ça ne vous conviendrait pas non plus (même si dans ce cas, vous n'auriez peut-être pas autorité pour agir alors que là, oui, car il s'agit d'enfants dont vous avez la garde ou dont vous assurez l'éducation).

-"Je sais que ce que je vais faire va être **injuste** pour l'un ou l'autre d'entre vous" permet de valider auprès des enfants que l'adulte sait qu'il commet une injustice : que celui que chacun juge responsable ne soit pas puni, d'être contraint d'aller dans sa chambre alors que le problème vient de

l'autre, de ne pas avoir pu faire valoir sa vérité... Il est vraiment important de comprendre qu'aux yeux des enfants, ce que l'adulte est en train de faire est injuste. L'adulte doit leur dire qu'il en a conscience.
Dans tous les cas, l'adulte ne prend pas partie pour l'un ou l'autre des enfants même s'il en a très très envie car certaines situations sont, pour l'adulte, d'une logique (d'adulte) implacable. L'idée ici est de laisser l'équilibre se faire entre les enfants (dans une certaine mesure évidemment, nous verrons le cas de la violence physique ci-après) : les plus impulsifs doivent apprendre à réagir plus modérément, les plus timides à faire valoir leur point de vue, les plus épidermiques à l'injustice à intégrer des points de vue différents du leur, les plus sensibles à gérer leurs émotions en situation conflictuelle, etc.

- "Mais je vous demande d'aller chacun dans vos chambres pendant 10 minutes" L'adulte isole chacun pour faire baisser la tension. Aller dans sa chambre n'est en rien une punition : c'est leur chez eux, un endroit cosy, où ils ont de quoi s'occuper agréablement. Si besoin, cela peut être verbalisé : l'adulte ne les punit pas, il fait stopper une situation qui ne lui convient pas en leur demandant d'aller chacun dans **leur endroit à eux puisqu'ils n'arrivent pas à cohabiter** dans les lieux communs.
Voici deux précisions importantes : Inutile de demander aux enfants de réfléchir à ce qui s'est passé, le moment de la colère n'est jamais le moment de l'introspection. De même, isoler l'enfant pour qu'il s'apaise est une bonne idée, le faire en le mettant dans un endroit désagréable comme "au coin" est plutôt inutile, voire humiliant, ce qui risque de revenir à l'adulte en boomerang lors d'un autre conflit.

- "Et **quand le minuteur sonnera**, vous pourrez sortir de vos chambres sauf si vous préférez y rester" : le minuteur est l'allié de l'adulte, ce n'est pas l'adulte qui dit quand le temps imparti est fini ou pas, c'est un appareil neutre et non corruptible qui donne un signal de fin clair et sans discussion à tout le monde de manière équitable (Driiiiiing !).

Si les enfants sortent avant : ils ont le choix entre recommencer 10 minutes ou avoir la sanction prévue en cas de non-respect de la règle d'aller dans les chambres quand l'adulte le demande.

De même, si l'un des enfants refuse d'aller dans sa chambre, il sait que ce refus aura des conséquences (pas d'écran le lendemain, pas d'histoire du soir...).

- "Je suis désolé·e parce que **c'est certainement injuste pour l'un d'entre vous** parce que **si vous en êtes arrivés là, c'est sans doute à cause de quelque chose d'important**" : l'adulte rappelle ici qu'il peut être normal que son intervention puisse être considérée par un des enfants ou par certains des enfants comme injuste. L'adulte ne minimise pas le pourquoi ou l'enjeu de la crise mais fait cesser la manière inadéquate dont les enfants se comportent.

Dans le cas de la violence physique, on applique quand même la formule précédente mais celui qui a fait mal physiquement à l'autre est sanctionné soit en doublant les 10 minutes si c'est une atteinte légère, soit avec une sanction plus grande si c'est une atteinte plus conséquente. Et là encore, on verbalise l'injustice de la situation.

Vous pouvez dire :
Si tu en es venu à faire mal à ton frère, ce n'est certainement pas pour rien mais la violence physique n'est pas tolérable donc c'est à cause de ça que tu auras une **sanction**. *Vous irez tous les deux chacun dans vos chambres 10 minutes pour ne pas avoir réussi à vous entendre intelligemment et tu n'auras pas d'écran pendant 2 jours pour avoir utilisé la violence contre lui... et c'est peut-être injuste parce que lui a peut-être fait aussi quelque chose d'inapproprié mais, et c'est vrai que ce n'est pas de chance pour toi, je t'ai vu le faire et pas lui / il a une trace de griffure sur la joue qui fait une preuve.*

Le **"Arrêtez les enfants, ça va mal finir"**. C'est un grand classique de tous les adultes, ils savent que ça va mal finir, ils le sentent au ton des "Mais heuuuuu... Arrêteuuuuu...", mais ils ont tous le secret espoir que les choses rentrent dans l'ordre alors qu'ils savent pertinemment que si ça arrivait, ça serait le jour de filer faire une grille de Loto.

Vous pouvez dire :
Je suis désolé·e les enfants mais ce qui se passe ne me convient pas, alors ça va sans doute être injuste pour vous mais je vous demande d'arrêter ce que vous êtes en train de faire, même si ça vous amuse, et d'aller 10 minutes dans vos chambres et quand le minuteur sonnera vous pourrez soit continuer à faire ce que vous faisiez chacun dans vos chambres, soit sortir de vos chambres et trouver une autre idée de jeu.

Que faire **quand un enfant dit clairement qu'il ne veut pas de ou d'autre petit frère/sœur** ?
La première réponse est, comme souvent, d'accuser réception de son point de vue.
La deuxième réponse est d'intégrer que ce que l'enfant dit est vrai pour lui, sans forcément lui demander d'explication. En effet, les explications ont l'âge de l'enfant et, souvent, l'adulte les interprète comme de l'égoïsme ou de la jalousie alors que ce n'est pas le problème (et même si cela l'était, ça ne serait pas la bonne piste pour trouver des solutions sans drame).
La troisième réponse est d'exposer à l'enfant ce qui va s'imposer en lui expliquant qu'il n'a pas de prise sur ce genre de décision.

Vous pouvez dire :
J'ai bien compris que, là maintenant, tu ne veux pas de frère ou sœur. Tu as des bonnes raisons de ne pas en vouloir pour tes raisons à toi. Je comprends que ça te mette en colère, et à la fois, il faut que tu saches que ce genre de décision dépend des adultes et pas des enfants.

En complément, si possible, l'adulte peut interroger l'enfant sur ce qu'il ne veut pas voir changer (=les câlins du matin, écouter de la musique en journée, inviter des copains, faire des jeux de société en famille, etc.).

L'adulte peut aussi penser à d'autres moyens d'avoir des moments privilégiés avec l'enfant et les lui proposer (=aller de temps en temps tous les deux au restaurant plutôt qu'à la cantine, aller faire du tennis ou courir ensemble le dimanche matin, avoir en cours un jeu de société pour le continuer quand on a un petit quart d'heure devant soi, etc.)

LES QUESTIONS EDUCATIVES LES PLUS FREQUENTES

Les relations avec les autres enfants

POURQUOI ?

Les enfants sont fréquemment confrontés à des problèmes, parfois graves, dans la relation qu'ils ont avec les autres enfants. La volonté d'appartenance au groupe est très forte et certains d'entre eux sont prêts à subir, à ne plus être eux-mêmes, pour ne pas être exclus du groupe. Tout sauf devenir des "victimes" puisque c'est le triste terme officiel aujourd'hui.

La plupart des problèmes rencontrés par les enfants qui sont en difficultés dans leur relation avec les autres trouvent leur explication dans deux raisons.

Premièrement, malheureusement, trouver des personnes avec lesquelles on a des affinités n'a rien d'une évidence. Ça n'a rien à voir avec la personne que l'on est, avec nos qualités, c'est juste que parfois il n'y a pas les bonnes personnes autour de soi. Dans ce cas, ce n'est pas facile pour l'enfant/l'ado de garder confiance en lui, de ne pas se dire que c'est sa faute.

Deuxièmement, des problèmes relationnels peuvent naître parce que les enfants/ados estiment mal, et souvent trop rapidement, la qualité de la relation avec les autres. Ils aimeraient tellement avoir des amis qu'ils qualifient de tels des personnes qui ne le méritent pas. Ils se sentent donc régulièrement trahis. En effet, un ami n'irait pas répéter un secret à quelqu'un d'autre, mais un copain plus probablement... Un ami choisirait un de ses amis pour travailler avec lui, un copain préférera choisir un élève doué dans la matière pour avoir une meilleure note. Un ami garderait une place au self alors qu'un copain oubliera de le faire. Ce n'est pas toujours méchant mais quand l'enfant/l'ado a mal estimé la qualité de la relation, il peut aller de désenchantements en désillusions et perdre sa confiance en l'autre et en ses propres capacités relationnelles.

COMMENT ?

Être toujours bien accompagné·e... des autres ou de soi-même. Il n'est pas toujours facile de trouver des camarades avec lesquels partager des centres d'intérêt, surtout que cela peut dépendre de qui compose le groupe ce jour-là ou de l'humeur des uns et des autres, etc. Il peut être utile de prévoir un plan B, un plan au cas où l'enfant souhaiterait ou sera contraint d'être seul·e.

L'idée est de trouver quelque chose que l'enfant/l'ado peut faire pour qu'il·elle ne subisse pas (ou ne semble pas subir au regard des autres) le fait d'être seul·e : il·elle choisit (même si ce n'est pas ce qu'il·elle préférerait faire) de faire autre chose qui lui fait plaisir (ou semble lui faire plaisir).

En bonus, afficher ses centres d'intérêt peut être un bon moyen de lier un contact avec d'autres enfants qui auraient les mêmes.

- En primaire, et selon le règlement intérieur de l'école, on peut **prévoir un sac d'activités** que l'enfant peut faire en solo. Le sac de secours peut être accroché sur la patère à l'extérieur de la classe sous le manteau (pour que l'enfant puisse y avoir accès quand il le souhaite). Mieux vaut prévoir des choses qui n'ont pas trop de valeur puisque le sac restera à portée de toutes les mains.

Zoom sur une situation concrète :
En primaire, le sac d'activités peut être composé de :
- feuilles de points à relier (beaucoup de modèles sous le terme "point à point" ou "points à relier" sur Internet) accompagnées d'un crayon de bois avec bout gomme ;
- BD Pokémon ou journal de Mickey ou magazine de sport/sciences (même s'ils datent un peu, il y en a souvent beaucoup en vente dans les vide-greniers) ;

- coloriages magiques ou modèles pré-imprimés ainsi que la boite de feutres nécessaires pour les faire ;
- livre ;
- modèle de pliages en origami (nombreux processus imprimables sur internet) et feuilles carrées pour les réaliser ;
- bouts de laine pour faire des bracelets à tisser, etc.

- Au collège, d'autres stratégies peuvent être mises en place.

Zoom sur une situation concrète :
Au collège, le sac d'activités peut être composé de :
- lunettes de soleil pour lézarder au soleil ;
- lecteur audio pour écouter de la musique quand c'est permis ;
- bouquin même si ça fait "intello" ;
- cartes pour s'entrainer à faire des tours de magie ;
- bloc de feuilles à dessin pour faire des caricatures ;
- balles de jonglage, diabolo ;
- cahier d'écriture pour inventer des sketchs ou rédiger des billets d'humeur en s'inspirant de ce qui se passe au collège ;
- livre d'énigmes à résoudre ;
- magazines titrant sur l'activité favorite de l'ado (mode, sport, photo, jeux vidéo, séries...) ;
- cahier pour apprendre à dessiner des mangas, etc.

Expliquer à l'enfant/l'ado la distinction entre :
- **un·e ami·e,**
- **un·e copain·ine,**
- **une connaissance**
- **et... une "tête de mort » !**

	AMI·S AMIE·S	- VIP ; - confiance très forte ; - beaucoup de points communs ; - il y a des fois où l'autre décide et des fois où c'est soi ; - il n'y a quasiment jamais de grosses chamailleries et, si ça arrive, les deux ami·e·s sont très tristes ; - on peut lui dire qu'on n'est pas d'accord sans qu'il·elle nous laisse tomber ; - on se manque quand on ne se voit pas.
	COPAIN·S COPINE·S	- sympa mais pas toujours ; - quelques points communs mais des choses sur lesquelles on ne se comprend pas ; - confiance bof donc on fait attention à ce qu'on dit car ça pourrait être répété et/ou faire des histoires ; - on a un peu peur que, si on n'est pas d'accord alors lui·elle, l'autre nous laisse tomber ; - si on ne le voit pas, ce n'est pas si grave, on n'a pas hyper envie de l'inviter à la maison ou, quand on le fait, ce n'est pas si génial ou alors c'est génial que quand on fait du foot/des jeux vidéo mais sinon on ne se parle pas trop.
	CONNAIS- SANCES	- gens que l'on connait car on est dans le même établissement scolaire ou groupe sportif mais on ne partage pas grand-chose avec ou de manière très occasionnelle ; - pas de confiance car on se connait peu donc on fait très gaffe à ce que l'on dit surtout si on critique quelque chose ou quelqu'un car il y a de grandes chances que ça soit répété ; - on n'a pas spécialement envie de le·a connaitre mieux.
	TETE·S DE MORT	- personnes qui nous font du mal – exprès ou pas –, qui sont vraiment méchantes avec nous ; - personnes dont on a peur ou qui nous inquiètent. Dans ce cas, on dit *"bonjour, au revoir, merci, oui, non..."* et le reste du temps, on reste le plus loin possible de ces personnes !

💡 Proposer à l'enfant/l'ado d'**analyser ses relations avec les autres pour mieux en appréhender la profondeur** : pendant quelques semaines, l'enfant/l'ado pourra classifier les personnes avec lesquelles il a été en interaction durant la journée. Un Post It pour chaque prénom et 4 lignes pour les 4 catégories. Chaque jour il positionne ou repositionne les noms dans les lignes correspondantes.

	AMI·S AMIE·S	Lou, Marie, Max, Karim
	COPAIN·S COPINE·S	Amir, Sam, Rose, Rick — Gaby, Clem, Mia, Clem
	CONNAIS-SANCES	JB, Marc, Greg, Zéph — Kévin, Eric, Gasp', Benji
	TETE·S DE MORT	Zia, Aimé, Line, Ben

L'idée développée ici est que l'on ne peut pas changer l'autre, mais que l'on peut changer son positionnement par rapport à l'autre et son degré d'implication dans la relation.

Si un enfant/ado est impliqué fortement dans une relation avec un autre qui serait plutôt dans la catégorie "copain", il en attendra trop et sera déçu ou se sentira trompé, peut-être même légitimement.

Il est donc très important qu'un enfant puisse évaluer dans quelle forme de relation il est par rapport à chacun de ses pairs pour qu'il puisse s'investir au bon niveau dans chaque relation.

Pour effectuer ce travail, l'enfant/ado positionne spontanément les Post-it avec chaque prénom dans la catégorie dans laquelle il pense que la personne doit être. L'adulte peut bien sûr en parler avec l'enfant et donner son avis ou pas (*Il me semble que Léna est un peu vache avec toi de temps en temps, je suis surpris·e que tu la mettes dans les amis*). Les jours suivants, l'enfant pourra confronter son classement à la réalité de ce qu'il vit. Cela lui permettra de mettre en valeur des enfants auxquels il prêtait moins d'attention et de se méfier d'autres qui sont peut-être moins sympas dans les faits que ce qu'il voulait voir. Certains enfants rêvent tellement d'amitié qu'ils surclassent leur copain·ine en ami·e. L'adulte peut expliquer que tout le monde n'a pas la chance d'avoir des amis, des vrais amis, et qu'en plus, ils soient dans le même établissement scolaire.

💡 Certains **enfants se plaignent de ne pas avoir d'ami**. Or, il arrive fréquemment que, quand un enfant dit qu'il est seul ou qu'il n'a pas d'ami, il ne soit pas si isolé que cela. Le problème pour lui est qu'il a des copains, qu'il papillonne d'un groupe de camarades à un autre, mais que cela ne l'intéresse pas, il veut des amis (que les enfants appellent généralement "meilleur·e·s ami·e·s"). Quand un enfant a ce type de plainte, l'adulte la prend en considération car l'enfant est en souffrance mais, avant d'agir, il peut demander aux enseignants qui surveillent la cour ou au personnel qui encadre les activités périscolaires si, selon eux, c'est vraiment le cas.

Si l'enfant est véritablement isolé, l'idéal est de lui apprendre à se faire des amis : le fameux sac d'activités vu précédemment lui permet, primo, de supporter le plus agréablement possible les temps de solitude, secundo, de susciter la curiosité des autres enfants, et tertio, de faire connaître ses centres d'intérêts et donc d'attirer d'autres enfants qui auraient les mêmes.

Si l'enfant n'est pas isolé dans les faits mais qu'il se plaint d'être seul, les explications sur la différence entre ami·e·s/copain·ine·s/connaissance·s font souvent beaucoup de bien et permettent de voir les choses sous un autre angle. Dans ce cas, outre le sac d'activités vu ci-dessus qui peut combler les moments où l'enfant stresse d'être seul, les invitations d'un copain le week-end ou le mercredi après-midi peuvent permettre de tisser des liens différents de ceux de la cour de récré. Pour les plus petits, il peut être utile de lui préciser qu'une invitation ne fait pas l'amitié, c'est la qualité du moment passé ensemble ainsi que ses répercussions éventuelles quand ils seront à nouveau à l'école qui permettront de savoir si ce·tte camarade peut passer à la catégorie "ami·e ".

💡 **Quand l'enfant n'a pas d'ami·e dans son entourage proche**, et si l'enfant en souffre, il faut recourir aux mêmes stratagèmes que Tinder ! Il s'agit donc de tenter de se trouver par centre d'intérêt commun :
- il aime cuisiner, l'inscrire à des ateliers de cuisine pendant les vacances ;
- elle aime faire de la musique, trouver une association qui pratique en groupe différents instruments ;
- il aime les mangas, aller avec lui à l'exposition commentée sur le sujet ;
- elle aime les sciences, se renseigner sur les activités gratuites de la cité des sciences de votre ville ou contacter l'association des petits débrouillards, etc.

Dans chaque mairie, il y a la possibilité de consulter une liste regroupant toutes les associations et les activités proposées. Au collège/lycée, il existe souvent les associations culturelles ou sportives qui peuvent permettre à l'ado, si elles sont dans ses centres d'intérêt, de rencontrer des élèves qui ne sont pas dans son niveau ou de connaître sous un autre angle des enfants avec lesquels il·elle n'est pas habituellement en relation. C'est une bonne piste pour aider l'enfant à trouver une personne qui lui conviendra vraiment.

LES QUESTIONS EDUCATIVES LES PLUS FREQUENTES

Le mensonge

POURQUOI ?

Le mensonge est **une étape normale – bien que désagréable – du développement de l'enfant.** Certains enfants y sont plus facilement enclins que d'autres : manque de maturité pour gérer son tout-et-tout-de-suite, peur de décevoir, stratégie d'évitement de la règle et de sa sanction, etc.

L'adulte, lui, a généralement une réaction viscérale et épidermique au mensonge et voudra souvent obtenir la vérité coûte que coûte, parfois même par l'obtention d'aveux en faisant pression sur l'enfant. Malheureusement, ce type de réactions, aussi légitime soit-elle, n'aura souvent pas les effets escomptés :

- elle traumatisera les enfants les plus respectueux qui, de toutes façons, ne sont pas enclins aux mensonges et qui regrettent spontanément leur mensonge ;
- elle confortera les enfants les plus rebelles dans l'idée que l'adulte ne comprend rien, ce qui risque de les encourager à ne pas dire la vérité la prochaine fois, pour ne pas subir d'humiliation. Ils feront alors tout pour perfectionner leur stratégie en cas de mensonge.

Bien évidemment, il ne s'agit pas de laisser le crime impuni ! Il s'agit de trouver des solutions qui permettront à l'enfant de tirer un enseignement tout en assumant les conséquences de son acte, afin que les mensonges se fassent de plus en plus rares.

Dans le mensonge comme dans tout acte inadapté de l'enfant, **il n'y a rien de méchant, l'enfant/l'ado ne fait pas *contre* l'autre, il fait *pour* lui.** C'est un point important, car ce n'est pas du tout la même motivation même si les faits sont les mêmes. Il n'y a pas intention de nuire.

Il existerait un **âge où les mensonges sont plus présents : autour des 7 ans**, le fameux "âge de raison". A cet âge, l'enfant commence à "raisonner", à penser, à réfléchir par lui-même et peut, en conséquence, remettre en cause certaines règles qu'il ne trouve pas justes ou pas logiques. L'enfant pose sa propre réflexion sur ce qu'il vit avec une logique qui est empreinte de son degré de maturité et de sa conception du monde encore très centrée sur lui. Cela réactive chez certains le fameux sentiment de toute puissance, chez d'autres un sentiment d'injustice, chez d'autres encore la recherche d'un nouveau positionnement relationnel…

La stratégie pour faire face aux mensonges ne va peut-être pas, de prime abord, remporter l'adhésion de tous, mais elle est bougrement efficace tant pour les enfants les plus respectueux (pour éviter une culpabilité excessive pouvant aller jusqu'à une perte de confiance en soi), que pour les cas les plus rebelles (pour éviter qu'ils ne s'empêtrent dans leur position et qu'ils n'affinent leur stratégie de mensonge pour ne pas se faire prendre la prochaine fois).

COMMENT ?

Faire la distinction entre mensonge et mensonge car il y a deux types de mensonge :
- Les petits mensonges qui arrangent la vie. Ils sont généralement au bénéfice de l'autre ou gagnant-gagnant et ne portent pas sur des sujets importants (dire à quelqu'un que son cadeau est très chouette alors qu'il ne plait pas tant que cela, raconter une histoire en en rajoutant un peu pour la rendre plus intéressante ou rigolote et se valoriser un peu au passage, insister pour aider quelqu'un en disant que cela nous fait plaisir alors que pas du tout, etc.). Ces mensonges-là sont inévitables dans la vie et autorisés avec parcimonie.
- Et les mensonges pour obtenir ou pour éviter quelque chose. Ceux-là sont au bénéfice exclusif de celui qui les dit (nier avoir cassé un objet pour ne pas être puni·e, prétendre que les devoirs sont faits pour pouvoir aller jouer, affirmer ne pas connaître une consigne pourtant bien entendue,

etc.). Ces mensonges-là ne sont pas autorisés et peuvent avoir des conséquences.

Vous pouvez dire :
Attention à ce que tu vas me dire ! Il y a les petits mensonges de politesse qui arrangent la vie de tout le monde et les mensonges qui n'arrangent que la vie de celui qui les dit… Moi, je préfère toujours qu'on me dise la vérité même si je sais que, parfois, ça peut être très difficile. C'est une vraie qualité de savoir dire quand on a fait une bêtise et je suis toujours plus clément·e que quand on me dit des carabistouilles ou que j'apprends des choses de la part de quelqu'un d'autre !

Faire une pause quand l'enfant part dans une explication qui fait penser qu'il ment. Parfois, pris la main dans le sac, l'enfant peut tenter de se justifier de manière hasardeuse, pour ne pas perdre la face, pour ne pas décevoir, parce qu'il veut tenter de résoudre le problème par lui-même pour ne pas être sanctionné, etc. Dans ce cas, l'adulte peut l'arrêter dans son explication et lui demander de réfléchir à ce qu'il veut vraiment dire au sujet du problème. Comme à chaque fois que l'on diffère une action, l'adulte définit un délai pour en reparler (dans 30 minutes, ce soir avant le repas). Très souvent, cette technique évite à l'enfant d'aller trop loin dans son mensonge et il y aura pas mal de chance qu'il verbalise une vérité proche de la réalité.

Vous pouvez dire :
Stop ! On arrête là la discussion avant que ça n'aille plus loin. (Et si l'enfant a débuté une explication hasardeuse, vous pouvez même ajouter : *Je vais même effacer de ma tête tout ce que tu as commencé à me dire*). *Je veux que tu réfléchisses avant de m'expliquer ce qui s'est passé. On en reparle juste avant de passer à table ce soir. En attendant, s'il te plait, pense bien à ce que tu veux me dire.*

Appliquer et verbaliser l'adage "faute avouée à demi pardonnée" à chaque fois que cela semble opportun à l'adulte.

Vous pouvez dire :
Si j'avais appris cela par hasard, je pense que tu aurais été privé·e de voir tes copains pour au moins une semaine. Tu as eu le courage de m'en parler et j'apprécie beaucoup cela, car c'est un grand signe de maturité. Pour autant, ce que tu as fait ne peut pas ne pas être sanctionné et je trouve que 3 jours sans copain est plus juste puisque tu as eu le courage de m'en parler.

Ne pas opposer point de vue de l'enfant et point de vue de l'adulte = **la méthode de la juxtaposition des points de vue**.

Etape 1 : Quand l'enfant donne une version de l'histoire à laquelle l'adulte ne croit pas, l'adulte peut reformuler ce que l'enfant vient de dire (si possible sans s'énerver, ce qui n'est pas toujours facile quand l'adulte a l'impression que l'enfant se paie sa tête).

Vous pouvez dire :
Si j'ai bien compris ce que tu me dis, tu ne sais pas comment mon ordinateur portable est tombé. Tu penses, et peut-être même tu sembles avoir vu, le chat monter sur mon bureau et le pousser avec ses pattes.

Etape 2 : L'adulte expose son point de vue.

Vous pouvez dire :
Moi je pense qu'un chat n'a pas la force de faire tomber un objet aussi lourd et je me dis que, peut-être, à un moment où tu étais à côté, tu l'as fait tomber sans faire exprès.

Etape 3 : L'adulte pose le cadre et l'éventuelle sanction de la manière suivante : J'ai entendu ta version + Je te donne la mienne qui est peut-être fausse + Je sais que je commets peut-être une injustice + Il est difficile de ne pas mentir quand on sait qu'on a fait une bêtise, c'est humain + Je pose une sanction qui est peut-être injuste (en droit, cela s'appelle condamner sur un faisceau d'indices concordants).

Vous pouvez dire :

Je vais peut-être faire quelque chose de très injuste car je n'ai pas de preuve. Si c'est le cas, crois-moi, je n'en suis pas fier·ère car j'aime que les chose soient justes ! Faire des erreurs et des bêtises arrive à tout le monde. Je crois que j'ai prouvé que dans ces cas-là, j'applique souvent le "à demi-pardonné". Mais là, en l'absence de preuve et d'explication logiques pour moi, je vais appliquer ce que je crois être la vérité et peut-être que c'est faux. Tu n'auras donc plus le droit d'utiliser mon portable ou mon ordinateur pendant 1 mois car tu n'as pas le droit d'y toucher en dehors de ton temps d'écran, qu'il est cassé et que c'est un gros problème pour moi. Ce que je crois, c'est que certaines personnes s'en veulent tellement de faire des bêtises qu'elles arrivent à se faire croire à elles-mêmes qu'elles n'ont rien fait. Je crois que c'est ça qui s'est passé. Alors peut-être que je suis en train de faire une grosse injustice en te punissant, et si c'est le cas, je suis désolé·e.

Tout cela est particulièrement difficile à faire quand l'adulte connait indéniablement la vérité ! Juxtaposer les points de vue **même quand on sait pertinemment que l'enfant nous ment**, même quand on a tout vu et que l'on sait ce qui s'est passé, est une étape souvent compliquée pour tous les adultes, car ils ont l'impression qu'ils se font marcher sur les pieds, que l'enfant les prend pour des... nouilles...

Or, à partir du moment où les adultes gardent le contrôle sur le cadre éducatif et l'éventuelle sanction, ils sont dans leur rôle et ils gardent la main sur la situation puisqu'ils font appliquer leurs règles. Faire ressentir de la honte à un enfant en le faisant avouer ne fera que le convaincre de ne jamais avouer son prochain mensonge car il ne voudra pas revivre une humiliation pareille. Ce qui le dissuadera éventuellement de mentir à nouveau, c'est ce cadre et l'éventuelle sanction posée par l'adulte.

De plus, ne pas avoir pour objectif que l'enfant avoue coûte que coûte, ne pas s'arracher les cheveux devant l'entêtement de l'enfant et sa version qui ne tient pas debout, empêchera la discussion de partir sur le mauvais sujet : l'enfant dit que l'adulte a mal vu et l'adulte affirme qu'il sait ce qu'il a vu, et la discussion tourne en boucle. Ce genre de discussion peut durer longtemps mais surtout : ce n'est pas le sujet ! Le sujet n'est pas ce qui s'est passé mais que ce qui s'est passé nécessite que l'adulte réagisse en posant un cadre et possiblement une sanction.

A l'exception des cas où l'enfant/l'ado est tellement vexé·e qu'il·elle arrive à se convaincre de son propre mensonge, le fait de juxtaposer les points de vue lui permet d'accepter les conséquences qui s'imposent à lui·elle. Le but n'est pas de lui faire avouer (relation de domination) mais qu'il·elle comprenne (relation d'autonomisation) que, si la théorie de l'adulte est vraie, l'adulte a de bonnes raisons de réagir ainsi, ce n'est pas contre lui·elle mais pour le respect de la Loi.

💡 Enfin et toujours, autant que possible, **pas de double peine** : une fois la sanction effectuée, l'adulte ne revient pas sur le problème, et encore moins pour établir la vérité par la contrainte (quand l'adulte veut et, c'est très humain, absolument savoir ce qui s'est passé) ou par le harcèlement (quand l'adulte revient sempiternellement sur le sujet) ou l'humiliation (quand l'adulte en parle à des personnes qui ne sont pas concernées par le sujet car l'éducation n'est pas un sujet de discussion publique – sauf dans l'abstrait, dans les concepts, dans les principes… mais pas intuitu personae).

LES QUESTIONS EDUCATIVES LES PLUS FREQUENTES

L'obéissance

POURQUOI ?

C'est un point très compliqué car **la place de l'enfant a énormément évolué en quelques générations.** Nous sommes passés de l'enfant qui devait se taire, écouter et obéir (silence à table) à l'enfant loquace, dont on écoute, interroge et prend en compte le point de vue (les adultes doivent parfois batailler pour réussir à en placer une !). Nous sommes passés **de l'enfant soumis à l'adulte, à l'enfant en interaction avec l'adulte. En conséquence, la relation à l'autorité doit nécessairement évoluer** car les adultes ne sont plus, fort heureusement, craints par les enfants. Il faut donc innover pour passer d'une autorité par la domination à l'autorité par l'autonomisation.

Ce passage ne se fait pas du jour au lendemain ! Se défaire de ce que l'on a vécu (*Et on en n'est pas mort !* entend-on souvent en thérapie), prendre de nouveaux réflexes, s'adapter à une nouvelle logique, etc., tout cela prendre du temps. L'adulte d'aujourd'hui peut osciller alors quelque temps entre les deux systèmes. Evidemment, on ne parle surtout pas ici de laisser l'enfant tout faire ! L'adulte est et reste gardien du cadre. Il est important de comprendre comment fonctionnent les deux systèmes pour mieux faire cette transition éducative entre le "avant" et le "maintenant".

<u>Avant, l'autorité passait par la domination :</u>
Dans un système où l'autorité passe principalement par la domination, l'adulte règne par le chantage (*si tu ne fais pas ça alors tu n'auras pas ça*) et la punition (*je voulais que tu fasses ça, tu ne l'as pas fait, tu n'auras pas ça*) qui pouvait aller jusqu'à la "correction" physique (martinet, fessée, enfermement). Les demandes de l'adulte tombaient souvent sur l'enfant de manière discrétionnaire. On est alors dans le rapport de force dominant/soumis, **c'est la loi du plus fort, ce qui active chez le puni un sentiment d'injustice et parfois de vengeance.**

A présent, l'autorité passe par l'autonomisation :

Dans un système où l'autorité passe principalement par l'autonomisation, **l'adulte donne la règle, le cadre, en en discutant si possible avec l'enfant mais en tout cas en l'en informant**. La règle ne lui tombe pas dessus alors qu'il n'en avait pas connaissance, elle a été explicitement expliquée avant.

Et l'enfant a alors le choix entre faire ce qu'on attend de lui (dans la mesure où cela est adapté à son âge et respectueux de lui) ou ne pas faire. Ce dernier point est parfois mal supporté par les adultes : *"mais il doit me respecter sinon où va-t-on ! Il n'y a plus de cadre ! C'est l'enfant roi !"*. L'enfant peut choisir de "ne pas faire" car l'adulte ne doit pas utiliser la force (physique ou psychologique) pour obtenir ce qu'il veut. Néanmoins, l'adulte doit effectivement être le gardien du cadre, de la Loi. Or, si l'enfant peut effectivement choisir de faire ou de ne pas faire, il connait la Loi (de la famille, de l'école, de sa bande de copains) : ne pas faire a des conséquences.

Métaphore :

Un policier n'a pas le droit d'utiliser la force pour obliger quelqu'un à ramasser les crottes de son chien mais est en droit de sanctionner le non-respect de la Loi par une amende, que le propriétaire du chien peut ne pas payer mais il connait la conséquence : une majoration de l'amende qui peut aller, dans certains cas, jusqu'à une saisie sur salaire.

Que l'enfant fasse ou ne fasse pas, et même si l'adulte préfère naturellement se faire obéir, l'adulte garde le cadre et fait appliquer la Loi, c'est-à-dire obtient que la Loi soit respectée ou sanctionne son non-respect. Le but de la sanction est de permettre à celui qui s'est mis hors la loi de pouvoir réintégrer le groupe (familial, amical, scolaire) : une fois la sanction appliquée, il retrouve les mêmes droits que les autres, il redevient innocent, son casier familial redevient vierge.

COMMENT ?

Pratiquer la **méthode des choix illusoires**. Personne n'aime être commandé ou qu'on lui dise ce qu'il a à faire… et pourtant, la répétition des consignes et du cadre prend une grande place dans la journée des adultes en relation avec des enfants. Que ce soit pour limiter le champ des possibles (pour les enfants qui adorent décider) ou pour développer la confiance en soi (pour les enfants qui ont du mal à se positionner), la technique des choix illusoires est très efficace. Il s'agit de faire porter le choix sur le *comment* et pas sur le *quoi*.

<u>Zoom sur une situation concrète :</u>
Si l'adulte veut que l'enfant se lave (=quoi), il demande à l'enfant s'il préfère un bain ou une douche (=comment) ;

Si l'adulte veut que l'enfant s'habille (=quoi), il lui demande s'il préfère telle tenue ou telle autre tenue (=comment) ; etc.

Donner les consignes une par une car certains enfants, plus oisifs ou moins attentifs, gèrent mal les consignes multiples. Si l'adulte leur demande de ranger leur sac et leurs chaussures, il y a fort à parier que l'un des deux seulement sera fait, et c'est normal.

Soit l'adulte demande à l'enfant de ranger son sac et, seulement quand le sac est rangé, il lui demande ensuite de ranger ses chaussures ;

Soit l'adulte demande les deux en sachant pertinemment qu'il devra probablement répéter une des deux demandes (en gardant son calme puisque cela tient au fonctionnement de l'enfant et que l'adulte savait que la répétition serait sans doute inéluctable : c'est lui, l'adulte, qui a fait le choix de "tenter" la consigne multiple).

Vérifier si l'enfant se met en opposition pour qu'on s'occupe de lui. Quand l'adulte est peu disponible psychologiquement ou physiquement, certains enfants comprennent très vite que, s'ils sont sages, ils auront peu d'attention, mais que s'ils font des bêtises ou qu'ils n'obéissent pas, l'adulte sera obligé de s'occuper d'eux. C'est très malin car ça marche à tous les coups ! Et, aussi bizarre que cela puisse être pour un adulte, **l'enfant préférera parfois être mal accompagné (par un adulte énervé) que seul.** L'enfant peut donc faire de sa vie un enfer et subir punitions et engueulades pour ne pas se sentir délaissé, pour sentir qu'il est encore important.

Cela explique en partie pourquoi les enfants sont parfois particulièrement pénibles quand l'adulte est fatigué et aurait besoin de souffler : l'enfant est inquiet pour l'adulte (qui aurait juste besoin d'un moment seul pour récupérer) et va manifester son inquiétude en le collant ou en l'obligeant à s'occuper de lui. L'enfant préférera passer du temps désagréable avec l'adulte que pas de temps du tout.

Dans ce genre de situations, il est donc urgent de planifier très concrètement (quoi et quand) des moments de complicité, des activités sympas à faire ensemble pour combler le manque... alors qu'une réaction assez humaine de l'adulte serait de penser que l'enfant ne le mérite pas vu ce qu'il vous fait subir... ce qui aggraverait le problème ! Or, **le temps passé ensemble comme la sécurité affective n'ont pas à être mérités, ils sont nécessaires au bon développement de l'enfant.** C'est une priorité.

<u>Vous pouvez dire :</u>
Je suis désolé·e, j'ai l'impression que tu as besoin que je m'occupe de toi et c'est vrai que, ce soir, je suis particulièrement fatigué·e. Pourrais-tu faire une liste de toutes les choses que tu as envie qu'on fasse ensemble pour qu'on en réalise certaines le week-end prochain ?

La règle est souvent vue comme une contrainte par l'enfant, ce qui est souvent vrai à court terme. Mais il peut être judicieux de l'aider à voir sur le long terme et lui **expliquer que respecter des règles apporte in fine de l'autonomie et que l'autonomie apporte la liberté**.

Zoom sur une situation concrète :

C'est parce que l'enfant respecte scrupuleusement de regarder à droite et à gauche à chaque fois qu'il doit traverser (règle) qu'il pourra aller seul à l'école, puis à la boulangerie, puis chez un copain.

C'est parce que l'enfant pense à téléphoner en arrivant chez papy et mamie (règle) que progressivement il aura le droit de ne plus le faire car l'adulte est sûr qu'il connait la route (autonomie).

Accepter que l'on nous dise "non" et verbaliser les conséquences de ce "non".

Avec humour et pragmatisme, Daniel Favre, neurobiologiste et professeur en sciences de l'éducation, explique à ses élèves qu'il n'a pas le pouvoir de les obliger à faire quelque chose car *"le dernier bagne français a fermé en 1945"* mais que chaque choix a des répercussions. Il **explique le coût du "non"** : devoirs non faits = probabilité d'avoir un 0/20 pour devoir non-rendu ou d'être incapable d'aller plus loin dans la leçon par manque d'acquis et donc de ne pas pouvoir valider une notion, etc.

En dehors du cadre scolaire, on peut tout à fait aider l'enfant à comprendre que, s'il ne fait pas ce qu'on attend de lui, la conséquence risque d'être : un adulte moins disponible (donc moins ou pas de temps de jeu ou d'aide aux devoirs) car obligé de faire à la place de l'enfant ; un adulte de moins bonne humeur car le contrat enfant-adulte n'est pas respecté…

Et enfin, **éventuellement, poser une sanction** (mesurée et de préférence en corrélation avec le problème) si cela avait été prévu avant, le manque de temps avec l'adulte étant déjà une conséquence désagréable pour l'enfant.

Vous pouvez dire :
L'esclavage est interdit en France donc je ne peux pas t'obliger à ranger ta chambre. Franchement, ça m'agace beaucoup que tu ne respectes pas la règle selon laquelle ta chambre doit être rangée le dimanche soir ! Maintenant, c'est ton choix, je ne peux pas te faire ranger de force et je n'ai pas d'énergie à perdre à m'énerver encore plus de cette situation. Je vais donc mettre toutes les affaires que j'estime ne pas être rangées dans un grand sac que je mettrais à l'arrière de la voiture jusqu'à samedi prochain. Tu assumeras les conséquences de ton choix s'il te manque des vêtements, des cours, des livres, des cahiers, des jeux, des chargeurs de portable, etc.

L'adulte garde en tête que l'éventuelle sanction n'est pas là pour nuire à l'enfant (=~~*tant pis pour lui·elle ! Il·elle doit être énervé·e par la sanction autant que je suis énervé·e par son comportement*~~). C'est parfois très tentant, l'adulte étant un être humain et le sentiment de vengeance étant très humain. Mais alors, l'adulte rentrerait à nouveau dans le processus où l'autorité passerait par la domination.

L'éventuelle sanction est juste là pour marquer une conséquence à un manquement dans la Loi (de la famille, de l'école, de l'équipe sportive, etc.). Si l'enfant répond "tant mieux que tu me prives d'écran pour le week-end prochain parce que, de toute façon, on va chez mamie et y a pas de wifi !", surtout, ne pas monter dans les tours : ce que l'adulte veut, c'est que l'enfant respecte la conséquence prévue pour le non-respect de la Loi. **Si la conséquence est respectée, que ce soit fortuitement ou expressément, l'enfant a respecté l'autorité**. Une autorité sans humiliation ni domination.

Métaphore :
Si un policier verbalise un automobiliste pour avoir roulé trop vite, la sanction est déterminée par la Loi (excès de vitesse de moins de 20km/h hors agglomération = 68 euros d'amende et retrait d'un point sur le permis).

Cette sanction n'est pas négociable, elle s'appuie sur la Loi, le Code de la route. Que ces 68 euros d'amende et ce point retiré s'appliquent à un cadre aisé ou à quelqu'un qui vient de perdre son emploi ou à un émir qui de toutes façons pourra se faire conduire par son chauffeur, ce n'est pas juste mais c'est la Loi.

La Loi n'est pas là pour enquiquiner les gens, elle est là pour énoncer ce qu'une communauté a le droit ou pas le droit de faire.

Zoom sur une situation concrète :
Un enfant est privé de voir ses copains pour une semaine car il a eu une attitude très déplacée envers un de ses camarades.

Cette conséquence de son acte valide la règle selon laquelle, en société, soit une personne a une attitude adaptée et elle peut évoluer dans le groupe, soit une personne a une attitude inadaptée et elle est momentanément éloignée des interactions avec les autres.

Evidemment, pour l'enfant/l'ado, cette Loi n'aura pas la même conséquence s'il est puni une semaine où il avait des anniversaires ou fêtes prévus avec ses amis, que s'il est puni une semaine où rien de spécial n'était organisé (ou, encore mieux pour lui, s'il est puni et qu'un confinement – tant à la mode en 2020/2021 – intervenait 2 jours après sa punition). Dans le premier cas, tant pis pour lui ; dans le dernier, tant mieux pour lui ! La Loi, c'est la Loi.

Enfin, il est important de rappeler que le Code de la route n'est pas le même dans tous les pays... de la même manière qu'**une Loi n'est pas forcément la même partout**. "Oui mais John, ses parents, EUX, ils lui permettent de se coucher à 23h00 !!!" Que ceux qui n'ont jamais vécu de tensions au sujet des différences éducatives entre les familles lors de vacances en communauté lèvent la main ! Il est important de signifier aux enfants que chaque groupe peut avoir des règles différentes (et bien sûr beaucoup mieux chez les autres : "Mes copains, EUX, ont le droit de jouer aux jeux vidéo sans AUCUNE limite de temps.") De la même manière que le policier n'a pas à justifier l'intérêt de la Loi sur les excès de vitesse ni l'équité de l'amende qu'elle engendre, l'adulte ne rentre pas dans les justifications ou comparaison du style *oui mais eux n'ont pas le droit de....* La Loi est dure... mais c'est la Loi !

Il est **parfois utile de différer le moment où l'adulte attribue la sanction** :
- parce que sous le coup de l'énervement, l'adulte pourrait poser une sanction disproportionnée ;
- parce que l'adulte doit réfléchir à la faisabilité de la sanction (exemple : interdire d'écran pour une semaine à 3 jours d'un trajet en voiture de 7h où les enfants s'occupent souvent via les écrans... peut mettre une sacrée balle dans le pied de l'adulte !) ;
- parce que l'adulte a besoin de réfléchir à une sanction adaptée et qui fasse sens ;
- parce que l'adulte peut avoir besoin de consulter d'autres personnes pour trouver une bonne idée de sanction (autre parent, psychologue, ami...) ; etc.

Une seule règle est alors importante : dire quand, exactement, l'adulte informera l'enfant (= avant le repas du soir, dans 1h, le lendemain après le petit-déjeuner après consultation de l'autre parent...).

Vous pouvez dire :
Je suis tellement furieux·se de ce qui s'est passé que si je prends une décision maintenant, elle risque d'être vraiment très très sévère. On reparle de tout ça et je te dirai quelle décision j'ai prise dans 1h, juste avant de prendre le goûter.

Envisager de **revoir la Loi quand elle est source de trop grands ou trop nombreux conflits**. Ce n'est pas simple mais c'est souvent très efficace. **Il ne s'agit pas de "lâcher" mais de construire la Loi la plus équitable possible**.

Quand une Loi est trop conflictuelle, l'adulte risque de rentrer à nouveau dans un système d'autorité basé sur la domination pour la faire respecter et se faire respecter.

Hors cas de force majeure, la Loi n'est pas une question de principe mais un ensemble de règles – avec lesquelles on peut individuellement être d'accord ou non – soumis au vote d'une assemblée représentant l'ensemble de ceux à qui s'applique la Loi.

Mieux vaut donc, quand c'est possible, revoir la Loi que de vivre dans le conflit ou l'énervement constant.

Zoom sur une situation concrète :
Un enfant déteste vraiment avoir à vider les poubelles, peut-être peut-il se voir attribuer une autre tâche dans le planning familial ?

Les enfants réclament une répartition différente du temps d'écran, comme un dessin animé de 20 minutes chaque soir à la place d'un film le dimanche après-midi, est-ce vraiment incompatible avec l'organisation de vos soirées ou contraire aux principes de l'adulte ?

Mettre la table avec son frère ou sa sœur est régulièrement source de tensions, pourquoi ne pas la mettre un jour sur deux en précisant quel jour est attribué à chaque enfant ?

Certains enfants préfèrent jouer à un jeu adapté à leur âge sur un smartphone plutôt que de regarder la télévision, dans la mesure où ce n'est pas un moment en famille, est-ce concevable pour l'adulte ?

Rappeler à l'enfant que l'issue de son choix dépend de lui : soit il respecte la règle, soit il risque la sanction. Ce n'est pas toujours facile pour les adultes, mais c'est l'enfant qui décide du "comment" et les adultes qui décident du "quoi", car les adultes ne doivent pas utiliser la pression physique (faire faire de force) ou psychologique (faire faire sous emprise de chantage matériel ou affectif).

L'adulte garde le contrôle du cadre éducatif puisque la décision de l'enfant se fait en fonction de la Loi posée par l'adulte : faire ou accepter la sanction prévue en cas de non-respect de la Loi. L'adulte est le gardien du cadre éducatif et la Loi s'applique de toute façon, soit agréablement (respect), soit désagréablement pour tous (non-respect). L'adulte rappelle à l'enfant le coût de son non-respect de la Loi. **C'est l'enfant qui fait son choix et il en est responsable : responsable d'appliquer la Loi ou responsable de choisir d'être sanctionné**, ça n'a rien de personnel contre lui ou pour l'adulte, ni pour lui ou contre l'adulte, c'est la Loi et tout le monde s'y soumet.

Changer radicalement de stratégie et focaliser l'attention de tout le monde (et donc celle de l'enfant) sur ce qu'il fait de bien. Cet exercice n'est pas très facile à faire quand l'adulte est en opposition avec l'enfant et cela demande que l'adulte arrive à mettre son ego de côté.

Tout est une question d'objectif : est-ce que l'adulte souhaite retrouver une harmonie (familiale, scolaire, sportive, thérapeutique) et être avec un enfant qui a envie de bien faire plutôt que de se rebeller ? ou est-ce que l'adulte souhaite donner une leçon de vie à l'enfant afin qu'il finisse par rentrer dans le droit chemin au prix d'un moment épuisant qui mettra tout le monde de mauvaise humeur ?

Tout est question de stratégie. Acheter la paix, dans ce cas, c'est passer outre le besoin de faire comprendre à l'enfant que l'adulte a raison. Acheter la paix, c'est prendre sur soi pour retrouver une ambiance agréable qui donnera envie à tous de faire des efforts pour avoir des relations saines et respectueuses (donc avoir intelligemment "raison" puisque l'adulte obtient sans le dire ce qu'il voulait : le retour de la collaboration en bonne intelligence).

Même si ce n'est pas facile, autant que possible, l'adulte peut tenter de **faire l'effort quelques heures, idéalement quelques jours, de ne plus râler,** de ne pas prêter attention aux provocations éventuelles de l'enfant **et de sincèrement nommer les choses chouettes et agréables que l'enfant fait ou dit**.

Vous pouvez dire :
C'est sympa d'avoir attendu ta sœur pour fermer la porte.

Merci d'avoir pensé à éteindre la lumière en sortant des toilettes.

Cool d'avoir mis ton casque pour écouter de la musique parce que j'avais besoin de calme.

Sympa d'avoir pris le courrier dans la boite aux lettres, c'est vraiment le genre de petites choses qui me simplifient la vie, merci !

Content·e que tu rentres déjeuner avec moi !

L'adulte est vigilant à ne pas compléter sa phrase avec une autre demande ou un "mais" (~~*mais tu aurais pu..., mais tu as oublié de...*~~). L'adulte ne focalise que sur le positif. C'est la technique du "ne pas voir un éléphant rose... ni sa trompe, ni du rose, ni la savane, ni même son barrissement, ni son énormité..." : plus on parle de l'éléphant rose et plus on le voit, plus on y pense, plus il existe dans notre tête. En focalisant l'attention de tous sur le positif, il y a moins de place pour le négatif et l'adulte influence petit à petit, efficacement, les enfants les plus coriaces vers les actions positives.

Pourquoi ne pas faire l'essai quelques jours, même si ce n'est pas facile. Quand la situation est épouvantablement tendue avec l'enfant, l'adulte n'a rien à perdre et tout à y gagner !

LES QUESTIONS EDUCATIVES LES PLUS FREQUENTES

L'entêtement

POURQUOI ?

Voici un des points qui fait souvent grincer des dents. Certains enfants ont une capacité d'analyse, une curiosité intellectuelle, une logique qu'ils n'hésitent pas à exposer, voire à imposer. Et c'est dans ce dernier cas que les choses se corsent car les adultes sont pris entre plusieurs feux :
- d'une part, une certaine admiration pour la capacité de réflexion de l'enfant – capacité qu'ils encouragent et valorisent la plupart du temps – ;
- d'autre part, une vraie difficulté à accéder à la logique de l'enfant qui est parfois très loin de la leur ;
- et enfin, parfois, un certain épuisement ou agacement face au nombre de questions de l'enfant ou face à son aplomb à imposer son point de vue sans écouter celui des autres.

Pourtant, l'enfant ne s'oppose pas par principe, il s'oppose parce que sa logique est différente et qu'il essaie de comprendre mais que, malheureusement, son manque de maturité et d'expérience ne lui permet pas toujours d'y arriver.

Alors comment valoriser l'esprit critique de l'enfant en lui apprenant à prendre en compte des points de vue différents du sien, tout en étant gardien du cadre éducatif ?

COMMENT ?

Valoriser la compétence de l'enfant : faire valoir son point de vue (même s'il est discutable) et oser l'exposer sont de grands atouts dans la vie.

Vous pouvez dire :
C'est chouette d'avoir un point de vue sur ce sujet ! Peux-tu m'expliquer pourquoi tu penses ça ou ce qui t'a permis d'arriver à cette idée ?

L'aider à développer son esprit critique : face à une situation où l'enfant a un avis très tranché qui semble utopiste ou inadapté, l'adulte peut lui demander de réfléchir à son point de vue.

Vous pouvez dire :
Est-ce que tu pourrais avoir une démarche de chercheur pour être sûr·e de ton coup ? Peux-tu trouver trois raisons qui confirmeraient que ton idée est juste et trois raisons qui feraient qu'elle ne fonctionne pas ou pas à tous les coups ?

Les premières fois, l'adulte peut aider et guider l'enfant sur son chemin réflexif. C'est un excellent exercice pour que l'adulte comprenne la logique de l'enfant, et un excellent exercice pour que l'enfant apprenne à prendre en compte des points de vue parfois très éloignés du sien.

Zoom sur une situation concrète :
Trouver les 3 "pour" et les 3 "contre" de pourquoi on doit dire "bonjour" quand on va chez quelqu'un (les réponses ont l'âge de l'enfant qui les donne !) :
- Les "pour" : c'est une politesse minimum que tout le monde doit faire quand il rencontre quelqu'un + c'est agréable pour la personne qui reçoit le "bonjour" + ce n'est pas la mer à boire vu que c'est rapide à dire ;
- Les "contre" : ça peut paraître "faux-cul" si on n'aime pas la personne même si c'est une politesse un peu obligatoire + ça ne veut rien dire si ce n'est pas un bon jour mais un mauvais jour + on peut aussi faire un signe de la tête.

Trouver les 3 "pour" et les 3 "contre" de pourquoi on ne pourrait pas manger des glaces au petit-déjeuner :
- Les "pour" : c'est chouette de manger des glaces quand on en a envie + une glace est le plat idéal pour un enfant quand il fait chaud et il fait déjà 25 degrés au réveil + l'enfant a une alimentation équilibrée et mange des légumes et des fruits à chaque repas donc cela ne nuira pas à sa santé si c'est exceptionnel ;
- Les "contre" : ce n'est pas très habituel pour un petit déjeuner + les glaces ont été achetées pour les amener en dessert chez papy et mamie + ce n'est pas très consistant pour tenir jusqu'au repas de midi.

Utiliser la méthode de juxtaposition des points de vue : *"Toi tu penses que ... et c'est logique pour toi pour tes raisons à toi qui sont les suivantes ... et moi je pense que ... et c'est logique pour moi pour mes raisons à moi c'est-à-dire ..."*. Cette méthode permet à l'enfant d'accéder progressivement à d'autres logiques que la sienne tout en se sentant respecté dans la sienne.

Il ne s'agit pas d'avoir raison mais d'apprendre à raisonner en ne réfutant pas le point de vue des autres sous prétexte qu'il n'est pas compatible avec le sien.

Evidemment, cela ne tranche pas la question si une solution doit être trouvée. Mais quand l'adulte impose son point de vue sans prendre en compte celui de l'enfant, il risque d'abimer la relation de confiance entre eux (*l'adulte n'essaie même pas de me comprendre et fait son dictateur*) et/ou de détériorer l'estime de soi de l'enfant (*je suis nul·le puisqu'on ne m'écoute même pas. Je suis bête car je ne comprends rien. En plus, je ne sais pas défendre mon point de vue et, du coup, je suis obligé·e de dire oui alors que je ne suis pas d'accord*).

Vous pouvez dire :

Toi, tu penses que les révisions ne servent à rien parce que tu connais déjà tes cours par cœur, et effectivement c'est logique que tu ne veuilles pas travailler ce soir si tu connais tout.

Moi, je pense que le cerveau a besoin de répétitions pour vraiment bien tout retenir et que réviser la veille d'un contrôle est très utile surtout quand il y a autant de chapitres à revoir, et je trouve que c'est une logique qui se défend aussi.

La note que tu auras à ce contrôle sera un bon indice de ce qui sera préférable de faire la prochaine fois.

Accepter que personne n'ait raison : si l'enfant peut être contraint à suivre les consignes de l'adulte s'il impose sa solution, il a le droit de rester sur ses positions sans se plier à une autre logique que la sienne. Et ce, quelles que soient les raisons : que ce soit une conviction profonde, une volonté de ne pas perdre la face, un manque de maturité de l'enfant qui ne peut pas ou ne veut pas accéder à la logique plus contraignante ou évoluée de l'adulte, une difficulté de l'adulte à imaginer en quoi le point de vue de l'enfant est une certitude pour lui, etc. Apprendre à prendre en compte un point de vue différent du sien est un enseignement qui prend du temps.

Zoom sur une situation concrète :

Il est compréhensible du point de vue de l'enfant de vouloir rester au parc avec ses copains : il veut continuer à jouer, il fait beau, les adultes lui demandent toujours de faire autre chose que des jeux vidéo et c'est ce qu'il est en train de faire.

Il ne se rend pas compte des autres impératifs de la soirée (cuisine, bain, etc.) et, en plus, rester au parc ne semble pas poser de problème aux autres adultes !

Sa logique est vraie, autant que celle de l'adulte de vouloir respecter des horaires pour avoir le temps de faire tout ce qu'il y a à faire le soir, de vouloir rentrer car il a froid même si l'enfant

lui a chaud à force de courir partout, d'être à l'heure quand l'électricien viendra réparer le chauffe-eau, etc.
Les deux logiques sont vraies mais ne s'appuient pas sur les mêmes impératifs, ni les mêmes besoins ou envies.

Vous pouvez dire :
C'est clair que ça doit être nul pour toi de rentrer maintenant alors que tu t'amuses et que tes copains sont encore là (vérité de l'enfant). *Ça ne me fait pas plaisir* (vérité de l'adulte) *de t'empêcher de t'amuser* (vérité de l'enfant) *mais, pour des raisons d'organisation, ce n'est pas possible que l'on reste plus longtemps* (vérité de l'adulte) *et je reconnais que c'est nul pour toi* (vérité de l'enfant).

Vous pouvez éviter de dire :
~~*Ecoute, c'est déjà sympa de ma part d'avoir fait une pause au parc alors que j'ai plein de trucs à faire*~~ (vérité de l'adulte) ~~*mais, là, je pense que tu as déjà bien joué*~~ *(vérité de l'adulte).* ~~*Tu sais très bien qu'il est temps que l'on rentre parce que sinon on aura pas le temps de faire tout ce qu'on a à faire ce soir*~~ (vérité de l'adulte). ~~*De toutes façons, tes copains aussi vont partir !*~~

Quand l'adulte veut imposer sa logique sans comprendre – ni parfois même écouter – la logique de l'enfant, l'adulte entre à nouveau dans une relation de domination. En conséquence, les enfants les plus dociles ou craintifs finiront par dire que l'adulte a raison sans y croire, pour lui faire plaisir ou par peur d'être moins aimés. Et les enfants les plus opposants, eux, y verront un abus de pouvoir, voire une humiliation, ce qui ne manquera pas d'exacerber leur énergie d'affrontement. Dans les deux cas, la relation adulte-enfant n'en ressort pas gagnante.

Alors que quand l'adulte n'impose pas son point de vue, il reconnait que les deux points de vue sont valables, même s'ils sont inconciliables en pratique. Il peut imposer sa solution et en même temps reconnaître <u>vraiment</u> que les deux logiques tiennent la route et que donc la solution n'est pas juste pour l'enfant. L'enfant, à défaut d'obtenir la solution que sa logique lui indique, est entendu et reconnu dans son raisonnement. **Personne n'a tort, tout le monde a raison pour ses – bonnes – raisons à lui et chacun est respecté : adulte et enfant sont d'accord sur le fait qu'ils ne sont pas d'accord et sont d'accord sur le fait qu'à défaut d'accord, la solution est forcément injuste pour l'un des deux !**

Encore une fois, **il ne s'agit pas de cautionner ni d'encourager la logique de l'enfant, mais juste d'accepter que cette logique soit visiblement fondée pour lui... tout comme la logique de l'adulte est indéniablement fondée pour l'adulte.** La situation est sans issue ; sans issue ne voulant pas dire sans solution même si la solution n'est pas idéale du tout puisqu'il faudra trancher entre deux solutions inconciliables.

Vous pouvez dire :
Ce que je vais faire est nul et injuste parce que j'aurais vraiment aimé qu'on trouve une solution qui marche pour tous les deux. En l'absence de solution, je vais t'imposer de ... parce que j'en ai vraiment besoin. Tu as vraiment le droit d'être mécontent·e car je le suis aussi quand mon patron/la vie m'impose des choses que je trouve idiotes ou illogiques ou injustes.

Il est important, si l'adulte choisit de recourir à cette méthode, qu'il ait en tête une situation (familiale, professionnelle, conjugale, etc.) où il a lui-même été obligé de subir une décision à laquelle il était farouchement opposée afin de réellement comprendre ce que va vivre l'enfant quand l'adulte va lui imposer une solution qui n'est pas la sienne.

Métaphore :
Imaginons un employé qui apprend qu'il n'aura pas l'augmentation de salaire qu'on lui a promise. Il est naturellement furieux car son patron s'y était formellement engagé.

Le patron, de son côté, est inflexible car, suite aux problèmes financiers auxquels est confrontée l'entreprise, il a promis aux actionnaires de geler les salaires pendant 3 ans plutôt que de licencier 20% des effectifs.

Les deux ont raison : l'employé d'être furieux que le patron ne tienne pas sa promesse ; le patron de tout faire pour ne pas licencier en période de crise. Mais les deux situations sont inconciliables.

Quand il y a un conflit insolvable, la solution est forcément injuste pour l'une des deux parties mais la relation peut être préservée si chacun se met réellement à la place de l'autre : le patron est conscient qu'il n'a pas tenu sa promesse et qu'il est normal que son employé soit furieux ; l'employé est conscient que le patron ne peut pas faire autrement et qu'il sait qu'il commet une injustice en prenant la décision de ne pas l'augmenter. Il ne se passerait pas la même chose si le patron répondait à son employé qu'il a déjà bien de la chance de ne pas être viré comme les actionnaires le proposaient.

LES QUESTIONS EDUCATIVES LES PLUS FREQUENTES

Le harcèlement

POURQUOI ?

• Le harcèlement est un sujet vraiment très délicat, notamment parce que, quand il est abordé, l'enfant est souvent déjà dans une position de fragilité importante.

La solution des adultes est souvent de protéger le harcelé (garçon ou fille) et de sanctionner le harceleur (garçon ou fille), ce qui est l'évidence même : la victime doit être protégée et le coupable doit être puni. Malheureusement, **si cela peut être efficace notamment dans le jeune âge de l'enfant,** ce n'est souvent pas le cas en grandissant... et pire : **l'intervention de l'adulte peut aggraver le cas du harcelé, le faisant passer pour une "victime"** (qui est d'ailleurs l'injure n°1 des ados en ce moment).

Les enfants ne sont généralement pas dupes de ce fonctionnement, ce qui explique pourquoi **beaucoup d'entre eux ne veulent pas en parler aux adultes** : ils savent que l'adulte voudra, et c'est humain, que Justice soit faite. Or, l'enfant sent intuitivement que cela ne fera que renforcer le pouvoir du harceleur et les foudres de ce dernier contre le harcelé.

Ces constats mettent les parents, l'équipe enseignante, les thérapeutes, etc., dans une situation délicate vis-à-vis de l'enfant souffrant de harcèlement : éviter autant que possible d'agir directement tout en le sécurisant pour **permettre à l'enfant d'agir lui-même en trouvant des stratégies pour faire face à son agresseur**.

Les conséquences du harcèlement sont nombreuses : somatisations, anxiété, stress, difficultés d'apprentissage, chute des résultats scolaires, crises de panique, état dépressif, idées suicidaires, état de stress post-traumatique...

Les **signes qui doivent alerter les adultes** : changements d'attitude de l'enfant avec eux ou dans la fratrie ou à l'extérieur de la maison (irritabilité, agressivité, colère, repli sur soi), chute des notes, somatisations à la reprise des cours ou particulièrement le dimanche soir...

• Pour creuser le sujet du harcèlement, les livres d'Emmanuelle Piquet sont pragmatiques, accessibles et agréables à lire, et ses conférences Ted très intéressantes à regarder. Elle explique notamment très bien comment :

- **le harcèlement est une prise de pouvoir d'un enfant** (possiblement rejoint par d'autres) sur un autre.
Les pré-ados et ados y sont plus enclins car leur degré de compassion et de morale est amoindri à cet âge alors que leur besoin de pouvoir et de popularité est au contraire grandissant.
C'est cette soif de pouvoir et de popularité qui est la motivation réelle – consciente ou inconsciente – du harceleur ;

- il n'y a pas de profil de harcelé : **n'importe quel enfant peut être harcelé**.
Le harcèlement commence souvent par de petites attaques "pour rire", qu'un adulte jugerait souvent futiles.
Ces attaques s'intensifient et/ou se multiplient, plongeant le harcelé en état de sidération (*Pourquoi ces attaques méchantes et gratuites ? Pourquoi moi ?*).
Il n'y a pas de logique véritable chez le harceleur à part celle d'être plus puissant ou reconnu, en conséquence, n'importe quel enfant et n'importe quel prétexte sera bon ;

- **le harceleur s'appuie sur le besoin, très présent à cet âge, de popularité ou de pouvoir** et donc n'a aucun intérêt à lâcher le harcèlement ;

- **les interventions des adultes risquent de ne faire qu'augmenter le pouvoir du harceleur** ;

- **les enfants harcelés ont généralement de 3 types de réaction... qui malheureusement amplifient le harcèlement** :

  * soit les enfants harcelés veulent absolument éviter d'être exclus d'un groupe et le harceleur sent alors qu'ils vont tout endurer pour rester dans le groupe,

  * soit les enfants harcelés luttent sans y croire et font tout pour éviter le harceleur qui comprend que, de toutes façons, il ne risque rien et qu'il a donc une proie facile sous la main ;

  * soit les enfants harcelés endurent puis explosent (colère, larmes, énervement démesuré, violence) ce qui encourage le harceleur à recommencer car le harcelé passe pour ridicule ou se fait accuser d'être la source du problème car il semble réagir de manière bizarre, disproportionnée.

- **il est rare que les autres enfants défendent le harcelé** car ils savent qu'ils prennent le risque (avéré !) d'être la prochaine cible ;

- la seule défense est de **reprendre le pouvoir sur la relation sans compter sur la morale ou la compassion du harceleur** (sentiments très peu présents à cet âge... Les adultes en relation avec des ados en ont sûrement déjà fait l'expérience !).

COMMENT ?

Quand les faits de harcèlements sont avérés, la priorité est de les **stopper le plus rapidement possible**, car la durée intensifie le pouvoir du harceleur et affaiblit chaque jour un peu plus le harcelé.

La solution qui semble la plus efficace est de **construire *avec* l'enfant harcelé des outils pour faire perdre la face à son harceleur**. Les axes qui fonctionnement le mieux sont l'humour et l'auto-dérision. L'idée est de stopper la réponse "habituelle" de l'enfant (fuite, énervement, pleurs, etc.) et de préparer des torpilles verbales qui vont faire fuir le harceleur. En effet, si le harceleur n'a plus de pouvoir sur le harcelé, il n'a plus d'intérêt à harceler : ça serait comme braquer la caisse d'un magasin dont la recette vient d'être mise à la banque, ce que le harceleur vient chercher n'est plus là où il le croit, il a perdu !

Voici quelques exemples qui recouvrent divers cas odieux de harcèlement. **Attention : oreilles sensibles s'abstenir !** Les idées de réponses sont dans la même veine langagière que celle du harceleur afin d'être plus efficaces... mais l'important est surtout que l'enfant puisse y adhérer et se les approprier !

Zoom sur une situation concrète :

Les cas d'intimidation.

Vous pouvez dire :

Est-ce que tu pourrais dire à ce gros nul un truc du style :

"Bon, dis donc, on m'avait dit que tu étais le mec le plus cool du collège et tu t'attaques à un minus comme moi ???

Ben... moi je ne trouve pas que ça soit hyper courageux ni valorisant pour un caïd de faire ça...

Franchement... Emmerder une pauvre "victime" comme moi, c'est un peu comme penser qu'on est champion du monde des haltérophiles parce qu'on a soulevé un cure-dent, non ?!?"

Dans ce style de réponse, le harcelé ne "traite" pas le harceleur, il ne l'attaque pas. Il le met en face d'une vérité : son manque de courage avéré. Bien évidemment, le harcelé n'est pas un minus vu qu'il répond à un caïd ! Mais ça, le harcelé ne le dit pas car, primo, cela se voit à travers ce que le harcelé vient de faire, et secundo, il ne s'agit pas de provoquer le harceleur, juste de prouver qu'il n'est peut-être pas digne d'être craint car pas très courageux finalement. Bref, le harcelé prouve que le harceleur n'a pas vraiment de raison d'être sur un piédestal.

Zoom sur une situation concrète :

Les cas de dénigrement physique.

Vous pouvez dire :

La prochaine fois qu'elle te traite de gros tas... tu pourrais lui balancer un truc du style :

"Gros tas ?!? Bon... ça... tu l'as déjà dit plein de fois et je l'ai déjà beaucoup entendu en fait ! Bref... c'est pas hyper hyper original... tu connais que ce mot ? On me le disait déjà en maternelle ! Moi je trouve que Big Pig, c'est plus cool, ou alors Molos-Bolosse, ou EnorMinus... C'est pas plus stylé ça ?"

... ou alors tu réponds :

"Y en a qui sont gros du cul et d'autres gros de la connerie... La seule différence, c'est que dans un cas ça se voit et dans l'autre ça s'entend !"

Dans ce cas, en se dénigrant soi-même, la harcelée enlève à la harceleuse le pouvoir de le faire puisqu'elle le fait mieux qu'elle. La harceleuse assoit son pouvoir en faisant rire les autres donc, si c'est la harcelée qui fait rire, c'est elle qui prend le pouvoir. Ce type de réponse permet aussi à la harcelée de reprendre la main : si vraiment elle doit être "traitée", ce n'est pas la harceleuse qui la casse, elle se casse elle-même pour enlever à sa harceleuse son pouvoir.

Zoom sur une situation concrète :

Les cas de dénigrement des "intellos".

Vous pouvez dire :

Et si tu lui répondais un truc du genre :

"Excuse-moi d'avoir les réponses... J'ai pas envie d'avoir un boulot de merde plus tard... J'ai envie d'avoir une grosse bagnole et de partir me dorer la pilule aux Bahamas à Noël avec mes potes et de leur payer des coups !

Et si t'étais malin, ben, tu serais pote avec moi. Juste par intérêt, on est bien d'accord ! Mais t'aurais alors une chance de profiter de mon futur pognon d'intello !"
Ou alors :
"Ben oui, je suis pas con et en plus je bosse pas des masses... y a des gens qui ont des idées à chier et d'autres pas... moi je suis pas né avec une gastro du cerveau ! Idées à chier = gastro du cerveau, tu saisis ou c'est trop high level pour toi ?"
Ou encore :
"Y a un truc que je pige pas : plutôt que de m'emmerder, t'aurais pas plutôt intérêt à faire semblant qu'on soit potes pour que t'aies des bonnes notes... tu profiterais du truc gratos, tu remontes tes notes sans rien faire... parce que moi je m'en fous que tu copies sur moi, par contre, faut juste que tu sois assez futé pour pas te faire gauler par les profs."

Avec ce type de réponse, le harcelé se met en valeur et suggère même la pertinence d'une alliance pour que le harceleur assure ses arrières si jamais la roue tourne.

Zoom sur une situation concrète :
Les cas d'attaque homophobe.

Vous pouvez dire :
Et si jamais tu lui dis un truc comme :
"T'as un problème avec la sexualité pour me traiter de fille comme ça ? T'en pinces pour moi ou quoi ?
Moi je m'en fous que tu sois homo ou bi ! T'es juste pas trop mon style alors je suis désolé de te coller un râteau en public comme ça mais tu ne m'intéresses pas.
Et puis, arrête de me coller, tes potes vont commencer à trouver ça louche !"

Ou un truc du style :
"Sale pédé ? Pédé, c'est avoir des relations sexuelles avec des enfants... et ben, t'as des idées sexuelles super chelou toi mon gars ! Beurk !"

Pour résumer, c'est la stratégie de l'arroseur arrosé.

💡 Il est **important que l'enfant s'approprie l'outil, qu'il se sente "cap'"** de le faire... sinon cela risque d'être pire. Pour cela, l'adulte peut lui proposer des jeux de rôle ou des mises en scène qui pourront être répétés jusqu'à ce que l'enfant se sente plus à l'aise (même s'il est normal qu'il ne se sente pas très à l'aise) et pour qu'il élabore déjà quelques contre-attaques aux éventuelles réponses du harceleur. L'idéal est de trouver une répartie à laquelle l'enfant va immédiatement adhérer parce qu'il sent que ça va marcher ou qu'il trouve ça drôle. L'enfant doit s'imaginer pouvoir le faire.

D'ailleurs, rien que le fait que l'enfant se sente de nouveau capable de réagir suffit parfois à faire stopper le harceleur qui pressent que le vent tourne et qu'il ferait mieux de changer de cible. Parfois, l'adulte ne se sent pas capable ou est trop impliqué pour faire un ou plusieurs ateliers de ripostes verbales. Il peut alors les organiser avec la participation de personnes que l'enfant aime bien et en qui il a confiance : un oncle, un voisin, ses copains, sa marraine, etc.

💡 **Certains enfants ne pourront vraiment pas affronter leur bourreau, c'est normal**. Avant que les adultes n'interviennent car, évidemment, la situation de harcèlement doit absolument cesser, une dernière piste peut être tentée : que le harcelé se plie à la volonté du harceleur avant que celui-ci ne le lui demande. Ceci, évidemment, dans l'absolue limite de certaines situations trop humiliantes, d'actions transgressant des interdits ou de cas mettant en jeu la sécurité physique ou psychologique de l'enfant... dans ces cas-là, la seule chose à faire est de protéger l'enfant.

Dans les cas où c'est encore possible de le faire, deux choses peuvent se produire si l'enfant se saisit de l'idée :

- le harceleur est alors privé de son pouvoir de décision mais aussi de sa capacité à terrifier sa victime : c'est le harcelé qui choisit de faire avant qu'on ne lui impose la situation ; le pouvoir du bourreau diminue et son éventuelle jouissance à nuire aussi ;

- la victime choisissant de se plier aux exigences de son bourreau, elle devient actrice de ce qui se passe (même si ce qui se passe ne lui plait pas) ; le pouvoir de la victime augmente et elle pourra se sentir plus "cap'" de tenir tête au bourreau.

Zoom sur une situation concrète :

Quand l'enfant est régulièrement humilié en étant exclu du groupe devant tout le monde, peut-être peut-il devancer le harceleur en lui demandant quel est son statut du jour : paria ou membre de la team ?

Quand l'enfant se fait bousculer à la cantine pour lui prendre sa place, peut-être peut-il héler son harceleur pour lui dire qu'il a gardé une place pour lui ? Vu que de toutes façons, le harceleur va lui piquer sa place... autant lui donner tout de suite, le harceleur perdra ainsi un peu de sa jouissance à humilier l'autre.

Dernière possibilité quand l'enfant/l'ado continue à subir des attaques : en fin d'année, l'adulte peut demander à l'établissement que l'enfant ne soit plus dans la classe du harceleur sans pour autant en expliquer les raisons mais en insistant lourdement sur l'importance de la demande. Dans certains établissements, recontacter la Direction une quinzaine de jours avant la rentrée peut être une sage précaution, ainsi que penser à renouveler la demande sur les années suivantes.

LES QUESTIONS EDUCATIVES LES PLUS FREQUENTES

La haute sensibilité

POURQUOI ?

Qu'est-ce que la haute sensibilité ?
Popularisée par les travaux d'Elaine Aron et très à la mode en ce moment, la haute sensibilité concernerait **20% de la population au quotidien et 100% de la population dans les moments difficiles de la vie** (burn out, décès, fatigue, maladie, harcèlement, séparation amicale ou amoureuse, etc.), **autant les hommes que les femmes**.

Même si les personnes hautement sensibles (P.H.S.) peuvent être **très différentes les unes des autres**, voici quelques traits typiques : avoir les larmes faciles, avoir des réactions fortes parfois jugées exagérées, être attaché·e profondément aux autres, faire preuve d'empathie extrême quasiment au point de souffrir à la place des autres, être profondément blessé·e par une critique, être facilement centré·e sur les besoins des autres parfois même au détriment de soi, être obnubilé·e pendant des jours par une remarque négative ou une injustice, pouvoir se sentir physiquement très inconfortable avec une petite douleur (mal de ventre, vêtement qui gratte), se remettre en question sans raison pour une critique sans fondement, remarquer des petits détails invisibles pour les autres et être parfois pointilleux·se à cause de cela...

En cas de besoin, il existe dans les livres d'Elaine Aron des **tests spécifiques pour identifier une probable haute sensibilité**, que vous pouvez facilement trouver avec les mots clés "Elaine Aron Test Hypersensibilité" sur internet. Et pour aller plus loin, des organismes – comme Pilgrim Conseil à Angers (49) – organisent des formations dédiées aux thérapeutes sur le sujet de la haute sensibilité et des conférences/interventions accessibles au grand public – comme j'ai pu moi-même en animer – se multiplient pour faire connaître cette particularité.

Pourquoi repérer la haute sensibilité ?

Identifier la haute sensibilité de l'enfant (et de celui qui interagit avec lui !) permet :

- de mieux **connaître son mode de fonctionnement** ;
- de l'aider à **mieux comprendre et s'adapter** dans les relations aux autres (amis, école, famille, sport, etc.) ;
- d'**identifier ses besoins** et mettre en place des stratégies pour **être plus confortable dans la vie ;**
- et surtout de **faire de la place à des temps de ressourcement** qui lui sont indispensables.

Comment repérer la haute sensibilité ?

Toutes les personnes hautement sensibles (P.H.S.) sont différentes les unes des autres en fonction de leur tendance à l'extraversion ou à l'introversion, de leur personnalité, de leur vécu, de la liberté ou non qu'elles ont pour vivre leur singularité, etc. En conséquence, elles ne vivront pas forcément toutes les caractéristiques ci-dessous de la même manière ou avec la même intensité.

• **Les P.H.S ont leurs cinq sens particulièrement développés : vision, audition, toucher, goût, odorat,** elles perçoivent certains signaux sensoriels dont les autres ne se rendent pas compte. En outre, ces signaux sont perçus avec plus d'intensité, parfois même de manière obsédante ; il est alors très difficile à la personne hautement sensible de pouvoir "passer à autre chose" tant que son inconfort ne sera pas résolu.

Zoom sur une situation concrète :

Trop de lumière (maux de tête, besoin de lunettes, yeux facilement plissés...).

Trop de bruits (plainte du niveau sonore à la cantine, accuse l'adulte de crier, tic-tac de l'horloge ressenti comme insupportable...).

Inconfort physique (plis des chaussettes, étiquettes qui grattent, pantalon jugé insupportable à porter...).

Sensibilité aux odeurs (impossibilité d'aller dans des toilettes malgré la forte envie de pipi, dégoût pour l'odeur d'un plat...).

• **Les P.H.S. ont une perception plus fine et plus intense de ce qui se passe dans leur corps** : douleurs, changements, jusqu'au plus petit inconfort.

Zoom sur une situation concrète :
Un enfant dont on craint une fracture et auquel on fait passer des examens d'urgence devant la douleur insupportable qu'il ressent (et c'est vrai !) et... qui court comme un lapin avec ses cousins deux jours après.

Un enfant qui met ses chaussettes à l'envers pour moins sentir les coutures ou qui fait une crise pour ne pas mettre certains vêtements qu'il juge inconfortables, etc.

En conséquence, les personnes hautement sensibles **peuvent parfois beaucoup somatiser ou être un peu hypocondriaques.** Ceci s'explique par des raisons très simples :
- elles perçoivent des messages corporels que les autres ne ressentent pas (quand quelque chose ne va pas, il y a toujours une répercussion corporelle que *elles* sentent alors que d'autres non : stress, tensions corporelles, ventre noué, etc.) et elles ont donc plus facilement les signaux d'alerte qui s'allument (tendance à l'hypocondrie) ;
- elles perçoivent de manière plus forte, comme amplifiée, les informations corporelles et peuvent ressentir des inconforts ou des douleurs qui sont sans proportion avec la gravité de la situation ;
- elles remettent en cause, depuis l'enfance, leurs ressentis corporels puisque les autres leur disent que "ce n'est rien" ou qu'"elles sont des chochottes". Elles ne savent donc plus distinguer quel signal corporel est normal et quel signal corporel est alarmant.

• **Les P.H.S. perçoivent des détails ou des nuances** que les normaux-sensibles ne remarquent pas. Les personnes hautement sensibles sont donc **plus réactives au changement et à la nouveauté** ; elles peuvent parfois être déconcentrées, voire déstabilisées, par ces nouvelles informations à intégrer, nouveaux stimuli passés inaperçus pour les autres.

Zoom sur une situation concrète :
Un enfant qui ne pourra pas commencer sa séance de soin parce que quelque chose a changé dans le bureau de son·sa thérapeute.

Un enfant qui focalise son attention sur un changement mineur, comme le bureau du·de la maître·sse qui a changé de place, plutôt que de se mettre au travail.

Un enfant qui grimace devant un plat qu'il adore parce qu'il perçoit la légère odeur inconnue d'un ingrédient inhabituel, etc.

Cela peut parfois engendrer de l'anxiété et des tentatives de contrôle de l'environnement comme les T.O.C. – Troubles Obsessionnels Compulsifs – ou de possibles peurs par anticipation (anxiété sur ce qui pourrait se passer ou pas dans l'avenir).

• **Les P.H.S. ont une intuition généralement excellente sur l'état émotionnel des autres.** Parfois même sans qu'elle ne le conscientise, la personne hautement sensible a accès à un niveau d'information important sur l'autre (émotion, humeur, état d'âme...), informations dont l'autre n'a pas forcément conscience pour lui-même !

Zoom sur une situation concrète :
Un enfant qui demande à l'adulte pourquoi il est fâché, ce à quoi l'adulte répond qu'il n'est pas fâché alors qu'effectivement quelque chose le contrarie.

• **Les P.H.S. aiment les relations amicales et amoureuses profondes et intenses.** Ces relations peuvent être vécues comme de véritables communions, ce qui explique pourquoi les ruptures peuvent être vécues comme des trahisons, des deuils, des abandons.
En conséquence, les personnes hautement sensibles **peuvent être parfois déçues par les autres** car elles imaginent de l'autre un piètre engagement alors que l'autre ne peut tout simplement pas monter jusqu'au même degré d'implication dans la relation que la personne hautement sensible. Il arrive que le maximum qu'un normo-sensible puisse donner dans une relation soit considéré comme le minimum pour la personne hautement sensible.

• **Les P.H.S peuvent avoir un sentiment de décalage avec les autres.** Pour les personnes hautement sensibles, leurs comportements, leurs réactions, leurs implications, leurs sentiments intenses, sont leur norme et elles ont du mal à comprendre que leur norme ne soit pas celle des autres.

Zoom sur une situation concrète :
Un enfant/ado qui prendra les cours pour un de ses camarades malade en faisant attention à ne pas utiliser trop d'abréviations pour que le cours soit plus compréhensible, qui prendra soin de tout photocopier et de venir tout déposer chez l'autre enfant/ado en faisant un bon détour même s'il pleut… qui s'inquiétera de savoir si ce camarade va mieux le lendemain… et qui ne recevra pas du tout la même attention quand lui-même sera absent.

Un enfant/ado qui sera ému devant un fait d'actualité et qui constate que ça semble ne faire ni chaud ni froid à ses camarades.

Un enfant/ado qui cauchemardera d'un film/documentaire regardé en classe alors que les autres élèves, eux, continuent à en parler en rigolant.

• **Les P.H.S. aiment vivre des émotions intenses** et donc peuvent, sans en être conscientes, amplifier leur bonheur comme leur mal-être pour vivre intensément. Vu de l'extérieur, les autres pensent souvent à de l'exagération mais il ne s'agit pas de cela : la personne hautement sensible ressent plus fortement les choses et aime vivre les choses plus fortement. Et tout cela fait monter sa mayonnaise émotionnelle rapidement et intensément. Toute cette intensité émotionnelle peut être très fatigante à vivre pour la personne hautement sensible... comme pour son entourage... Mais cela s'atténue souvent avec l'expérience quand la personne hautement sensible se connait mieux, sait éviter les situations qui la mettent inutilement en difficulté et veille à mieux respecter ses besoins et notamment son besoin de ressourcement.

Zoom sur une situation concrète :

Une ado qui peut friser l'hystérie rien qu'en évoquant la soirée prévue avec ses amis le week-end suivant.

Un enfant qui se fâche avec un camarade et qui se dit certain que jamais la situation ne se résoudra, qu'il sera seul pour toujours dans la cour de récréation et qui semble inconsolable.

Ces fluctuations émotionnelles intenses peuvent parfois faire penser aux P.H.S. qu'elles ont une tendance dépressive ou bipolaire. Ces idées arrivent souvent à partir de l'adolescence où ces *up and down* d'humeur ne sont plus excusables par l'enfance. Or, la personne hautement sensible, en raison de sa réactivité intense et rapide aux informations qu'elle reçoit en permanence, peut paraître d'humeur changeante ou instable avec des réactions jugées excessives, imprévisibles ou instables vues de l'extérieur, et pour autant, elle n'est pas bipolaire ! De même, dans la dépression, la haute sensibilité est passagère et intimement liée à l'état dépressif de la personne, la haute sensibilité est généralement axée sur les émotions et les pensées négatives et la personne dépressive n'a quasiment pas de moments *up*... contrairement à la personne hautement sensible qui vivra avec intensité la joie comme la tristesse.

• **Les P.H.S. peuvent être sujettes brusquement à la saturation : quand "trop, c'est trop".** Comme les personnes hautement sensibles perçoivent beaucoup plus de signaux que les autres (en quantité) et que les signaux sont perçus avec une puissance plus grande (en intensité) et que la perception de signaux est plus subtile (en qualité), alors elles peuvent basculer très rapidement dans la saturation ce qui les amène à "péter un plomb" ou à s'isoler. Cela peut se produire très brusquement, un peu comme une goutte d'eau fait déborder le vase. Souvent, les autres ne comprennent pourquoi car : soit ils ont appris à gérer leur propre haute sensibilité, soit ils sont normaux-sensibles et donc ils perçoivent moins de signaux et seront saturés beaucoup plus tard.

Zoom sur une situation concrète :

Un enfant qui passe tout son temps avec un copain, qui partage tout avec lui, et qui, brusquement, sans savoir vraiment pourquoi, ne veut plus le voir pendant une récré, une heure ou quelques jours. Passée la saturation, l'amitié repartira avec la même intensité.

Un enfant qui invite des copains (beaucoup de personnalités différentes et d'interactions sociales auxquelles s'adapter) pour son anniversaire (forte charge émotionnelle) après une matinée de préparation (donc une excitation qui dure) chez lui dans sa maison (où les autres enfants vont s'approprier le territoire et faire des choses inhabituelles)... et qui, une heure après l'arrivée des copains, va aller s'isoler dans un coin car il a besoin d'une pause (ce qui pourrait être mal interprété par adulte qui va penser que l'enfant n'est pas content alors qu'il a juste besoin d'un petit temps de pause... Or, si l'enfant ne le fait pas, il y a de fortes chances qu'il craque à la première contrariété et que l'adulte dise alors qu'il est ingrat ou égoïste alors que l'enfant est juste saturé émotionnellement). Et il n'y a besoin que d'un seul copain pour que tout cela soit vrai !

Certains lieux ou moments de vie peuvent facilement amener à une saturation émotionnelle ou sensorielle : grands centres commerciaux, musées, journées scolaires avec cantine et périscolaire, changements d'endroits fréquents pendant les vacances, temps de repas en grand groupe bruyant, hébergement à la maison d'un invité, etc.

C'est pourquoi, les personnes hautement sensibles sont **possiblement sujettes à l'anxiété sociale et, une fois adultes, plus sensibles à la fatigue chronique, à l'épuisement et au burn-out.**

• **Mais aussi et paradoxalement, les P.H.S. doivent faire attention à la sous-stimulation** qui peut les faire plonger dans la déception ou l'ennui (que ce soit avec les gens ou avec eux-mêmes).

Zoom sur une situation concrète :

L'enfant qui porte peu d'intérêt à certaines activités ou certains moments de partage, qui pourtant satisfont d'autres enfants, car ils les estiment peu stimulantes, pas assez profondes ou riches. Il pourra s'imaginer que rien ne l'intéresse, qu'il est bizarre ou pas comme les autres. L'adulte pourra le trouver éternellement insatisfait ou tatillon, ce qui renforcera l'enfant dans son idée d'être pénible ou bizarre.

COMMENT ?

• Comment préserver l'équilibre de l'enfant hautement sensible ?

Il est **IMPERATIF de prendre en compte le besoin de ressourcement de l'enfant hautement sensible**. L'adulte doit donc apprendre à l'enfant et apprendre aux personnes qui interagissent avec lui que l'enfant hautement sensible peut avoir besoin de se mettre en retrait ou qu'il peut parfois avoir besoin de s'extraire de trop de stimulations.

Zoom sur une situation concrète :

L'adulte peut prévenir l'enseignant·e que, si l'enfant s'isole à la récréation, il est peut-être justement en saturation. Que ça lui arrive et que rien ne sert de s'inquiéter qu'il soit seul dans son coin, il faut le laisser tranquille. Idéalement, si c'est possible, l'enfant pourrait même être autorisé à rester tranquillement en classe si un adulte peut garder un œil sur lui.

Certaines écoles offrent la possibilité aux enfants, à certains moments de la journée, de porter un casque anti-bruit. En effet, à l'école, le niveau sonore est souvent compliqué à gérer pour les enfants hautement sensibles (récréation, cantine et même certains moments de classe). Ils peuvent parfois être très soulagés grâce à ce type de casque (bien réglé, pas trop lourd ni trop serré). L'enseignant·e constatera des enfants souvent beaucoup plus souriants et détendus !

Faire attention aux emplois du temps chargés : La personne hautement sensible est forcément plus fatigable que la personne normo-sensible puisqu'elle perçoit plus d'informations que les autres et qu'elle ne peut faire autrement que de les prendre en compte. Il est donc important de **ne pas trop charger les journées** quand cela est possible, que ça soit d'un point de vue activités, personnes et/ou émotions.

Zoom sur une situation concrète :

Un enfant qui va avec son papa pour la 1ère fois au cinéma (excitation + nouveau lieu à découvrir + taille gigantesque de l'écran + intensité du son qui vient de partout), sans les autres membres de la famille (moment d'exclusivité affective un peu exceptionnelle), qui achète une glace en entrant dans la salle alors qu'il vient de sortir de table (moment foufou, inhabituel, qui transgresse les règles alimentaires habituelles), etc.

Cet enfant pourra, par trop de bons moments, atteindre son seuil de saturation et faire une colère magistrale quand son papa lui refusera la gaufre dont il aura envie pour le goûter ou piquer une crise pour ne pas se laver en fin de journée. C'est la goutte d'eau qui fait déborder le vase.

Idem avec un enfant qui s'endort tardivement (manque de sommeil) car il accompagne ses parents en soirée (lieu inhabituel, éventuellement camarades de jeu inhabituels, nourriture différente, bruits) et dont on fête l'anniversaire (dimension émotionnelle forte) le lendemain midi en présence de ses grands-parents (inhabituel) avec son repas préféré (excitabilité maximum des sens) avec remise de cadeaux (surprise, excitation, nouveauté). Il pourra tout à coup s'énerver car un des cadeaux n'est pas à son goût ou que sa part de son gâteau d'anniversaire est plus petite que celle de son frère. Encore une fois, la goutte d'eau qui fait déborder le vase émotionnel.

Il ne s'agit évidemment pas de renoncer à ces bons moments ou de les altérer, mais de prendre en compte qu'il est normal que l'enfant puisse peut-être avoir, in fine, un comportement désagréable car il aura atteint son seuil de saturation émotionnel (il en sera aussi déçu que l'adulte)

Sachant cela, l'adulte pourra faire son maximum pour ne pas rentrer dans les critiques ou les reproches et comprendre que c'est l'accumulation de toutes ces choses (agréables ou désagréables) qui crée le "craquage" de l'enfant. Il pourra en discuter, souvent a postériori, pour que l'enfant comprenne mieux ce qui s'est passé et, adulte comme enfant, pourront mettre en place des stratégies pour la prochaine saturation : ne pas prendre le bain exceptionnellement, prévoir des temps où l'enfant s'isole pour récupérer pendant une journée prévue comme chargée, avoir un signal comme poser la main sur l'épaule pour signifier à l'enfant de faire une pause, etc.

Vous pouvez dire :

Il y a eu beaucoup, beaucoup de choses aujourd'hui et c'est normal que cela puisse faire des tensions dans la journée. C'est exactement comme quand il fait très beau et très chaud, il peut y avoir de l'orage le soir en fin de journée.

Laisser à l'enfant hautement sensible un peu plus de temps : plus de temps pour prendre une décision ou la parole ou se sentir à l'aise dans un nouveau contexte. En effet, comme il perçoit plus d'informations et de détails que les normaux-sensibles, il a besoin de les intégrer avant d'agir.

C'est **particulièrement vrai face à la nouveauté et l'imprévu.** C'est la raison pour laquelle l'enfant hautement sensible est plus impacté par les changements qui peuvent donc le déstabiliser momentanément.

Zoom sur une situation concrète :

L'enfant hautement sensible peut avoir besoin d'un temps d'adaptation un peu plus long que d'autres enfants au moment :
- d'un changement de rythme entre les congés et les semaines scolaires ;
- de s'adapter à une classe/maitresse/élèves en début d'année ;
- d'arriver dans un nouvel endroit pour les vacances ;
- de prendre ses marques avec des cousins/copains/grands-parents avec lesquels il ne vit pas habituellement ;
- de changer son alimentation lors d'un voyage, etc.

Aider l'enfant hautement sensible à évaluer plus exactement ses émotions, négatives comme positives. L'adulte pourra proposer à l'enfant de déterminer quelle est la pire et la meilleure chose qui lui soient arrivées dans la vie.

Sur une grande feuille, on dessine une jauge qui part de -10 (où l'on inscrit la pire chose vécue : Mort de mamie) et qui monte jusque +10 (où l'on inscrit la meilleure chose vécue : Admis au conservatoire/Aller à Disneyland). Puis, quand l'enfant vit quelque chose d'intense, il l'inscrit sur un Post It qu'il place sur les cases : est-ce un +4 ou un +6 ? un -9 ou un -3 ?

Au fur et à mesure des évènements, l'enfant pourra déplacer les Post-it pour mieux évaluer l'intensité du vécu : *Finalement, quand je me suis fait gronder par la maîtresse, c'était un -4 même si je l'ai ressenti très fort, parce que ne pas être invité·e à l'anniversaire de Marc, ça, c'est un vrai -6 parce que je croyais vraiment que c'était un ami et je me sens trahi·e.*

+ 10	☺☺☺
+ 9	
+ 8	
+ 7	
+ 6	
+ 5	
+ 4	
+ 3	
+ 2	
+ 1	
- 1	
- 2	
- 3	
- 4	
- 5	
- 6	
- 7	
- 8	
- 9	
- 10	☹ ou ☹

Ce type d'exercice permet un recadrage sans pour autant minimiser l'intensité de ce que vit l'enfant : petit à petit, l'adulte lui permet de mieux régler sa boussole émotionnelle sans vivre chaque jour le pire du pire et le meilleur du meilleur comme si l'expérience émotionnelle d'hier n'était pas prise en compte, comme s'il y avait une remise à zéro tous les jours du vécu.

Identifier les situations les plus énergivores et repérer le ou les canaux sensoriels qui saturent le plus rapidement. C'est souvent en analysant les dernières crises que l'adulte peut les détecter pour trouver une solution afin que cela ne se reproduise pas.

Zoom sur une situation concrète :

Problème du bruit à la cantine (parfois plus fort que dans une salle de concert !) : est-ce que l'enfant peut être autorisé à pique-niquer dehors ? à s'isoler avec un casque anti-bruit après ou pendant le repas ? est-ce qu'il est possible que l'enfant mange moins souvent à la cantine ?

Problème du tourbillon incessant des enfants pendant la récréation qui sur-stimule visuellement l'enfant : peut-être peut-il passer un petit temps tranquille dans son coin avec les yeux fermés ? peut-il faire une activité qui lui plait mais en solo ?

Problème de l'excitation ou du stress de l'enfant dans les grands espaces type supermarché (très grand et très lumineux, avec plein de produits et beaucoup de visages inconnus) : est-il possible que l'adulte fasse les courses par drive ? est-ce que l'enfant peut être confié aux grands-parents ou à d'autres parents plutôt que d'aller au supermarché ?

Problème de la balade du dimanche qui finit toujours mal car l'enfant, s'il a besoin de s'aérer, a aussi besoin d'un moment de ressourcement seul dans son coin : est-ce qu'un parcours plus court peut être fait avec l'enfant, quitte à ce que l'adulte reparte s'il a besoin de s'aérer un peu plus longtemps ?

Problème pour faire des bisous aux proches car, souvent, les enfants hautement sensibles trouvent ce moment gênant ou trop intime pour eux : peut-on lui permettre de dire bonjour par un signe de la main et expliquer le pourquoi aux autres adultes pour qu'ils ne se vexent pas et ne prennent pas ça personnellement ?

Eviter absolument de regarder ou d'écouter les informations en présence de l'enfant, surtout s'il est hautement sensible. Même s'il ne fait qu'entendre de loin les nouvelles du jour, cela crée une anxiété démesurée **car il n'a pas la maturité de relativiser ou de circonstancier ce qu'il entend**.

Il ne s'agit pas de le faire grandir dans une bulle mais de ne pas attiser une anxiété ou des émotions négatives auxquelles il est déjà enclin (empathie, ressenti plus fort, mise en lien avec d'autres cas de son vécu à lui, etc.), et ce jusque tard dans l'adolescente.

C'est éventuellement l'adulte qui le tient informé des évènements importants en choisissant ses mots et le moment (temps d'échange possible une fois la nouvelle sue, en évitant le moment de la soirée où, au moment du coucher, l'enfant aura tout le temps de retourner l'évènement dans sa tête une fois seul·e dans son lit, etc.).

• Comment communiquer plus efficacement avec l'enfant hautement sensible ?

Utiliser autant que possible une communication impersonnelle car l'enfant hautement sensible est généralement très réactif à la critique et n'aime pas décevoir l'autre. L'idée de la communication impersonnelle est de ne pas impliquer nominativement l'enfant mais de rappeler la règle qui s'applique à tous.

Vous pouvez dire :	Vous pouvez éviter de dire :
Celui qui a laissé la lumière des toilettes allumée doit penser à venir l'éteindre.	~~*Myriam ! Tu as encore oublié d'éteindre la lumière des toilettes ! Pour une enfant qui parle tout le temps d'écologie en plus, c'est plutôt bof !!!*~~

Les personnes qui viennent chez papy et mamie doivent être prêtes dans 5 minutes.	~~Medhi ! Tu es le seul à ne pas être prêt ! On part dans 5 minutes !~~

Autre astuce communicationnelle, autant que possible, **éviter les absolus :** les enfants hautement sensibles aiment les choses justes et exactes et s'il y a une exception à ce que dit l'adulte – et il y en a toujours –, une polémique peut éclater autour sur le thème de *"ce n'est pas vrai, ce n'est pas juste"* alors que la question n'est évidemment pas là. L'enfant peut alors se vexer ou s'insurger : ce n'est pas exact qu'il est toujours agressif quand il parle, qu'il n'est jamais sympa avec sa sœur, qu'il rechigne à chaque fois à faire ses devoirs et que tous les jours c'est la même chose, qu'il n'a rien fait pour aider, etc. Il y a forcément des exceptions, ce qui n'est évidemment pas le sujet, mais cela risque de le devenir avec ces enfants hautement sensibles.

Vous pouvez dire :	Vous pouvez éviter de dire :
De temps en temps ;	~~*A chaque fois ;*~~
Parfois ;	~~*Jamais ;*~~
Rarement ;	~~*Tous les jours ;*~~
Souvent/pas très souvent ;	~~*Toujours ;*~~
La plupart du temps ;	~~*Rien ;*~~
Régulièrement ;	~~*Tout ;*~~
Trop souvent/trop rarement ;	~~*Tout le temps ;*~~
Fréquemment ;	~~*Constamment ;*~~
Par moment ;	~~*Encore une fois ;*~~
Quelquefois ;	~~*Aucun ;*~~
Un peu trop souvent, etc.	~~*Continuellement, etc.*~~

Une remarque faite en installant une modération, si elle est juste, sera acceptée par l'enfant même si elle ne lui fait pas plaisir. Ce qui permettra de trouver une solution plutôt que de polémiquer sur l'exactitude de la remarque.

Vous pouvez dire :	Vous pouvez éviter de dire :
Souvent, le moment des devoirs est compliqué et ça ne se passe pas hyper bien !	~~*Tous les jours c'est la même chose ! Tu fais toujours tout pour ne pas faire tes devoirs !*~~
Trop régulièrement à mon goût, je suis obligé·e de te rappeler de mettre la table. C'est pas cool ! Tu sais qu'il y a un planning pourtant !	~~*Jamais tu ne penses à respecter le planning, à chaque fois je suis obligé·e de te demander de mettre la table !*~~

• Comment aider l'enfant hautement sensible à avoir une meilleure relation avec les autres ?

L'aider à ne pas attendre l'impossible des autres : ses amis, son frère, sa grand-mère, la maîtresse, le voisin, aussi bienveillants puissent-ils être, ne pourront peut-être pas atteindre son niveau de besoins, d'attention, d'empathie, d'engagement, de respect, de sincérité, etc. Les autres ne sont peut-être pas hautement sensibles ou, s'ils le sont, n'ont pas toujours la même haute sensibilité que l'enfant ou pas les mêmes solutions à une haute sensibilité commune.

Vous pouvez dire :

Tout le monde ne réagit pas pareil. Je pense que ça serait bien que tu en parles avec la personne en question pour comprendre pourquoi elle a fait/dit ça. Bref, mieux comprendre son mode d'emploi et donner le tien en expliquant ce que ça t'a fait.

• Comment aider l'enfant hautement sensible à s'apaiser émotionnellement ?

💡 Penser à toutes les solutions énoncées dans les autres chapitres de ce livre sur la gestion des émotions et de l'anxiété :

→ La **cohérence cardiaque** et la **méditation** pour l'apaisement (chapitre sur la gestion du stress) ;

→ Les **3- et 3+** du jour pour l'extériorisation des émotions (chapitre sur l'importance de la gestion des émotions et sentiments) ;

→ Trouver dans une liste l'**émotion exacte** que l'on ressent (chapitre sur l'importance de la gestion des émotions et sentiments) ;

→ **Dessiner** ce qui embête le cœur ou la tête ou le corps (chapitre sur la colère) ;

→ Trouver l'**émoticône** représentant ce que l'enfant ressent en se servant du smartphone de l'adulte pour extérioriser les émotions (chapitre sur l'importance de la gestion des émotions et sentiment).

💡 **Pourquoi ne pas prendre date régulièrement avec quelqu'un de confiance ? Quitte à l'annuler si tout va bien !** En effet, les enfants hautement sensibles ont souvent besoin, plus que les autres enfants, de consulter un adulte doué en psychologie de l'enfant avec lesquels ils se sentent en confiance pour parler d'eux et de ce qu'ils vivent. Ça peut être leur médecin traitant, un·e psychologue ou psychopraticien·ne, un oncle, une marraine, etc. Il peut être utile de prévoir un temps privilégié entre cette personne et l'enfant aux moments stratégiques de l'année : septembre (point sur rentrée scolaire et vacances), décembre/janvier (les enfants sont souvent fatigués à cette période), avril/mai (bilan de "fin" d'année, perspectives pour les vacances ou l'année scolaire suivante). **L'adulte peut prendre date par anticipation** et demander une semaine avant le rendez-vous à l'enfant s'il a envie de cette entrevue. Si "oui" le rendez-vous est confirmé, si "non" le rendez-vous est annulé.

LES QUESTIONS EDUCATIVES LES PLUS FREQUENTES

Le haut quotient intellectuel

POURQUOI ?

Qu'est-ce que le haut quotient intellectuel (H.Q.I.) ?

Ce concept est très à la mode en ce moment sous le nom de précoce, zèbre, haut potentiel intellectuel, haut quotient intellectuel (H.Q.I.), surdoué. Il n'y aurait pourtant que **3% de la population** à avoir un quotient intellectuel égal ou supérieur à 130.

Comme dans toute catégorisation, l'étiquette n'est là que pour donner une première grille de lecture car, bien évidemment, il y a **autant de sortes de H.Q.I. que de H.Q.I.** eux-mêmes. **Leurs problématiques peuvent être rencontrées chez les "normaux-pensants"** (c'est le terme consacré), tout comme les normaux-pensants peuvent rencontrer certaines des difficultés que rencontrent les H.Q.I.

Il ne sera pas ici question d'un débat sur la validité ou non de ces classifications, sur l'intérêt ou pas d'une passation de test de Q.I., mais d'un éclairage sur le mode de fonctionnement spécifique des enfants H.Q.I.

Par précaution, il y a lieu de souligner qu'**il y a souvent confusion entre la haute sensibilité et le haut quotient intellectuel** car certaines manifestations de l'un peuvent être très proches de l'autre. Pour autant, même conséquences ne veulent pas dire mêmes causes, ce qui rend parfois la distinction entre les deux plus complexe qu'il n'y parait.

Zoom sur une situation concrète :

Sur certains sujets, la personne hautement sensible va être très pertinente car elle **engrange beaucoup d'informations** et les traite plus en profondeur que les normaux-sensibles. La personne haut Q.I., elle, sur le même sujet, va être très pertinente car elle est capable d'**aller très vite** dans la collecte d'informations et d'élaborer rapidement une stratégie intellectuelle sur le sujet en question. Le résultat pourra sembler "hors norme" dans les deux cas, mais les compétences utilisées pour y parvenir n'ont rien à voir.

Scolairement, une personne hautement sensible pourra décrocher de certains apprentissages car elle sera en saturation, tandis qu'un H.Q.I. pourra faire la même chose mais, au contraire, par manque de stimulation (ce qui ne veut pas dire qu'il a compris, d'ailleurs). Encore une fois, le résultat pourra être le même mais pour des raisons très différentes (trop *versus* pas assez).

Quel est l'intérêt de repérer le haut potentiel intellectuel ?

Identifier si l'enfant est H.Q.I. permet :
- de mieux **connaître son mode de fonctionnement** ;
- de l'aider à **mieux comprendre et s'adapter** dans les relations aux autres (amis, école, famille, sport) ;
- d'**identifier ses besoins spécifiques** et mettre en place des stratégies pour **qu'il se sente plus à l'aise dans sa vie** ;
- d'**accepter le rythme intellectuel des autres** afin ne pas se sentir exclu en pensant qu'il est bizarre, ni exclure les autres en les pensant idiot·e·s ;
- de **développer le goût de l'effort** dans les domaines qui attirent moins les H.Q.I. ou dont ces enfants ne comprennent pas l'utilité.

Comment repérer le haut potentiel intellectuel ?

• Intellectuellement :
- L'enfant H.Q.I. se pose et pose **beaucoup de questions** ;
- L'enfant H.Q.I. maitrise assez tôt la syntaxe et utilise à bon escient des **mots complexes et inhabituels** pour son âge ;
- L'enfant H.Q.I. a une grande **curiosité intellectuelle** (souvent beaucoup de "pourquoi") et une **mémoire XXL** ;

- L'enfant H.Q.I. aime la **logique** et a besoin de comprendre le sens de ce qu'il fait ;
- L'enfant H.Q.I. peut avoir un **sens critique** très développé et des avis très tranchés. Il peut donc être difficile de le faire changer d'avis, car cela nécessite qu'il accepte de changer sa logique (qui, selon lui, fonctionne et c'est souvent vrai !) ;
- L'enfant H.Q.I. aime la **complexité** et la **vitesse** ;
- L'enfant H.Q.I. aime la **précision** et pourra parlementer car il ne comprend pas que les autres n'en aient pas autant besoin (*Tu as dit qu'on partait à 8h30 et il est 8h28 !!!*).

• Scolairement :
- L'enfant H.Q.I. peut avoir un **graphisme de médecin** en fin de carrière car sa main va moins vite que sa pensée ;
- L'enfant H.Q.I. **ne trouve pas toujours la réponse simple et évidente**, il cherchera du complexe qui le fera parfois passer pour un·e idiot·e car il partira dans des raisonnements farfelus ;
- Sa pensée allant vite, lors d'exercices, l'enfant H.Q.I. peut avoir **le résultat sans réussir à expliquer comment** il l'a obtenu ;
- Quand quelque chose ne l'intéresse pas, l'enfant H.Q.I. peut survoler l'apprentissage et **croire savoir, avoir compris**... alors que ce n'est pas toujours le cas ;
- L'enfant H.Q.I. **n'aime pas les répétitions**, il peut s'impatienter (perturber la classe) ou se démobiliser (tête sur la table, soupirs) quand une nouvelle notion est répétée plusieurs fois alors qu'il l'a déjà comprise (ou *croit* l'avoir comprise en ce qui concerne les apprentissages qui ne l'intéressent pas) ;
- Il ne lui est **pas toujours facile de s'organiser.** D'une part, parce que l'enfant H.Q.I. aime aller vite et que le concret l'intéresse moins car il faut généralement une certaine lenteur pour faire les choses. D'autre part, ses idées allant souvent beaucoup plus vite et étant beaucoup trop nombreuses, il ne lui est pas toujours facile de les mettre en ordre pour obtenir le résultat souhaité ;

- L'enfant H.Q.I. **peut être en difficulté face à l'effort** car, d'habitude, son cerveau lui donne rapidement et automatiquement la solution... mais s'il s'agit de sujets pour lesquels son cerveau ne donne pas naturellement la solution, l'enfant H.Q.I. peut rechigner à s'investir, surtout s'il n'en comprend pas l'intérêt ou s'il n'a pas de curiosité particulière pour ce sujet.

• Corporellement :
- L'enfant H.Q.I. peut avoir **du mal à se mettre en action et se décourager vite** car il ne sait pas comment s'organiser pour agir. Il peut avoir tendance à rêver sa vie, ne pas concrétiser ses projets, car la réalisation est beaucoup plus lente, fastidieuse et laborieuse que ses capacités intellectuelles. En conséquence, il a parfois **peu de sens pratique** ;
- L'enfant H.Q.I. peut parfois **ne pas investir son corps**, négliger son hygiène (corporelle, alimentaire) car il considèrera son corps comme un simple outil qui transporte son cerveau.

• Relationnellement :
- L'enfant H.Q.I. **peut être rabaissant ou blessant avec les autres** sans s'en rendre compte – ce qui est moins vrai s'il est aussi hypersensible – (*Ben quoi, j'ai rien dit ! C'est vrai que c'est facile les additions ! C'est pas de ma faute s'il comprend rien !*) ;
- **La lenteur des autres peut l'agacer** (*C'est bon là ! On a compris les règles ! On peut jouer !* ou *On a compris les divisions, on ne va pas refaire encore des exercices !*) ;
- L'enfant H.Q.I. peut **se sentir en décalage avec les autres enfants** : centres d'intérêt différents, vocabulaire différent, logique différente...

Quels sont les principaux profils des enfants H.Q.I. ?

Maureen Neihart et George Betts, chercheurs américains, ont établi six profils de H.Q.I. Leurs travaux sont particulièrement intéressants car ils tordent le cou aux idées reçues sur les H.Q.I. qui seraient *tous* des gens extrêmement intelligents et en réussite scolaire

Voici les six profils très succinctement résumés :

- **Le H.Q.I. discret** qui nie son H.Q.I. et qui est très caméléon ;

- **Le H.Q.I. doublement exceptionnel** car son H.Q.I. se mélange avec d'autres spécificités (dyslexie, dysorthographie, dyspraxie et tous les troubles "dys", hyperactivité, troubles de l'attention, etc.). Ses résultats scolaires sont souvent faibles ou moyens, il ne comprend pas le système d'apprentissage traditionnel ;

- **Le H.Q.I. autonome** qui travaille en autonomie, est plutôt enthousiaste, définit lui-même ses objectifs et a généralement de bonnes compétences sociales ;

- **Le H.Q.I. décrocheur** qui participe irrégulièrement en cours, se néglige et s'isole, est souvent sur la défensive, a des résultats scolaires moyens ou faibles ;

- **Le H.Q.I. brillant** qui est bon élève, qui sait se conformer aux exigences scolaires et familiales, a souvent sauté une classe et/ou s'enrichit d'apprentissages non scolaires ;

- **Le H.Q.I. provocateur** qui se contrôle difficilement, a peu de méthodes de travail, est franc et direct, critique les règles et défend ses opinions avec véhémence.

Source : Betts, G. T. & Neihart, M. (1988). Profiles of the Gifted and Talented. Gifted Child Quarterly.

COMMENT ?

• Intellectuellement :

💡 Autant que possible, **répondre à ses questions et lui permettre de trouver seul·e des réponses** : livres, documentaires télévisuels, visites guidées pour enfants, rencontre avec un adulte spécialiste du domaine...

Le·a féliciter sur la précision de ses mots et la construction élaborée de ses phrases.

> <u>Vous pouvez dire :</u>
> *Effectivement, aller chez Mamie comme convenu ou accepter l'invitation de ta copine, c'est vrai, c'est un choix "cornélien". Tu l'as très bien dit : c'est un choix impossible entre ce que tu as dit que tu ferais et ce que tu as envie de faire. Bravo ! C'est très juste d'employer ce mot pour cette situation !*

Lui expliquer le sens de ce qu'on lui demande.

> <u>Vous pouvez dire :</u>
> *Mettre la table n'est pas une activité passionnante, je suis d'accord, mais dans une équipe, chacun doit faire des actions qui bénéficient à tout le monde. Mettre la table fait partie de tes actions d'aujourd'hui.*

Lui demander d'expliquer ses décisions et lui **proposer des idées ou points de vue différents** pour le faire évoluer dans son raisonnement et développer son sens critique.

> <u>Vous pouvez dire :</u>
> *Est-ce que tu pourrais m'expliquer pourquoi tu penses que ton enseignant ne t'aime pas ? [...] Est-ce que tu crois vraiment que c'est parce qu'il ne t'aime pas qu'il t'a puni ? ou est-ce qu'il est aussi possible qu'il t'ait puni parce que c'est ce qui est prévu par la Loi de l'école quand on injurie quelqu'un ?*
> *Est-ce que, si on suit cette logique, ça veut dire que, quand moi je te punis, je ne t'aime plus non plus ? Parce que moi je suis sûr que même quand tu fais des bêtises, je continue à t'aimer !*

Essayer de **comprendre sa logique plutôt que de la décrédibiliser** car sa logique est souvent juste compte tenu de ce qu'il sait.

Vous pouvez dire :

Tu penses que je suis une menteuse parce qu'on n'est pas allés au parc comme je te l'avais dit. C'est vrai qu'une menteuse, c'est quelqu'un qui dit quelque chose de faux... mais elle le fait exprès. Est-ce que tu crois que quand je t'ai dit qu'on allait aller au parc, je savais déjà qu'on n'irait pas ?

Si tu crois ça, alors, tu as tes raisons à toi de penser que je suis une menteuse. Moi, je peux te dire que je n'aime pas ne pas tenir mes engagements et que je sais dire "non" à un enfant et que si j'avais prévu qu'on n'aille pas au parc, je t'aurais simplement dit que ça n'allait pas être possible.

Lui permettre d'accéder à des choses plus complexes que d'autres enfants de son âge.

Zoom sur une situation concrète :

- Jouer aux Lego et ranger les Duplo ;
- Faire des puzzles de 200 pièces et pas de 36 pièces ;
- Commencer avant l'âge requis les mots croisés, les échecs, les sudokus, les mots mêlés, les réussites, les tours de cartes, etc.

Accepter son besoin de **précision** tout en lui expliquant que tout le monde n'a pas le même besoin.

Vous pouvez dire :

Tu as raison, il est 8h28 et je t'ai dit qu'on partait à 8h30. Pour certaines personnes, c'est quasiment pareil et à la fois il y a 2 minutes de différences et ce n'est pas pour rien qu'on ne compte pas les minutes de 10 en 10. Souvent, les adultes, quand ils visent de partir à 8h30, donnent cet horaire précis en pensant dans leur tête à une marge d'imprécision, du style entre 8h25 et 8h35. C'est vrai que ce n'est pas logique mais mieux vaut que tu le saches car c'est assez fréquent et ça risque de t'attirer des ennuis si tu le fais remarquer à certains adultes.

C'est vrai que je t'ai dit de mettre ton pantalon et que ça c'est un legging et que ce n'est pas pareil. Je comprends maintenant pourquoi tu es en culotte dans le salon. Peux-tu mettre ton legging s'il te plait ?

Concernant les passions ou centres d'intérêt qu'il ne peut pas partager avec ses camarades de classe, on peut **chercher des associations spécialisées dans le domaine de prédilection de l'enfant** pour qu'il puisse développer tout son potentiel dans ce domaine et prendre du plaisir à être avec des "spécialistes".

• Scolairement :

Pour faire comprendre à l'enfant H.Q.I. **l'intérêt d'écrire plus lentement (et donc souvent plus lisiblement)**, l'adulte peut lui proposer de faire un jeu :

Petit jeu pour aller mieux :
Avec un minuteur réglé sur 5 minutes, demander à l'enfant de recopier le plus vite possible un texte.
Puis recommencer l'expérience en lui demandant d'écrire (sans s'arrêter) plus calmement en allant jusqu'où il peut dans le texte pendant le même temps de 5 minutes.
Souvent l'écart est faible… voire fréquemment en faveur de la 2ème expérience… et l'écriture est beaucoup plus lisible dans le second cas.

Si ce n'est pas le cas ou que cela ne suffit pas, l'aide d'un·e psychomotricien·ne est souvent précieuse, surtout si il·elle est formé·e au suivi des H.Q.I. Les associations de H.Q.I. ont généralement un bon carnet d'adresses.

Afin que l'enfant H.Q.I. comprenne mieux ce qu'on attend de lui comme type de réponses ou pour l'aider à accéder à une réponse simple, l'adulte peut lui demander **quelle serait l'explication que donnerait un enfant beaucoup plus jeune que lui ou comment expliquerait-il cette notion à un enfant beaucoup plus jeune**.

> Vous pouvez dire :
> *Si tu devais l'expliquer à ton petit cousin de 5 ans, qu'est-ce que tu lui dirais ?*
>
> *Imagine que tu as 6 ans, l'âge du petit voisin Malo, tu répondrais quoi ?*

Pour aider l'enfant H.Q.I. à expliquer son raisonnement, l'adulte peut **lui faire remonter le fil de ses idées jusqu'à la question** : *Tu as trouvé D parce que tu penses à C, tu penses à C parce ça vient de B et B est la réponse de A parce que ….* Parfois, l'enfant saute une étape et l'adulte peut lui demander le lien entre B et D. C'est généralement beaucoup plus efficace d'aller à rebours que d'aller de la question à la solution.

Admettre sans jugement que certains sujets sont plus intéressants que d'autres selon les gens et les moments de vie, **sans essayer de convaincre** (~~*Ça te sera utile plus tard si tu veux être …*~~).

> Vous pouvez dire :
> *C'est sûr qu'apprendre les tables de multiplication alors qu'on vit au milieu de plein de machines qui peuvent donner le résultat et qu'il suffit de dire "OK Google, combien font 6x7"… Je comprends*

qu'à ton âge, on trouve ça débile. Maintenant, j'ai bien des petites idées qui font que ça ne serait pas complètement crétin que ça d'apprendre par cœur des tables... mais on va se concentrer sur ce qu'on te demande : même si c'est naze, pour demain, il faut que tu saches ta table de 6 sur le bout des doigts.

Face à un enfant qui croit savoir et qui, souvent, accuse l'adulte de ne pas lui faire confiance quand il veut contrôler ce qui a été appris, **expliquer que le rôle de l'adulte est de vérifier ce que l'enfant a compris.**

Vous pouvez dire :

J'ai entendu que tu me dis que tu sais et c'est sans doute vrai. Mon rôle est de vérifier ça, je vais te poser 3 questions que je vais choisir.

Si les réponses sont bonnes, alors on arrête et on ne fera pas toutes les vérifications.

Si ce n'est pas complètement ça, on revoit tout... malheureusement pour tous les deux car tu n'aimes pas refaire les devoirs, et moi je préférerais faire autre chose qu'une leçon sur Napoléon.

Il est aussi très important d'apprendre à l'enfant H.Q.I. que **son cerveau ne va pas à la même vitesse que celui des autres pour certains apprentissages** et qu'il a besoin de moins de temps dans ces domaines-là mais que d'autres apprendront plus vite d'autres choses (relations humaines, sport, sens pratique, collaboration, sport, etc.).

Personne n'est plus ou moins qu'un autre être humain, nous sommes tous différents et accepter les différences de l'autre est un vrai travail.

Aider l'enfant H.Q.I. à **s'organiser en décortiquant les actions à mener** pour arriver au résultat escompté.

Vous pouvez dire :

Quand on doit faire ça, on a besoin de quoi ? Et ensuite on commence par quoi ? Et on termine par quoi ? Et entre les deux on fait quoi ?

Pour **stimuler le goût de l'effort** des enfants H.Q.I., l'adulte peut prendre soin de **diviser l'apprentissage qui pose problème en plus petits morceaux** pour que chaque étape atteinte permette à l'enfant d'être en stratégie de réussite.

Vous pouvez dire :

Une dictée de 12 mots pour mardi ? C'est sûr que ça fait beaucoup !

Et si on faisait 3 mots nouveaux par jour pendant 4 jours :

- mercredi = 3 mots nouveaux ;

- jeudi = 3 mots déjà vus et 3 mots nouveaux ;

- vendredi = 6 mots déjà vus et 3 mots nouveaux ;

- samedi = 9 mots déjà vus et 3 mots nouveaux ;

- dimanche = pause ;

-lundi = révision de 12 mots de la dictée pour le lendemain !

L'adulte peut aussi **rappeler à l'enfant des apprentissages passés et les étapes qui ont été nécessaires** pour les réussir :

Zoom sur une situation concrète :

L'apprentissage du vélo :

- ne pas vouloir faire du vélo ;
- puis faire de la trottinette pour acquérir l'équilibre ;
- puis commencer le vélo avec les petites roues ;

- puis se faire mal quand Tonton Jean a forcé à enlever les petites roues ;
- puis avoir le courage de remonter quand même sur le vélo ;
- puis faire du vélo en zigzaguant ;
- puis faire du vélo quand il n'y a pas de voitures ;
- puis faire du vélo sur la route ;
- puis faire du vélo longtemps pour une sortie en famille...

Personne ne passe de "ne pas faire du vélo" à "faire du vélo longtemps" sans une multitude d'étapes et, le premier jour, personne ne pense pouvoir partir un jour pour une balade dominicale de 2h !

Idem pour apprendre à lire, à marcher, à nager...

• Corporellement :

Aider l'enfant H.Q.I. à **prendre conscience de son corps** à travers différentes activités selon ses affinités : méditation ou sophrologie, sport, massage, théâtre, chant, bricolage, pétrir du pain...

Etablir des **règles de base minimum en matière d'hygiène** pour toute la famille :

- lavage de dents = 2/jour ;
- douche = 1/jour ;
- laver les cheveux = mardi, jeudi, dimanche ;
- couper les ongles = le dimanche ;
- changer les sous-vêtements et le tee-shirt tous les jours ;
- Se laver corps et cheveux quand on a beaucoup transpiré ou fait du sport ;
- Changer de pyjama 2 fois par semaine...

Pour certains enfants, tout ceci n'est pas si évident.

• Relationnellement :

Expliquer à l'enfant H.Q.I. que **l'autre n'est pas bête s'il comprend moins vite que lui et que la facilité ou la rapidité d'apprentissage dépend des activités**.

Vous pouvez dire :
C'est sûr que pour toi qui es excellente en géométrie, voir que tes copines ne comprennent toujours pas la différence entre un triangle isocèle et un triangle rectangle, tu dois penser qu'elles sont teubées... mais c'est juste qu'elles apprennent plus lentement que toi sur ce domaine. Elles ne sont pas teubées, elles apprennent à une vitesse normale et toi, dans cet apprentissage, tu apprends nettement plus vite.
Il y a d'autres domaines où elles apprennent plus vite que toi et je pense que tu n'apprécierais pas qu'elles te traitent de teubée dans ces moments-là !
Qu'est-ce que tu pourrais faire quand tu as terminé avant elles ? Tu en as déjà parlé à ton enseignante ?

Valider son analyse pertinente des situations en rappelant à l'enfant H.Q.I. que **toutes les vérités ne sont pas bonnes à dire et que, même s'il a raison, pour parler ou agir, il faut avoir le droit de le faire.**

A l'école, c'est le·a maitre·sse qui a le droit donner son avis sur des apprentissages, c'est aussi lui·elle qui a le droit de réprimander ou punir si un enfant se conduit mal, ce n'est pas à un enfant de le faire, même s'il sait quoi faire et qu'il a raison sur ce qui doit être fait.

A la maison, le·a chef·fe est maman ou papa, si quelque chose doit être dit à un enfant, seuls eux ont droit de le faire.

Vous pouvez dire :

Tu as raison, ton frère doit être puni parce que son comportement est inadmissible. Tu as raison mais la Loi, ici, c'est moi qui la fais appliquer. Ce n'est pas parce que tu as raison que tu as le droit de dire ou faire les choses. C'est comme si je disais à un policier quoi faire face à un voleur : j'ai peut-être raison, je sais peut-être même mieux que lui, mais je n'ai pas le droit d'agir… même si j'ai raison !

Dans le cas de ce qui vient de se passer, tu n'as pas le pouvoir de réprimander ou sanctionner ton frère, c'est mon boulot d'adulte. Si tu le fais à ma place, tu vas t'attirer des ennuis parce que tu outrepasses tes droits, tu te mets en faute alors que tu n'avais rien à te reprocher et que tu avais raison ! C'est dommage et tu risques de te faire punir d'être intervenu alors que tu n'en avais pas le droit !

• La communication avec l'enfant H.Q.I. :

Communiquer avec l'enfant H.Q.I. en intégrant son point de vue comme légitime et, par étapes, **l'amener à entrevoir des pistes différentes de solutions par des questions** (plutôt que par des affirmations qu'il rejettera). En effet, il s'opposera à une solution dont il ne comprendra pas le sens et, si elle parait inadéquate à l'adulte, la solution de l'enfant lui parait très juste… puisque c'est la sienne !

Son point de vue n'était pas idiot mais l'enfant n'a peut-être pas toutes les informations pour trouver la meilleure solution et c'est normal car certaines choses s'apprennent avec l'expérience, des apprentissages plus complexes et la maturité.

Vous pouvez dire :

Ta solution me semble très intéressante et je comprends bien tes explications. C'est donc normal que tu penses ça.

J'ai pensé à quelque chose : comment peut-on expliquer que ça ne marche pas dans ce cas-là ? Comment pourrait-on trouver une autre solution ou une autre idée qui marcherait à tous les coups ?

Déjà évoquée au chapitre sur l'enfant hautement sensible, la **communication impersonnelle** est généralement très efficace avec les enfants H.Q.I. et évite bien des altercations ! En effet, l'enfant H.Q.I. aimant la performance et l'exactitude, il ne prend généralement pas très bien d'être pris en défaut. Ici, il s'agit un peu d'une question d'ego (là où ce sera plutôt une question de ne pas aimer décevoir l'autre pour les enfants hautement sensibles). L'idée de la communication impersonnelle est de rappeler la règle à tous et ne pas pointer du doigt le fautif présumé.

Vous pouvez dire :	Vous pouvez éviter de dire :
Celui qui n'a pas tiré la chasse d'eau doit penser à le faire !	~~*Pierre ! Tu as encore oublié de tirer la chasse d'eau ! Viens le faire tout de suite !*~~
Je rappelle à chaque membre de cette famille que, chez nous, on se lave les mains avant de passer à table.	~~Sarah, t'es-tu lavé les mains avant de passer à table ? Il faut que je te le dise encore tous les jours alors que tu as 14 ans ?~~

Dernière astuce qui est aussi un point commun avec les hypersensibles mais pas pour les mêmes raisons, les enfants H.Q.I. aimant la précision, **éviter autant que possible les absolus** : ~~jamais~~, ~~toujours~~, ~~à chaque fois~~, ~~tous~~, ~~tout le temps~~, ~~rien~~, etc. Vos remarques seront écoutées si elles sont justes. Or, ce n'est pas vrai qu'il·elle ne range JAMAIS sa chambre, il·elle l'a peut-être au moins déjà fait quelques fois. L'enfant H.Q.I. est très sensible à l'exactitude et une seule exception à ce que l'adulte dit le fera "bugger" et tergiverser beaucoup plus que la règle en elle-même.

Préférer les tournures où les exceptions, les nuances, ont leur place comme : la plupart du temps, souvent, pas très souvent, de temps en temps, fréquemment, rarement, par moment, etc.

🙂 Vous pouvez dire :	🙁 Vous pouvez éviter de dire :
Tu ne sors pas très souvent le chien sans râler, peux tu y penser pour la prochaine fois parce que je trouve ça nul ?	~~Il y a toujours une bonne raison de ne pas le faire à chaque fois que je te demande de sortir le chien !~~
Tu n'as pas toujours des réactions géniales quand ton frère a des mauvaises notes, je pense que tu es assez intelligent pour comprendre que, primo, ça ne te regarde pas, et secundo, ça va t'attirer des ennuis !	~~Mais pour qui te te prends ! Tu crois que, parce que tu as de bonnes notes, tu es plus malin que lui ? Tu veux que je te rappelle quand tu avais peur de sauter du bord de la piscine et que tu as failli pleurer comme un bébé ?~~

Toutes les astuces du chapitre sur "Communiquer efficacement avec l'enfant" sont également particulièrement utiles à mettre en place avec les enfants H.Q.I., ainsi que celles du chapitre sur "Les relations avec les autres enfants".

LA SCOLARITE

Donner du sens à l'école

POURQUOI ?

La scolarisation a **deux buts : la sociabilisation et l'apprentissage**.

La sociabilisation est l'**acquisition de codes sociaux pour vivre en communauté** :
- en respectant les autres et en se faisant respecter d'eux ;
- en apprenant à collaborer mais également à respecter des règles de vie commune, même si elles ne profitent pas directement à l'enfant ;
- en intégrant des points de vue différents du sien ;
- en développant un libre arbitre et un esprit critique.

L'apprentissage, lui, permet à chaque enfant d'acquérir des compétences de base afin qu'il ait **un maximum de chance de devenir celui qu'il souhaite être** :
- en apprenant à apprendre ;
- en mettant du sens sur ce que l'on fait ;
- en développant des stratégies pour mieux comprendre mais aussi mettre en question ses connaissances ;
- en initiant de la curiosité pour de nouvelles choses ;
- en approfondissant des connaissances sur des sujets importants.

A l'école, chacun a quelque chose à apprendre et chacun apprend les choses différemment : ceux qui savent apprennent à expliquer comment ils trouvent le résultat, ceux qui écrivent comme des médecins en fin de carrière apprennent à écrire plus lisiblement ; certains ont besoin d'apprendre à lever la main quand d'autres ont besoin d'apprendre à ne pas donner la réponse tout haut sans qu'on les interroge ou à ne pas être énervé de ne pas donner la bonne réponse, etc.

Les enfants sont souvent soulagés de se voir expliciter ces deux aspects de l'école car, **quand ils se sentent compétents dans l'un, ils le sont parfois moins dans l'autre** :
- pour un enfant qui entre laborieusement dans les apprentissages, apprendre qu'être apprécié de ses camarades et/ou de l'enseignant fait aussi partie de son devoir d'élève, c'est souvent très valorisant et cela évite un dénigrement ;
- pour un enfant qui est en difficulté relationnelle, savoir que la sociabilisation n'est pas innée et qu'elle fait donc partie d'une des missions de l'école, peut le rassurer et lui permettre de focaliser son attention vers un objectif scolaire auquel il n'aurait pas pensé : apprendre à être élève et à développer ses compétences sociales.

COMMENT ?

Quand un **enfant se compare négativement aux autres** enfants, on peut lui proposer d'observer très attentivement ses camarades, **à la manière d'un détective ou d'un espion**, pour découvrir ce que chaque enfant a à apprendre :

Fiche d'observation du : (jour)	
Quoi ?	Qui ?
Avoir une attitude civilisée (pas de violence, pas de gros mots, etc.)	
Apprendre à lever la main pour avoir son tour de parole	
Être humble (arrêter de faire son·a crâneur·se)	
Savoir gérer ses émotions (ne pas pleurer dès qu'un truc ne va pas)	
Rester assis sans gigoter (ne pas bouger sur sa chaise)	
Gérer son espace de travail (ne pas faire tomber ses affaires)	
Mieux noter les devoirs et prendre tout ce qu'il faut pour les faire	
Colorier en respectant les limites (sans dépasser)	
Manger proprement à la cantine	
Prêter le ballon au foot	
Être plus attentif·ve (être moins dans la lune)	
Penser à prendre sa boite de goûter	
Dire bonjour en passant devant le·a maître·sse	
Être tolérant·e à propos des attitudes des autres (ne pas critiquer)	
Laisser chacun décider à son tour (ne pas faire son·a commandeur·se)	
Avoir pensé à faire signer son cahier ou les documents remis, etc.	

L'adulte peut même demander à l'enfant, en secret toujours, de trouver un truc que son·a professeur·e doit apprendre (ça marche aussi avec les autres adultes !).

Se donner **un objectif d'amélioration par semaine** : penser à mettre les barres sur les "t" ou les accents ou les majuscules ou les points en fin de phrase, oser lever la main pour donner une réponse, se souvenir de lever la main avant de répondre ou de rester calme si l'on n'est pas interrogé, etc. L'idéal est de définir l'objectif avec l'enfant : l'objectif doit être formulé de manière positive (pas de "ne… pas", voir le chapitre "Communiquer efficacement avec l'enfant") :

Vous pouvez dire :	Vous pouvez éviter de dire :
Souviens-toi de mettre un point sur les "i".	~~N'oublie pas de mettre un point sur les "i".~~
Reste calme quand le·a maître·sse interroge quelqu'un d'autre alors que tu as levé la main.	~~Ne t'énerve pas quand le·a maître·sse interroge quelqu'un d'autre alors que tu as levé la main.~~
Garde la tête haute comme si elle était accrochée au plafond pour rester attentif.	~~Ne pose pas ta tête sur la table quand ça ne t'intéresse pas.~~
Reste calme quand tu ne comprends pas l'exercice tout de suite.	~~Ne t'énerve pas quand tu ne comprends pas ou quand tu n'y arrives pas du 1er coup.~~
Respire profondément quand la solution n'est pas facile à trouver.	~~Ne panique pas quand tu n'y arrives pas.~~ ~~Ne stresse pas pour rien !~~

A chaque fois que l'enfant y arrive, il peut faire une croix au stylo Bic sur son avant-bras (ou sur une feuille !) et, chaque soir, l'adulte inscrit sur un agenda ou un tableau le nombre de **croix de réussites du jour** :

Challenge : Penser à mettre des majuscules en début de phrase				
Lundi	Mardi	Mercredi	Jeudi	Vendredi
12	34	13	27	41

Quand un enfant a besoin de **comprendre l'utilité de faire des efforts**, l'adulte peut lui expliquer que l'on sait aujourd'hui que le cerveau peut se modifier, se réparer, se reprogrammer et donc apprendre tout au long de la vie (évidemment, avec le temps, comme tout système biologique, le cerveau peut se détériorer ou, plus vraisemblablement, se réparer moins vite… mais ce n'est pas la question à son âge !)

Pour mieux expliquer l'utilité de l'effort aux enfants, on peut **comparer le cerveau à un muscle**.

Métaphore :

Sans muscle en bon état, l'être humain ne peut pas avoir de liberté car il est prisonnier de son corps qui est tout mou. Le corps a besoin d'un peu d'effort, d'exercices, pour que les muscles restent efficaces pour pouvoir se lever, bouger, courir, danser, sauter, etc.

C'est la même chose pour le cerveau : il a **besoin d'exercices pour se développer, pour être plus fort et efficace** que l'on soit jeune ou que l'on soit vieux !

Si l'on pense aux muscles d'un bébé : quand il est tout petit, ses muscles sont forts comme… du yaourt ! Le bébé doit faire beaucoup – beaucoup ! – d'efforts pour réussir à se muscler pour tenir sa tête droite, puis être à quatre pattes, puis se hisser debout et enfin marcher.

De la même manière, son cerveau doit faire beaucoup – beaucoup ! – d'efforts pour se muscler et apprendre à babiller, puis dire papa et maman, puis parler, puis – quand il sera un peu plus grand – écrire, lire, compter, puis – bien plus tard – comprendre les équations du 3ème degré ou la programmation d'une machine ou la tenue d'un livre de comptes.

C'est parce qu'il fait des efforts que le cerveau se muscle et devient plus fort.

En conséquence, **faire des efforts régulièrement**, c'est muscler le cerveau pour pouvoir avoir la vie d'adulte qu'on souhaite plus tard, avec la liberté de faire ce que l'on veut (ou presque !).

Si le cerveau n'est pas musclé régulièrement, il perd de sa puissance et les capacités d'apprentissage ou de maintien des savoirs s'amenuisent petit à petit. Dans ce cas, il faudra faire d'ENORMES efforts pour récupérer les capacités qu'on aurait dû avoir si des petits efforts avaient été faits tous les jours.

A chaque fois que l'on réfléchit… on muscle le cerveau !
A chaque fois qu'on fait marcher sa mémoire… on muscle le cerveau !
A chaque fois qu'on fait un exercice… on muscle le cerveau !
A chaque fois que l'on se trompe… on muscle le cerveau !

Et quand on réussit enfin…
ça veut dire que le cerveau est bien musclé !

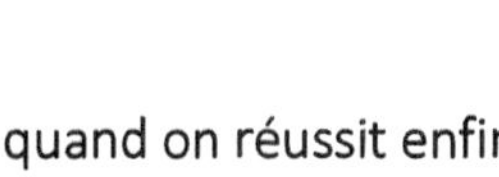

Aider l'enfant à comprendre **pourquoi certains apprentissages sont plus rapides** que d'autres et **pourquoi les erreurs sont utiles** pour plus tard.

Métaphore de la carte routière :

Apprendre, c'est tracer des routes dans le cerveau. Le cerveau du petit enfant comporte peu de routes, juste quelques grands axes pour lui permettre de faire les actes les plus simples de la vie courante.

Plus l'enfant grandit, plus il apprend et plus il crée des routes dans son cerveau jusqu'à ce que celui-ci devienne un réseau complexe où s'entrecroisent des autoroutes, des routes départementales, des routes communales, des voies de petites tailles, des chemins, des sentiers, etc.

Une autoroute ?

C'est lorsque l'enfant arrive vite au résultat lors d'un apprentissage. C'est souvent le cas quand l'enfant connait déjà un peu le chemin (révisions ou approfondissements de connaissances) ou que l'enfant a déjà pris des morceaux de la route (exercices semblables déjà effectués ou réutilisation du même type de raisonnement que lors d'un précédent apprentissage).

Une route sans issue ?

L'enfant apprend à se tromper et, surtout, prend de bons réflexes pour s'en rendre compte plus vite la prochaine fois. L'enfant pourra alors faire plus rapidement demi-tour pour trouver la bonne "route-solution". Il acquiert la compétence de ne pas s'entêter dans l'erreur, il apprend à renoncer à son idée ou sa logique si elle ne le mène pas au résultat escompté.

Une mauvaise route ?
L'enfant apprend que certaines routes sont intéressantes mais pour d'autres destinations que celle de la question posée. Son cerveau stocke des informations qui seront utiles une prochaine fois. Partir sur un mauvais raisonnement, c'est faire des apprentissages qui serviront à autre chose plus tard.

Une route départementale ? C'est un apprentissage que l'enfant connait quasiment parfaitement. A force de répétitions et d'entrainements, le chemin a été défriché puis élargi puis bitumé pour devenir une vraie route. La répétition et les exercices servent donc à rendre les réponses rapides et automatiques pour aller plus vite dans les apprentissages d'après.

Mais gare au GPS ! Un GPS, c'est une Grande Personne Soucieuse qui aide l'enfant à trouver la réponse au lieu de le laisser chercher le chemin seul vers la solution. Le problème du GPS, c'est quand l'enfant doit se débrouiller seul alors qu'il n'a pas trop fait attention à la route car le GPS le guidait à chaque fois qu'il était un peu perdu.

Evidemment, ce n'est pas très agréable quand, sur la route pour trouver la solution (en maths, en dictée, en lecture, en poésie…), l'enfant se perd, avance sans être sûr, revient en arrière, prend des détours, etc. Mais à chaque fois qu'il prend une route, même s'il se trompe, l'enfant fabrique de nouvelles connexions, de nouvelles routes, dans son cerveau.

Le GPS, c'est comme les antibiotiques : ce n'est surtout pas automatique !

💡 **Regarder avec l'enfant la vidéo intitulée "Le déclic" faite pour Academia par l'agence de publicité Havas Paris Seven**, disponible sur YouTube.

Souvent très appréciée des enfants/ados, cette vidéo explique de manière concrète et humoristique ce qui se passe dans le cerveau pendant le processus de réflexion. Une manière efficace de donner sens et intérêt aux apprentissages.

LA SCOLARITE

L'influence des émotions sur les apprentissages

POURQUOI ?

Les neurosciences ont permis de prouver que les neurones impliqués dans les émotions *(avec leurs neuromédiateurs : noradrénaline, dopamine...)* modulent le fonctionnement des 5 centres intégrateurs *(les neurones de la rétine + noyaux du thalamus et du colliculus + aires corticales occipitales + aires associatives temporales + lobes frontaux).*

Les émotions jouent un rôle capital dans les apprentissages et si elles sont trop présentes, l'enfant risque le décrochage scolaire qui engendre, s'il persiste : perte de confiance en soi, retard dans les apprentissages, irritabilité et possiblement repli sur soi.

Or, il y a beaucoup de choses qui peuvent perturber émotionnellement un enfant : problème relationnel avec quelqu'un, inquiétude pour un proche (problème de santé, mésentente du couple parental), fâcherie voire conflit avec une personne importante (enseignant·e, copain·ine·s, parent·s), parents en désaccord éducatif, tension dans la fratrie, décès dans la famille, inquiétude liée à une actualité préoccupante (attentat, désordre climatique), etc.

COMMENT ?

Evidemment, personne ne peut protéger l'enfant de certaines embûches normales de vie, l'adulte doit juste avoir conscience que cela peut avoir des répercussions sur les apprentissages quand les émotions prennent trop de place.

Si cela arrive, afin que l'enfant puisse comprendre ce qui se passe et garder confiance en lui, l'adulte peut **lui expliquer que les émotions agissent comme un filtre** qui, quand il est encombré, diminue ses talents d'apprentissage (attention, réactivité, mémoire, structuration de la pensée, etc.).

Vous pouvez dire :

Tu as déjà vu des enfants jouer sur la plage avec un seau, un tamis et du sable ? Quand ils remplissent le tamis avec du sable, le tamis retient les cailloux, les coquillages, les branchages, etc. Alors, le sable passe moins bien à travers le tamis.

Ton cerveau, c'est pareil : quand il y a trop d'émotions ou trop de choses qui t'embêtent, les apprentissages ont du mal à passer dans ton cerveau. C'est normal.

Il faut donc prendre le temps d'évacuer un peu les émotions qui encombreraient ton cerveau en en parlant avec quelqu'un de confiance, en tenant un journal intime, en courant très vite dans la cour de récré pour enlever la tension dans le corps ou le stress, en consultant un adulte pour trouver une solution...

Quand un enfant vit des choses pas drôles, c'est normal que, pendant un temps, il ait plus de mal à comprendre, apprendre, écouter. Tu peux être rassuré·e : c'est normal et temporaire, même si c'est très désagréable !

Est-ce que tu penses que je peux t'aider ou as-tu déjà une idée de quelque chose que tu pourrais faire ou quelqu'un d'autre à qui tu pourrais parler de ce qui te préoccuperait ?

Aider l'enfant à **prendre conscience de son état émotionnel, du degré d'encombrement émotionnel de son cerveau**, est une première étape particulièrement utile.

Vous pouvez dire :

Avant de commencer à travailler, tu pourrais me dire comment tu te sens en faisant un peu comme la météo à la télévision : tu te sens : soleil ? nuage ? ondées ? tempête ? brouillard ? éclaircies ?

Est-ce que tu as une idée pour améliorer ta météo ? Parce que plus la météo est bonne et plus il y a de chance que les apprentissages se fassent mieux et plus vite, alors ça vaut le coup !

Quand l'enfant n'a pas identifié le problème ou que son encombrement émotionnel vient de l'accumulation de plein de petites choses, les outils proposés dans le chapitre sur l'**extériorisation des émotions** sont évidemment une bonne idée à mettre en œuvre :

- Enoncer les **3- et 3+** du jour ;
- Trouver dans une liste l'**émotion exacte** ressentie ;
- **Dessiner** ce qui embête le cœur ou la tête ou le corps (du gribouillis illustrant la colère ou la confusion émotionnelle, à la schématisation précise du problème) ;
- Evaluer l'ampleur du problème avec le **-10/+10** (voir le chapitre sur les enfants hautement sensibles) ;
- Utiliser l'imaginaire **"Aujourd'hui je me sens comme..."** et l'enfant verbalise – s'il le peut – pourquoi il a choisi cet objet/animal/etc. ;
- Trouver l'**émoticône exact**, dans tous ceux proposés sur les smartphones, qui illustre son état émotionnel, etc.

Quand l'enfant sait mais ne veut pas parler de ce qui le préoccupe, l'adulte peut l'aiguiller vers des solutions.

Vous pouvez dire :
Je respecte complètement que tu n'aies pas envie de m'en parler. Je voudrais juste être sûr que tu sois en sécurité ou que tu ne gardes pas un problème que tu ne peux pas résoudre tout·e seul·e.
Avec qui pourrais-tu en parler : ton oncle ou ta tante, un cousin ou une cousine ? un grand-parent ? ton frère ou ta sœur ? ton instituteur ? un·e psychologue ?
Est-ce que cela serait plus facile d'en parler par écrit en échangeant des petits mots ? ou en se laissant des messages réciproques sur nos répondeurs téléphoniques ?
Est-ce qu'il y a quelque chose que quelqu'un peut faire ou dire pour diminuer le problème ?

Quand l'enfant pense qu'il n'y a pas de solution.

Vous pouvez dire :
Chaque problème a une solution. Parfois elle est facile à trouver, et parfois, elle est tellement compliquée à trouver qu'il faut de l'aide. Je te donne un exemple, si quelqu'un fait une tache sur un vêtement auquel il tient beaucoup beaucoup, il peut : nettoyer la tache lui-même, acheter un produit spécifique pour enlever ce genre de tache, donner le vêtement à nettoyer à un spécialiste, etc.

Parfois, quand on ne sait pas trop comment faire, on peut faire plus de bêtises en essayant de nettoyer la tache tout·e seul·e : faire en trou en frottant trop, étaler la tâche, mettre un produit qui va enlever la tache mais aussi décolorer le tissu, etc. Donc ça peut être bien de demander l'aide de quelqu'un qui s'y connait.

Et parfois, quand on ne voit pas de solution, les autres peuvent avoir des idées auxquelles on ne pense pas nous-même : coudre quelque chose pour cacher la tâche, transformer le tee-shirt à manches longues en tee-shirt à manches courtes, faire la même tache exactement pareille à un autre endroit pour faire comme si elle avait toujours été là, etc.

Bref, moi je pense qu'il y a toujours moyen de trouver une solution ou une personne qui aidera à trouver une solution. Tu me promets d'y réfléchir ?

LA SCOLARITE

Apprendre, comment ça marche ?

POURQUOI ?

Connaître les étapes d'apprentissage par lesquelles passe tout individu permet de mieux **dépasser la période obligatoire de doute, frustration, découragement** du début. Cela **favorise également le démarrage de l'apprentissage et l'entrée dans l'effort.**

• Etape 1 de l'apprentissage : je ne sais pas que je ne sais pas

- Situation : avant la rencontre avec le problème à résoudre ou avec un nouvel apprentissage, l'enfant est encore dans le connu et le maîtrisé, tout va bien pour lui.
- Besoin de l'enfant : aucun !
- Registre émotionnel de l'enfant : neutre car, comme il n'y a pas encore de problème, alors **tout va bien**.

• Etape 2 de l'apprentissage : je ne sais pas et je sais que je ne sais pas

- Situation : l'enfant rencontre le problème, l'apprentissage nouveau. Il est confronté à l'inconnu, à la difficulté, au non-sens, au doute : *Vais-je y arriver ? Je risque de faire des erreurs et je me sens nul·le quand je me trompe ! Si je me trompe, vais-je me faire gronder et qu'est-ce que les autres vont penser de moi ?".* Tout apprentissage contient donc une **période de frustration et de vulnérabilité** plus ou moins importante, plus ou moins longue.
- Besoin de l'enfant : encouragements pour persévérer et confiance dans ses capacités (voir le chapitre sur la motivation).
- Registre émotionnel de l'enfant : désagréable. Il se rend compte qu'il a un problème ou qu'il est face à quelque chose de nouveau qu'il ne maîtrise pas et qu'il ne sait pas résoudre.

• Etape 3 de l'apprentissage : je sais et je sais que je sais

- L'enfant a résolu le problème ou il a acquis un apprentissage nouveau. Il fait des connexions avec ce qu'il sait déjà. Il a une **satisfaction importante**, proportionnelle à l'effort fourni.
- Besoin de l'enfant : savourer sa victoire et l'intérioriser (et donc sans que l'adulte n'intervienne avec des félicitations et des récompenses).
- Registre émotionnel de l'enfant : après l'euphorie du moment où il trouve la réponse et comprend (sentiment de victoire + libération de dopamine dans le cerveau), il entre dans un registre émotionnel agréable car **il sait qu'il est compétent mais la solution lui demande encore des efforts**.

Etape 4 de l'apprentissage : Je sais, mais je ne sais plus que je sais

- Situation : l'enfant sait faire et **la réponse est devenue automatique, sans effort**. Il est à nouveau dans le connu, dans sa zone de confort, mais élargie grâce à l'apprentissage qu'il a fait.
- Besoin de l'enfant : aucun. Il a intériorisé – consciemment ou non – qu'il est capable de surmonter une épreuve d'apprentissage difficile.
- Registre émotionnel : neutre. **Tout va bien**.

COMMENT ?

• Rassurer :

Connaître ces étapes d'apprentissage, c'est pouvoir **se rassurer** en tant qu'adulte quand l'enfant met du temps à intégrer une notion. C'est aussi pouvoir **expliquer à l'enfant** ces étapes indispensables pour qu'il sache qu'elles sont normales, automatiques et inhérentes à tout apprentissage. Car si ces phases sont invisibles quand le problème ou l'apprentissage est simple, elles peuvent être très visibles et très pénibles quand le problème ou l'apprentissage est complexe. Si personne n'a les mêmes facilités ou difficultés d'apprentissage, tout le monde est confronté à ce processus à un moment donné ou sur un sujet donné, mieux vaut en avoir connaissance pour ne pas baisser les bras.

• Apprendre à travailler efficacement pour gagner du temps et optimiser les notes ?

💡 **Le cerveau a besoin de répétition** : l'adulte pourra conseiller à l'enfant **de relire les notions le jour ou le soir même du cours**, car les informations sont encore disponibles dans la mémoire à court terme. L'effort est donc peu coûteux pour ancrer ces notions avec plus d'efficacité.

Réviser du jour pour le lendemain fonctionne aussi, mais moins bien. En effet, les notions apprises ne seront sans doute pas transférées dans la mémoire à long terme donc, si ces notions sont appelées à servir plus tard, elles seront généralement à réapprendre complètement ou partiellement. Tout ou partie du travail sera à refaire.

C'est la raison pour laquelle certains professeurs font des mini-interrogations à chaque début de cours. Ils sont alors sûrs que la notion sera bien mémorisée :

- les élèves qui ont une bonne mémoire à court terme se souviendront du cours de la veille et donc cette mini-interrogation servira pour eux d'ancrage ;
- pour les autres élèves qui ont une moins bonne mémoire à court terme ou qui n'ont pas révisé, cette mini-interrogation servira de révision et les obligera à se donner un rythme de travail qui les aidera pour avoir les bons réflexes d'apprentissage.

💡 Pour préparer un contrôle, le timing idéal, quand c'est possible, semble être de **réviser** (ce qui signifie que la leçon a été au préalable apprise !) **plusieurs jours à l'avance en deux séances espacées d'un ou deux jours**, comme par exemple le lundi et le mercredi pour une interrogation le vendredi.

Comprendre l'**utilité de la répétition**

Métaphore : la répétition, métaphore de l'arrosage

Comme en botanique, **pour mémoriser, arroser à petites doses régulièrement** est beaucoup plus efficace que d'arroser beaucoup en une seule fois.

C'est la raison pour laquelle les professeurs de musique insistent pour que leurs élèves fassent, si possible, un peu chaque jour de leur instrument, c'est généralement beaucoup plus efficace qu'une ou deux séances de travail plus longues.

Trouver des moyens mnémotechniques.

Vous pouvez dire :

Le mot "botte" prend deux "t" car on a deux pieds.

Il y a un accent circonflexe sur le mot "île" parce qu'il y a des parasols sur les plages d'une île paradisiaque.

Il existe sur le web beaucoup de sites et d'images proposant des moyens mnémotechniques pour toutes sortes de choses : orthographe, grammaire, etc.

Farfouiller sur internet à la recherche des **méthodes d'autres pays** comme la technique pour poser les multiplications en Chine (taper multiplication chinoise sur le navigateur internet) ou comme l'apprentissage des tables de multiplication avec les doigts.
Chaque cerveau apprend différemment, l'adulte doit rester ouvert à de nouvelles techniques même si la sienne lui semble souvent plus simple (évidemment, puisqu'elle correspond à son système de pensée !).

Dessiner le cours plutôt que de faire des fiches pour apprendre.

Vous pouvez dire :

Maintenant que nous avons trouvé les mots clés de ta leçon sur la révolution française, comment dessinerais-tu :

- *La prise de la Bastille ? Une prise électrique + une prison avec une tour de guet en forme de B pour se souvenir du début du mot ?*
- *La Déclaration des droits de l'homme et du citoyen ? Un parchemin avec un homme habillé normalement et un autre homme avec une écharpe de maire sur le buste ?*
- *La République ? Un drapeau bleu-blanc-rouge planté sur le haut d'une mairie ?*
- *La Marseillaise ? Les footeux de l'Olympique de Marseille qui chantent ?*
- *Les sans-culottes ? Des hommes... tout nus ???*
- *Le suffrage universel à 21 ans ? Une urne électorale avec un panneau d'interdiction avec "21" écrit dessus ?*

L'enfant, s'il ne se souvient pas de sa leçon, se souviendra probablement des dessins figurant sur son résumé de cours.

Cela sera d'autant plus vrai qu'il aura lui-même fait les associations d'idées entre le mot et le dessin.

Utiliser le Mind Mapping pour concevoir soi-même des cartes mentales alliant couleurs, dessins, mots, positionnement géographique sur la feuille qui permettent de maximiser la mémorisation des informations.

Comment **mémoriser efficacement** ? Sauf prédispositions particulières, il est admis que nous mémorisons :

	10% de ce que l'on lit
	20% de ce que l'on entend
	30% de ce que l'on voit
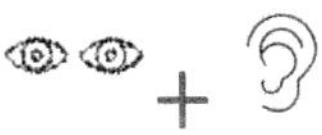	50% de ce que l'on voit et entend
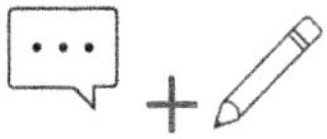	75% de ce que l'on dit et écrit
	90% de ce que l'on fait

LA SCOLARITE

L'attention et la concentration

POURQUOI ?

Apprendre, c'est porter toute son attention sur un problème à résoudre ou une nouvelle notion à intégrer. Or, mobiliser de l'attention n'est **pas toujours facile, surtout chez l'enfant pour qui l'immédiateté prédomine**. Et notamment pour une génération qui dispose facilement d'une multitude de moyens pour arriver rapidement au résultat escompté (grand nombre de chaines télévisées disponibles, toutes sortes applications possibles sur les smartphones, recherches rapides sur internet, etc.). **Cette immédiateté n'est pas favorable au fonctionnement des lobes frontaux et à l'apprentissage**. En effet, elle développe l'habitude de ne pas affronter ce qui peut être frustrant (chercher, prendre du temps et ne pas trouver tout de suite). Tout ceci encourage l'enfant à n'être à l'écoute que de ses envies, dans une logique d'immédiateté.

Or, il n'est pas possible d'apprendre sans sortir de sa zone de confort, sans traverser une période de doute et de frustration, plus ou moins longue en fonction de l'apprentissage à faire ou des prédispositions de chacun dans tel ou tel domaine.

COMMENT ?

Aider l'enfant à comprendre ce que signifie "être attentif" ou "être concentré". Cela peut être surprenant, mais, quand un adulte interroge un enfant à ce sujet, il répond souvent : "bien écouter à l'école", "avoir des bonnes notes", "ne pas parler pendant la leçon" mais très peu d'enfants savent réellement ce que c'est d'être attentif... et encore moins ce qu'il faut faire pour y arriver !

Métaphore : le chat et la souris

La concentration, c'est ce qui se passe quand un chat identifie une proie et s'en approche tout doucement pour l'attraper sans être vu :

- d'abord, le chat repère la proie ;
- ensuite, le chat s'immobilise et fixe ses yeux sur la proie, ses oreilles sont dressées pour écouter les moindres bruits. Plus rien d'autre n'existe pour lui sauf la souris ;
- puis, le chat commence à avancer très, très doucement vers la proie afin qu'elle ne lui échappe pas, en continuant à ne fixer que la proie sans jamais décoller son regard… et tout en supportant l'incertitude (*Je vais y arriver ou pas ?*) ;
- quand le chat est tout près, vraiment très près de la proie, il bondit dessus et l'attrape.

C'est ça être concentré pour atteindre un objectif.

Expérimenter *corporellement* la concentration. Si l'adulte s'en sent capable, qu'il ose faire l'exercice suivant avec l'enfant ! C'est parfait pour que **l'enfant sente dans son corps ce qu'est la concentration** et qu'il expérimente la notion de temps (temps de préparation, temps pour avancer doucement et par étapes, temps pour finaliser l'acquisition de l'objectif).

Petit jeu pour mieux comprendre :

Tout d'abord, l'adulte choisit avec l'enfant une proie (une peluche, un carré de chocolat, une écharpe, etc.) qu'il dispose dans le coin d'une grande pièce.

Ensuite, dans le coin opposé, l'enfant se met à quatre pattes et imite l'attitude du chat qui veut attraper la souris en prenant toutes les précautions pour ne pas faire fuir la proie (déplacements lents et silencieux, yeux rivés sur la proie, etc.).

Puis, l'adulte regarde l'enfant évoluer avec beaucoup d'attention et, un peu à la manière du jeu "1-2-3 soleil", à chaque précipitation, à chaque bruit, à chaque fois que le regard de l'enfant part sur autre chose que l'objectif : l'enfant retourne au point de départ et recommence.

L'adulte peut également expérimenter l'exercice en demandant à l'enfant de le regarder faire et de relever ses erreurs (il sera intraitable !).

Quand l'expérience est faite, deux astuces supplémentaires maximisent l'efficacité de cet exercice :
- refaire l'exercice de temps en temps (mais que si cela amuse l'enfant) ;
- et surtout, aider l'enfant à trouver sur internet une photo d'un félin très attentif en train de chasser, pour l'imprimer : en petit format pour la coller sur sa règle et en grand format pour l'afficher au-dessus de son bureau. Ce rappel sera un ancrage très puissant pour que l'enfant se remémore ce qu'est la concentration.

💡 Avant la mise au travail, faire quelques **respirations amples** favorisent l'attention et la concentration : l'enfant inspire le plus longtemps possible, on souffle en tenant le plus de temps possible. L'adulte peut stimuler l'enfant en comptant sur ses doigts le temps de chaque inspire et expire. Cet exercice permet un ralentissement du rythme cardiaque et un apaisement nerveux plus propice aux apprentissages.

Evidemment, l'adulte peut encourager l'enfant à recommencer de temps en temps quand les devoirs sont longs et que l'enfant décroche.

De même, le **coloriage d'un mandala** est une bonne entrée en matière avant un travail (devoirs du soir, dictée à l'école, etc.).
L'enfant choisit **1 mandala** (il y en a beaucoup disponibles en impression libre sur internet) et ne pourra en changer que quand il sera terminé (notion de persévérance, d'aller au bout des choses).
Il choisit également **4 crayons de couleur/feutres** qui seront toujours les mêmes jusqu'à la fin du mandala (idée d'accepter les contraintes).
Chaque jour, l'enfant prend **3 à 5 minutes maximum** pour commencer ou continuer son mandala puis se met au travail (entrée dans la concentration).
L'exercice peut être renouvelé si l'attention de l'enfant décroche : le même mandala, les mêmes 4 couleurs, 3 à 5 minutes maxi (minuteur en main de préférence).

Pratiquer quelques exercices de **yoga** ou écouter une séance de **méditation** (le livre CD *Calme et attentif comme une grenouille* d'Eline Snel fait référence en la matière, l'application "Petit Bambou" également).

Enfin, **donner les consignes une par une** ou aider l'enfant à identifier toutes les actions qu'il a à faire s'il s'agit d'une consigne multiple. En effet, en cas de consignes multiples (colorier en jaune les sujets et en rouge les verbes ; souligner les titres et relire pour corriger les fautes), la plupart des enfants ne pourront pas mener toutes les actions simultanément et, s'ils décomposent l'action, il est fréquent qu'ils passent à la question suivante en oubliant qu'il y avait une autre ou plusieurs autres actions à faire. L'adulte peut aider l'enfant à repérer les actions, à entourer ou surligner les mots clés (ex : sujets et verbes ; souligner, relire et corriger) puis à les barrer dans l'énoncé quand l'action est faite. L'enfant peut aussi repérer les "et" en les entourant, puis faire la première consigne et enfin barrer ou surligner la partie de l'énoncé qui est faite. Alors seulement, il pourra faire de même avec la consigne qui est de l'autre côté du "et"... ainsi que pour toutes les autres questions de l'exercice.

LA SCOLARITE

La motivation

POURQUOI ?

La motivation englobe l'ensemble des mécanismes qui pousse quelqu'un à entrer en action, qui lui permet de mobiliser son attention et son énergie pour obtenir/réaliser quelque chose et qui lui donne l'endurance pour maintenir ses efforts jusqu'à la réalisation de son objectif.

Mais il existe de nombreux freins à la motivation ce qui explique pourquoi il n'est pas si facile d'être motivé·e :

Primo, chez l'enfant particulièrement parce qu'il est dans le "tout-et-tout-de-suite", mais aussi chez les plus grands car ils vivent désormais dans une société d'immédiateté :

- **plaisir = accès facile, instantané,**
- **effort = difficile, temps, et possiblement déplaisir.**

Or, évoluer, quelle qu'en soit la raison, demande de quitter la facilité pour l'effort. Il faut donc une sacrée dose de motivation pour y arriver.

Secundo, le changement signifie d'arrêter ce que l'on sait faire, ses habitudes, ses automatismes pour se confronter à la **peur de l'inconnu et la possibilité de l'échec**.

Tertio, l**a nécessité de changer nait d'une frustration**, c'est-à-dire comprendre que l'on ne dispose pas de tous les savoir-faire ou des ressources nécessaires pour obtenir ce que nous voulons. Or l'enfant ne "veut" pas spécifiquement apprendre une poésie ou des mathématiques, il doit le faire et n'y trouve pas forcément de sens. Il est donc difficile de motiver un enfant à faire ou à apprendre quelque chose dont il estime ne pas avoir besoin.

Heureusement, la motivation peut être stimulée autrement !

COMMENT ?

Se souvenir que, **jusqu'à un certain âge, la notion de motivation n'est pas accessible à l'enfant**. Elle doit donc parfois être remplacée par la contrainte : on doit faire les devoirs parce que le·a maître·sse l'a demandé. On peut néanmoins **déplacer la motivation sur un objectif satisfaisant** pour l'enfant.

Vous pouvez dire :

Je sais que tu n'as pas envie de réviser les mots de la dictée mais, si tu te motives à le faire dès ce soir, nous aurons un dimanche libre et on pourra faire un truc chouette sans avoir à y penser de toute la journée.

Reprendre la métaphore du cerveau-muscle vue au chapitre "Donner du sens à l'école".

Vous pouvez dire :

Le cerveau, c'est comme un muscle : il faut le faire travailler pour qu'il soit plus fort. C'est peut-être pas rigolo, mais faire les devoirs, c'est muscler son cerveau pour devenir plus intelligent.

Autant que possible, **donner du sens** aux apprentissages pour stimuler la motivation :

Vous pouvez dire :

Pour être pompier et sauver des vies, il faut mieux savoir super bien compter parce que, s'ils doivent donner un médicament en urgence, ils n'ont pas le temps de chercher une calculatrice et qu'est ce qui se passerait si la calculatrice tombait en panne !

Chaque petit pas vers la réussite procure un plaisir particulier, chaque gain d'autonomie renforce l'envie de fournir les efforts d'après pour réussir, c'est un carburant pour la motivation (l'enfant se sent de plus en plus confiant et capable). Or, le degré de fierté ou de satisfaction est directement lié à l'intensité de l'épreuve et à l'effort fourni : plus c'est difficile, plus l'enfant est fier de lui.

L'adulte peut aider l'enfant à voir toutes les étapes qu'il a déjà franchies pour augmenter son degré de satisfaction et lui permettre de soutenir les efforts restant à fournir grâce à sa motivation.

Le cerveau récompense la réussite par la libération de dopamine : une molécule qui renforce la motivation et diminue la peur de l'inconnu.

Il peut être une bonne idée de rappeler à l'enfant à quel point il était heureux quand il a réussi à sauter du plongeoir, avoir tous les mots bons à la révision de la dictée, à séparer le blanc d'œuf du jaune pour la première fois, etc. Cela lui permettra de se projeter dans la future satisfaction de sa réussite.

LA SCOLARITE

La peur de l'échec et la dévalorisation

POURQUOI ?

Parce qu'aucun enfant n'apprend de la même manière qu'un autre…

Parce que les remarques extérieures touchent plus fortement certains enfants que d'autres…

Parce que certains enfants se comparent facilement aux autres…

Parce que les émotions jouent un rôle important dans le processus d'apprentissage…

Pour toutes ces raisons, la peur de l'échec et la dévalorisation peuvent empoisonner la vie de certains enfants et les brider dans l'exploitation de leur complet potentiel.

COMMENT ?

Il est très important de **recadrer les croyances limitantes** (~~*Je n'y arriverai jamais*~~) **ou négatives** (~~*Je suis nul·le en dictée*~~).

Que ce soient celles que l'enfant porte sur lui-même ;
Que ce soient celles que l'enfant pense que l'autre porte sur lui ;
Ou que ce soient celles que l'enfant interprète (un soupir de fatigue de l'adulte qui est pris comme un "mais il·elle ne comprend rien", "il·elle ne va jamais y arriver !").

- **Recadrage de la croyance "Je suis nul·le"**

Vous pouvez dire :

J'ai entendu que tu penses être nul·le. Tu dois avoir des raisons de penser cela, et à la fois, j'ai quelque chose d'important à te dire : en tant qu'adulte, moi, je ne le crois pas. Maintenant, tu as le droit de croire que tu es nul·le ou de ne pas y croire.*

Vous pouvez éviter de dire :

~~*Mais non tu n'es pas nul·le ! Tu vas bien finir par y arriver ! Tu n'es pas plus bête qu'un·e autre !*~~

(*) Cette partie du recadrage est surprenante mais elle a pour but de rejoindre l'enfant réellement dans ce qu'il vit : il ne dit pas qu'il se sent nul pour rien, c'est donc important de lui signifier qu'il doit voir des bonnes raisons de penser ça, tout comme l'adulte a de bonnes raisons de penser autre chose. L'adulte respecte le point de vue de l'enfant même s'il ne le cautionne pas. Ce sont deux choses différentes.

- **Recadrage de la croyance "C'est trop dur, je n'y arrive jamais"**

Vous pouvez dire :

Si tu trouves cet exercice dur, je te crois. Apprendre, c'est faire des efforts et tu en as sûrement déjà beaucoup fait en classe. As-tu besoin d'aide ? Tu peux aussi passer à la question suivante parce qu'apprendre ça prend du temps et que parfois on a juste besoin de temps.

Vous pouvez éviter de dire :

~~*Mais non, c'est pas trop dur ! C'est fait pour un enfant de ton âge. Tu vas y arriver !*~~

Vous pouvez dire :	Vous pouvez éviter de dire :
Tu n'y arrives pas encore et ça c'est frustrant !	~~*Dès que c'est difficile, tu baisses les bras tout de suite !*~~

- **Variante du recadrage de la croyance "*Je suis nul·le*"**

Vous pouvez dire :	Vous pouvez éviter de dire :
Houlala ! Je n'aime pas entendre ça, moi ! *Visiblement, tu n'arrives pas à faire quelque chose d'important pour toi et il arrive qu'on se sente nul·le dans ces cas-là, n'est-ce-pas ?* *Moi, je crois que tu es un·e enfant débrouillard·e et malin·e.* *Je sais aussi que c'est rare de réussir du premier coup !* *As-tu besoin d'aide ou veux-tu continuer par tes propres moyens… ou peut-être est-ce que ça t'énerve trop et que tu as besoin d'apprendre à le faire à un autre moment ?*	~~*Arrête de dire que tu es nul car ce n'est pas vrai !*~~ ~~*Tu n'as même pas essayé !*~~ ~~*Si tu ne fais pas d'effort alors évidemment que tu ne vas pas y arriver !*~~

Apprendre à l'enfant qu'**il est normal de ne pas y arriver du premier coup**. Car quand quelqu'un y arrive du premier coup, c'est :

- soit que la personne a eu un coup de chance et donc elle ne saura pas faire une seconde fois ce qu'elle a réussi à faire par hasard la première fois,

- soit que son cerveau a déjà fait quelque chose de semblable, qu'il savait déjà presque faire et donc que l'apprentissage ne s'est pas fait d'un seul coup mais grâce à des apprentissages antérieurs que cette personne avait déjà faits ;

- soit que la personne sait déjà faire et que donc ce n'est pas un apprentissage, c'est quelque chose de déjà connu, ce qui n'a rien à voir avec "y arriver du premier coup".

Faire attention aux bonnes intentions qui peuvent nourrir le problème. Quand un enfant déclare "Je suis nul·le", toute personne répondrait "Mais non !!! Tu n'es pas nul·le, Tu es très intelligent·e d'ailleurs...". Mais ce n'est pas toujours une bonne solution...

Evidemment, il ne s'agit pas de dire à l'enfant qu'il a raison et qu'il est nul... sauf s'il a beaucoup d'humour et que l'on rajoute "OK, c'est quoi le problème ? Je peux t'aider parce que moi, j'ai pris tous les neurones de ma famille et je suis super intelligent·e !".

Le fait de dire à l'enfant "Non ! Tu n'es pas nul·le !" est à faire avec parcimonie pour plusieurs raisons :

- D'une part, le cerveau percevant difficilement la négation, il focalisera sur le mot "nul·le" ce qui est évidemment contreproductif.

- D'autre part, si l'enfant dit qu'il est nul, c'est qu'il a un problème. Lui dire qu'il n'est pas nul, c'est ne pas prendre en compte son problème. En conséquence, le problème se reposera d'une manière ou d'une autre. Ce genre de réponse ne fait souvent que repousser le problème ;

- De plus, l'adulte s'empresse souvent de trouver un exemple pour montrer à l'enfant qu'il est capable. Mais cet exemple peut être truffé de contre-exemples qui viendront facilement en tête à l'enfant, ce qui décrédibilisera l'adulte qui sera accusé de dire des jolies choses pour faire plaisir à l'enfant ;

- Enfin, et c'est un point assez embêtant, certains enfants vont chercher de la réassurance en amplifiant leur problème pour que les adultes les rassurent. L'effet pervers, qui passe inaperçu dans un premier temps, est que plus l'adulte rassure et moins l'enfant apprend à trouver les ressources pour se rassurer lui-même. Il aura donc de plus en plus besoin d'un avis extérieur pour se rassurer et, à terme, il risque de faire une place trop importante au regard de l'autre au lieu de se fier à son propre avis. Certains enfants se dénigrent même inconsciemment pour obtenir des compliments et risquent de s'habituer à le refaire pour être à nouveau complimenté, valorisé, rassuré et cela peut devenir un cercle vicieux qui passera complètement inaperçu dans un premier temps.

En conclusion, la valorisation de l'enfant oui ! évidemment ! mais pas n'importe comment !

LA SCOLARITE

Les devoirs

POURQUOI ?

Suggérés, facultatifs, interdits, obligatoires… Les devoirs (avec les écrans ?) sont **LE sujet de tension du soir et du week-end**, quand tout le monde a déjà sa journée dans les pattes et bien d'autres envies ou besoin de choses à faire.

Quand les devoirs compliquent les journées, c'est souvent par un savant équilibre psychologique : plus l'enfant est laxiste sur ses devoirs et plus l'adulte est méticuleux pour les encadrer ; à l'inverse, moins l'adulte porte d'attention aux devoirs – en tout cas en apparence – et plus l'enfant peut stresser de se sentir sans soutien.

Il n'y a pas de formule magique… malheureusement… très très malheureusement… et tous les enfants ont des besoins différents, surtout s'ils ont des particularités d'apprentissage (troubles "dys", l'hyperactivité, etc.). Les techniques doivent être adaptées à chaque enfant et à l'adulte qui l'encadre.

COMMENT ?

- Pour tous les âges -

Proposer à l'enfant de **choisir le meilleur moment** selon pour lui pour faire ses devoirs, dans la limite des contraintes de vie des autres, évidemment. Adulte et enfant évaluent chacun de leur côté l'efficacité du timing choisi. En cas de problème, on essaie une autre organisation.

Se **fixer une limite horaire raisonnable** en fonction du travail à faire et de la disponibilité de l'adulte. Une fois le temps écoulé, sauf exception et selon l'âge, l'enfant se débrouillera seul.

Reconnaître sincèrement que **ce n'est pas drôle de faire des devoirs quand on a déjà une journée d'école dans les pattes** ou quand, pour une fois, on n'a justement pas à y aller. L'adulte peut se souvenir ou s'imaginer en train de rouvrir l'ordinateur après le diner ou le week-end pour terminer un travail : oui, parfois, se remettre à travailler après une grosse journée est très pénible. Evidemment, le dire ne change pas le problème mais l'adulte sera émotionnellement sur la même longueur d'ondes que l'enfant ce qui simplifiera souvent grandement la suite.

Prévoir un petit temps de jeu ou de détente post devoirs. Quand les devoirs sont faits dans une ambiance acceptable et que le temps imparti pour les faire est respecté, pourquoi ne pas prendre quelques minutes pour faire un jeu bref avec l'enfant.

Zoom sur une situation concrète :

- 3 parties de Uno ;
- 5 minutes pour poursuivre une partie d'échec en cours ;
- 3 minutes de massage ou de chatouilles ;
- 5 minutes de passes de foot ;
- 10 minutes du puzzle 300 pièces rangé sous le canapé, etc.

Et si les devoirs sont vite faits et bien faits : pourquoi ne pas ajouter le solde du temps prévu pour les devoirs au temps récréatif prévu post devoirs ? En somme, tout le monde gagne du temps... et de la bonne humeur.

Le jeu choisi devra faire plaisir aux deux, adulte et enfant. En ce qui concerne l'adulte, le plaisir peut venir du fait que le jeu lui plaise vraiment ou lui plaise dans la mesure où ça ne dure pas longtemps. Effectivement, pour beaucoup d'adultes, continuer 10 minutes chaque jour une partie de Monopoly (facilement à disposition car posée sur une planche que l'on glisse sous le lit ou le placard) est limite sympa alors que faire un Monopoly jusqu'au bout tient du supplice le plus impitoyable !

Quand l'enfant refuse de faire ses devoirs car il pense qu'il sait déjà, la plupart du temps, s'engage une bataille avec l'adulte qui dit que ce n'est pas vrai qu'il sait et qui revient sur la dernière expérience où ce n'était pas vrai ou qui prend la première erreur de l'enfant comme une preuve que, non, l'enfant ne sait pas... S'il est probable que l'adulte ait raison de penser que, non, l'enfant ne sait pas ou ne sait pas tout, quel est l'intérêt de le dire ? Prouver à l'enfant qu'il a tort n'est pas la question, car le vrai problème est d'en finir le plus vite possible avec ces satanés devoirs qui ne font plaisir à personne !

Vous pouvez dire :

Je suis l'adulte, mon rôle est de vérifier que tu as bien fait tes devoirs. J'ai entendu que tu penses tout savoir sur ta leçon et que tu as envie de faire autre chose. Je te propose de ne pas tout vérifier. Je vais te poser 5 questions au hasard et si tout est nickel, on arrête ! Mais s'il y a des erreurs, même d'étourderie, on vérifie toute la leçon. C'est le contrat !

Vous pouvez éviter de dire :

~~Tu dis que tu sais mais il y a toujours des erreurs !~~

~~Ben voyons ! Tu sais déjà ! C'est pour ça que tu as eu 5 fautes à ta dernière dictée ?~~

~~Tu vois ! 3 questions et déjà 1 erreur ! C'est bien la preuve que tu ne sais pas si bien que ça et que tu n'as pas assez travaillé !~~

Evidemment, s'il s'agit d'une évaluation particulièrement importante, l'adulte peut expliquer que, pour une fois, il veut que tout soit vérifié. Mais s'il dit qu'il ne vérifie que 5 des 12 mots de la dictée ou que 5 points de la leçon de géométrie ou d'histoire, l'adulte arrête vraiment après la 5ème vérification. Et s'il y a des erreurs, si toute la leçon doit être revue, c'est le contrat malheureusement pour l'enfant... comme pour l'adulte !

Vous pouvez dire :

Tu sais, ce n'est drôle ni pour toi ni pour moi ! Je vois bien que ça t'énerve que je vérifie tes devoirs mais c'est mon rôle d'adulte. Ta mission à toi, c'est de faire tes devoirs comme le demande ton professeur ; ma mission à moi est de vérifier si ce que tu as fait est efficace et correct, si tu as de bonnes méthodes pour apprendre vite et bien. Je sais que tu as envie de faire autre chose et, pour être honnête, moi aussi ! Mais tu sais, parfois, certains apprentissages prennent plus de temps ou ont besoin de plus de répétitions que d'autres pour être complètement intégrés. Et parfois, certains apprentissages s'impriment comme par magie directement dans le cerveau sans qu'on ait d'effort à faire. C'est bizarre mais c'est comme ça !

Organiser un "pétage de plomb" avant les devoirs.

Zoom sur une situation concrète :

- aller crier dans les toilettes ;
- faire une bataille de coussins ;
- organiser une course de vitesse dans le couloir de l'immeuble ;
- déchirer des vieux prospectus ;
- faire un concours de dessins de la tête la plus moche du type qui a inventé les devoirs (et pas du·de la professeur·e bien sûr, le·a pauvre !) ;

- demander à l'enfant de faire comme s'il était un avocat et qu'il devait convaincre le jury de faire condamner l'inventeur des devoirs, etc.

Bref, en un mot : extériorisation ! L'adulte encourage l'enfant à évacuer ses tensions avant de faire les devoirs pour ne pas avoir à les subir pendant.

Faire un des **exercices de focalisation d'attention** vu dans le chapitre sur ce thème.

Zoom sur une situation concrète :
- colorier un mandala ;
- faire d'amples respirations ;
- visualiser un animal se préparant à attraper sa proie, etc.

Utiliser un minuteur ou un "Time Timer" ou "Visual Timer". En application sur smartphone ou en objet semblable à un minuteur, il affiche la durée initialement programmée en rouge et la zone rouge diminue en fonction du temps écoulé. La notion du temps imparti devient plus concrète pour l'enfant qui peut avoir l'impression confuse que le temps des devoirs dure longtemps alors qu'il ne s'est écoulé que 10 minutes à peine ou, à l'inverse, qui ne se rend pas compte qu'il a mis 15 minutes à s'installer sur les 30 minutes de temps normalement consacrées aux devoirs.

Le "Time Timer" peut être aussi très utile pour les ados, notamment pour les devoirs en temps limité afin de leur apprendre à gérer leur temps.

Rappeler à l'enfant qu'**on ne peut pas apprendre sans se tromper.** Ne pas réussir, se tromper, c'est un signal donné par le cerveau pour dire que ce que l'on a cru comprendre n'est pas complètement juste, que l'apprentissage n'est pas encore complètement fiable ni automatisé.

Apprendre et savoir sont deux choses différentes. C'est parce que l'on apprend que l'on finit par savoir : l'une est une étape pour arriver à l'autre.

Vous pouvez dire :

Apprendre, c'est le chemin. Savoir, c'est le point d'arrivée. Personne ne peut arriver sans prendre le chemin.

Tant qu'on ne connaît pas le chemin, c'est facile de se tromper, comme les adultes en voiture quand ils prennent la mauvaise route. Je suis sur·e que tu as déjà entendu un adulte s'énerver à cause de ça ! Maintenant, il y a les G.P.S. mais, parfois, les G.P.S. expliquent mal ou pas de la bonne manière pour le conducteur… alors, même avec le G.P.S, on peut se tromper !

C'est pareil pour les enfants quand un adulte explique quelque chose : parfois, l'adulte n'explique pas de la bonne manière pour lui. Parfois aussi, l'enfant est perdu sur son chemin d'apprentissage et il ne pense pas à brancher le G.P.S. pour l'aider à trouver le bon chemin. Et c'est vrai que, peut-être, l'enfant peut y arriver seul, et c'est aussi vrai que, peut-être, le G.P.S. est le seul moyen d'arriver à la bonne destination la première fois.

Se tromper, c'est faire des expériences, comme des scientifiques !

Il est donc normal de faire des erreurs et l'apprentissage consolidé prend du temps. Les devoirs avec zéro faute sont donc rarement possibles.

En cas d'erreur, si enfant et adulte ont le courage de revenir sur l'apprentissage : super ! Et si l'un ou l'autre est fatigué ou énervé : se souvenir que l'enfant et son professeur vont revenir et revenir encore sur cet apprentissage et qu'un peu de répétition est sans doute nécessaire avant d'en faire une affaire d'Etat. L'enfant a le temps d'apprendre, la notion sera vue et revue plusieurs fois en classe.

Valoriser l'erreur car elle est nécessaire aux apprentissages. Se tromper, c'est proposer la réponse qu'on pense la meilleure (ou celle qui passe par la tête si on manque d'attention) pour répondre à une question.

Métaphore :
Se tromper, c'est la même chose que de choisir deux pièces de puzzle que l'on pense aller ensemble (forme, couleur) et de tenter de les assembler. Parfois ça marche du premier coup, parfois il manque peu de chose et parfois on s'est complètement trompé·e et il faut tenter autre chose.

Vous pouvez dire :
Nelson Mandela disait "Je ne perds jamais, soit je gagne, soit j'apprends."

Inverser les rôles : l'adulte joue à l'élève et l'enfant joue au professeur.

Vous pouvez dire :
Tu n'as pas l'air d'avoir hyper envie de faire tes devoirs, je te propose qu'on inverse les rôles :
- Tu m'expliques ta leçon d'histoire comme si j'étais une élève et toi la professeure. Si j'ai des questions, je te les pose et tu me réponds ;
- Tu inventes des phrases avec chaque mot de la dictée. Je les écris et tu m'épelleras de tête l'orthographe des mots que je te demanderai ;
- Et enfin, tu me dicteras les phrases du poème que tu as à apprendre par cœur.

Car après tout, cela revient au même, c'est plus rigolo, et ça ne prend pas toujours plus de temps que de faire faire ses devoirs à un enfant qui y rechigne.

Une autre métaphore est intéressante, cette fois, **pour les enfants qui supportent mal l'échec**.

Vous pouvez dire :

Tu m'entends souvent râler parce que l'eau des pâtes déborde de la casserole, pourtant, je refais souvent l'erreur d'oublier de baisser la température quand l'eau rebout... ça m'énerve. Pourtant je le refais souvent même si je SAIS qu'il faut que je reste à côté de la casserole pour surveiller ! Tout le monde fait des erreurs et parfois même sur des choses très simples et qu'on devrait savoir depuis longtemps !

Partager cette métaphore avec l'enfant lui permet de comprendre que l'erreur, même quand on sait bien faire, fait partie de la vie.

Comprendre **pourquoi apprendre est un processus complexe**. Sur le même registre culinaire que la métaphore précédente, apprendre quelque chose de nouveau à l'école pour l'enfant, c'est comme apprendre à cuisiner quelque chose de nouveau pour l'adulte. Il y a des cordons bleus et les cuisiniers du dimanche !

Métaphore :

Pour cuisiner, il y a beaucoup de paramètres à maitriser en même temps, c'est pareil pour les apprentissages des enfants. Il faut :

- vérifier qu'on a tous les ingrédients (les choses que l'on sait et celles qu'on n'a pas déjà apprises et qui risquent de nous gêner) ;
- avoir les bons ustensiles et robots (crayons, règle, gomme, effaceur, etc.) ;
- savoir s'en servir (tenue du crayon, savoir souligner sans faire bouger la règle, etc.) ;

- préchauffer le four (avoir des prérequis comme la maîtrise du graphisme) ;
- avoir bien étudié la recette avant (révisions) ;
- se lancer dans l'élaboration du plat (faire l'exercice demandé) en maîtrisant le temps imparti ;
- et enfin, bien surveiller la cuisson en fonction du four, de la taille du récipient choisi (relire et être capable de rectifier les erreurs par soi-même).

Attention au double message de l'aide. La relation d'aide est un processus complexe : quand on aide, une partie de nous dit *Je t'aide parce que je t'aime bien / je suis là pour ça* et une partie de nous dit, de manière invisible et même si on ne le pense pas, *tu n'es pas capable de réussir seul·e*.

L'adulte doit donc être précautionneux dans sa manière d'aider l'enfant. Autant que possible, plutôt que de l'aiguiller vers le résultat, l'adulte pourra l'accompagner sur le chemin jusqu'à la réponse en l'orientant par des questions dont l'enfant trouvera lui-même le résultat. Cela le mettra en position de réussite ce qui stimulera sa motivation à poursuivre, valorisera l'effort effectué pour comprendre et lui permettra d'acquérir le savoir une fois pour toute.

En fin de session de travail, l'adulte peut aussi **proposer à l'enfant de s'auto-évaluer** :

	Concentration	Effort	Satisfaction
Tu te donnes : 😟 ou 😑 ou 🙂 ou 😍			

- Spécificités pour les enfants du primaire –

Faire les devoirs autrement : allongé·e·s sur le lit, par terre, sur un grand tableau, en tournant autour de la table, debout... Les enfants doivent déjà apprendre à rester assis à l'école alors peut-être est-il possible de **leur laisser plus de liberté sur leur posture** pendant qu'ils font les devoirs ? Sauf, évidemment, si cela agace prodigieusement l'adulte car, dans ce cas, ça serait contreproductif pour tout le monde !

Pour les dictées de vocabulaire, **pourquoi ne pas rompre la routine et installer un peu de créativité** ?

Plus l'idée est bizarre et plus ça fonctionne !

Zoom sur une situation concrète :
- écrire la dictée avec un crayon à paillettes spécialement réservé aux devoirs ;
- tracer successivement chaque lettre du mot à apprendre dans le dos de l'adulte ;
- écrire avec le doigt dans la farine (1kg dans une boite hermétique en plastique large et plate fera l'affaire pendant un bout de temps) ;
- écrire chaque mot de vocabulaire sur une feuille de papier toilette et tout jeter dans les WC à la fin de la dictée en tirant la chasse d'eau ;
- former les mots à l'aider de pâtes alphabet ou de jetons de Scrabble® ;
- taper les mots à l'ordinateur et, si le correcteur semble ne pas être d'accord avec l'orthographe proposée par l'enfant, faire des essais-erreurs pour trouver la bonne orthographe, etc.

Pour les leçons à apprendre : les résumer en une dizaine de mots clés dessinés par l'enfant afin qu'il se souvienne du mot ou du dessin.

Zoom sur une situation concrète :
A propos d'une leçon de CP sur la croissance des végétaux : un soleil, un arrosoir, une graine, une graine germée, des racines

Orthographe : **trouver des moyens mnémotechniques.**

Vous pouvez dire :
Le mot "apercevoir" s'écrit avec un seul "P" parce que, quand on voit moins bien, c'est comme si on ne voyait que d'un seul œil.

Une balade en forêt ne prend qu'un seul "L" par ce que c'est tellement pénible pour les enfants qu'ils la font à cloche pied pour ne pas s'ennuyer.
Et une chanson de type ballade prend deux "L" parce qu'il faut deux bras pour se boucher les oreilles quand la chanson ne nous plait pas.

Le mot "île" a un chapeau sur le "i" car le "î" ressemble aux parasols qu'il y a souvent sur la plage des îles.

"Hirondelle" prend deux "l" car elle vole avec deux ailes.

Certains adultes sont plus à l'aise que d'autres avec ce genre d'invention, alors, pour ceux à qui ça ne parle pas ou qui n'ont pas d'idée, taper "orthographe, moyen mnémotechnique" sur un moteur de recherche internet et regarder les images proposées, il y a beaucoup d'astuces disponibles.

Poésie : **choisir un mime par vers.**

Zoom sur une situation concrète :

La Biche de Maurice Rollinat

La biche brame au clair de lune (tendre la tête vers le ciel et faire comme le loup quand il hurle sous la lune)
Et pleure à se fondre les yeux : (frotter les yeux avec les mains comme quand on pleure puis faire glisser les mains sur les joues comme si les yeux fondaient dessus)
Son petit faon délicieux (se recroqueviller pour rappeler le mot petit et se lécher les babines pour le mot délicieux)
A disparu dans la nuit brune (faire le geste d'un magicien qui fait disparaitre un objet et fermer les yeux pour rappeler le mot nuit)

Pour raconter son infortune (faire semblant de parler puis montrer ses poches vides)
A la forêt de ses aïeux, (mimer un arbre puis quelqu'un qui marche avec une canne)
La biche brame au clair de lune (idem que ci-dessus)
Et pleure à se fondre les yeux (idem que ci-dessus)

Mais aucune réponse, aucune, (tendre l'oreille et faire non de la tête 2 fois pour se souvenir de la répétition du mot "aucune")
A ses longs appels anxieux ! (reprendre la posture du loup qui hurle mais avec une moue inquiète)
Et le cou tendu vers les cieux, (tendre le cou vers le ciel)
Folle d'amour et de rancune, (former un cœur avec les mains et taper du pied)
La biche brame au clair de lune. (idem que ci-dessus)

Enfin, **si un enfant a fait ses devoirs à l'étude surveillée de l'école, il ne les refait pas en arrivant à la maison : pas de double peine !** C'est déjà suffisamment pénible de les faire une fois ! L'adulte doit apprendre l'autonomie à l'enfant, il estimera donc que le travail est fait et bien fait.

Néanmoins, rien ne l'empêche de garder un œil sur ce qui est fait, de repérer les erreurs qui se répètent afin de revenir dessus le week-end.

Vous pouvez dire :

Tes devoirs ont dû être faits à l'étude. Je te rappelle que les devoirs doivent être aussi bien faits que quand tu les fais à la maison. Si tu as besoin d'une explication, les adultes encadrants sont là pour t'aider et, si jamais ils n'ont pas pu t'aider, je suis là pour cela.

Samedi, je vais jeter un coup d'œil sur tes cahiers afin de voir si des révisions sont ou non utiles ce week-end.

Mercredi soir, nous reverrons ensemble les mots de la dictée du vendredi pour vérifier si tu les connais bien, comme ça, en cas de difficultés, tu auras un jour de plus pour mieux apprendre les mots qui te posent problème.

- Spécificités pour les ados -

Laisser l'ado s'organiser pour qu'il trouve la posture la plus efficace pour travailler : debout, couché, la tête en bas, avec de la musique (dans la limite de la tranquillité des autres) ou des bouchons d'oreille… l'important, c'est le résultat !

💡 Les ados sont censés être autonomes pour la plupart des devoirs. Il est pourtant très utile, dès la 6ème (bien qu'il ne soit pas inutile de le faire ou le refaire après !), d'**aider l'ado à comprendre ce que l'on attend de lui**. Pour ce qui est de le faire, ça, ça ne dépendra que de lui…

On peut établir une liste des actions à faire pour chaque soir :

	L	M	M	J	V	S	D
Consulter agenda papier et internet pour savoir ce qu'il y a à faire	X	X	X	X	X	X	
Faire les exercices demandés pour le jour suivant	X	X			X	X	
Faire les exercices demandés pour le jour suivant et celui d'après			X				
Souligner les mots et dates clés des cours du jour et/ou faire des fiches et les apprendre :							
- Français	X	X	X		X	X	
- Histoire-Géo	X		X		X		
- Maths	X	X	X			X	
- Physique-Chimie		X					
- Sciences et vie de la terre	X						
- Technologie		X					
- Education morale et civique			X				
- Arts plastique	X						
- Musique	X						
- Sport		X			X		
Réviser les contrôles prévus pour la semaine suivante			X			X	
Réviser les contrôles prévus pour le surlendemain	X	X	X			X	X
Voir avec un adulte les notions compliquées			X			X	
Faire signer les éventuels mots, autorisations de sortie, etc.	X	X	X	X	X	X	
Préparer son sac pour le lendemain.	X	X	X	X			X

Certains enfants ont plus besoin de cadre que d'autres mais, pour beaucoup, nommer les évidences ne sera pas superflu : **"relire le cours" ne veut pas dire relire le cours mais "comprendre et apprendre le cours"**, un peu comme si l'ado devait être capable de l'expliquer ou le résumer à un camarade absent.

Faire des propositions d'organisation permet à l'ado de mieux comprendre ce qu'on attend de lui, même s'il n'en fera peut-être qu'à sa tête ! Si un·e professeur·e de piano explique à son élève qu'il faut pratiquer tous les jours pendant 5 minutes pour vraiment progresser, l'élève sait ce qu'il faut faire, même s'il ne le fait pas, ou pas toujours. Si la progression est lente, il sait pourquoi et il sait ce qu'il faudrait qu'il fasse pour y remédier : il a le mode d'emploi. Tout comme un ado qui ne travaille pas régulièrement sait qu'il n'est pas dans les bonnes conditions pour avoir les notes que son intelligence mérite, mais il sait ce qu'il faudrait qu'il fasse pour les avoir puisque l'adulte lui a expliqué ce qu'on attend d'un élève de son âge et comment s'organiser pour y parvenir.

- Mais que faire si rien ne marche ?! -

Il ne serait pas juste de ne pas aborder ce point car tout adulte peut y est confronté : parents, professionnels de santé, thérapeutes, enseignants, éducateur·rice·s spécialisé·e·s, répétiteur·rice·s pour les devoirs, etc.
Les mécanismes des apprentissages sont complexes et dépendent de beaucoup de paramètres : maturité, état émotionnel, particularités de fonctionnement du cerveau (trouble dys, problème de concentration, apprentissage séquentiel ou global, hyperactivité, etc.).

Alors que faire si rien ne marche ?

Accepter que l'on nous dise "non" et verbaliser, pourquoi pas, en vous inspirant de la formulation de Daniel Favre à ses élèves : "Comme je n'ai aucun moyen légal pour vous obliger à travailler, le dernier bagne français ayant fermé en 1945, je me propose d'être l'allié de ceux qui ont fait le choix d'apprendre et de les accompagner de mon mieux."

Vous pouvez dire :
L'esclavage ayant été aboli en France depuis un certain temps, je ne peux pas t'enchainer à ta table pour que tu travailles et je sais que ça ne sert à rien que je te hurle dessus ou que je te fasse la morale.

Je te rappelle juste que tout travail mérite salaire et qu'en l'absence de travail, il n'y a pas de salaire. Ton salaire à toi, ce sont les choses dont tu profites gratuitement : ordinateur, abonnement de téléphone, argent pour aller au cinéma, etc.

J'estime que tu peux largement avoir la moyenne de classe dans toutes les matières, excepté en maths où je fixe la moyenne à 10/20 car je sais que c'est ta bête noire.

Maintenant, tu choisis : le travail et le salaire, ou alors, pas ou pas assez de travail et pas de salaire. Je ferai la comptabilité des notes le samedi en prenant en compte les notes présentes sur l'appli de l'établissement scolaire : si tu as atteint les objectifs fixés alors tu as les avantages qui vont avec, si tu ne les as pas atteints alors tu perds tes avantages pendant une semaine. Tu choisis.

Attention ! Il s'agit ici de **poser à l'ado des objectifs réalistes à court terme par lui** et non ce que l'adulte imagine réalisable par l'enfant à long terme. L'idée est de le motiver à se mettre en stratégie de réussite : si la réussite scolaire ne l'intéresse pas, celle de conserver son "salaire" fera l'affaire !

Si les objectifs sont inatteignables, "c'est de la triche", l'ado ne se mettra pas en mouvement pour les atteindre. Mieux vaut y aller par étapes : passer de 7 de moyenne à 11 est difficilement réalisable en quelques semaines, même si l'enfant en est intellectuellement capable.
En effet, si l'enfant a 7 de moyenne, c'est qu'il a cumulé pas mal de retard. Or, viser le 9 de moyenne au 2ème trimestre est jouable… ce qui rend envisageable le 10 au troisième trimestre… et peut-être le 11 l'année suivante.
A chaque étape, l'ado est motivé par le maintien de son "salaire".

💡 **Expliquer le coût du "non"** : un 0/20 si le travail noté n'est pas rendu, une mauvaise note si les révisions sont faites rapidement, une notion non comprise qui compliquera un autre apprentissage, un sentiment d'échec ou une perte de confiance en soi voire une culpabilité, un degré de liberté moindre en termes d'orientation, une absence de "salaire" comme vu ci-dessus... les conséquences peuvent être nombreuses et il peut être utile de les rappeler à l'ado.

💡 Et éventuellement, poser une sanction : mettre un mot dans le carnet de correspondance pour informer le·a professeur·e que, malgré vos sollicitations, l'ado n'a pas commencé à chercher de stage et s'enquérant des modalités de poursuite de la scolarité en l'absence de stage, interdire l'accès aux écrans tant que la moyenne n'est pas obtenue, priver de sortie pour un devoir non rendu, etc.

LA SCOLARITE

La gestion du stress

POURQUOI ?

Le stress est un moyen efficace dont dispose le corps pour générer l'énergie de se surpasser. Mais quand il y en a trop, ce même stress peut provoquer la perte de ses moyens, voire paralyser l'individu.

Il est donc primordial d'apprendre aux enfants à gérer leur stress que ce soit pour un examen, pour entrer sur scène lors d'un spectacle, pour prendre la parole dans une fête de famille, pour oser parler d'un sujet difficile à quelqu'un, pour avoir le courage de lever la main en classe, etc.

COMMENT ?

Deux outils sont particulièrement efficaces pour faire face au stress :

Un des outils les plus utiles pour dompter le stress est la cohérence cardiaque, déjà abordée dans le chapitre sur les peurs. Il s'agit de stabiliser le rythme cardiaque à un niveau lent, soit environ 60 à 70 battements par minute. En effet, il est impossible de stresser en ayant un rythme cardiaque bas. En pratique, l'exercice est assez **simple à réaliser et peut se faire partout** (salle d'examen, bus, voiture, amphithéâtre, salle d'attente, etc.).

Il s'agit de respirer sur un rythme de 5 ½ secondes : pendant 5 ½ secondes, on inspire (de préférence par le nez) puis pendant 5 ½ secondes, on souffle (de préférence par la bouche) et ce pendant 5 minutes. L'exercice peut être pratiqué avant ou pendant toute situation stressante.

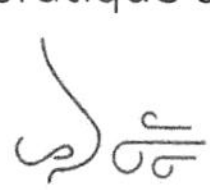
5 ½ secondes

puis

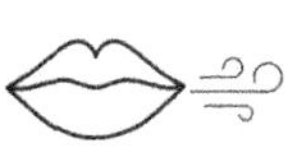
5 ½ secondes

en boucle durant 5 minutes.

Les effets étant maximum au bout de 5 minutes, continuer à faire l'exercice au-delà ne fait que faire durer cet optimum plus longtemps ce qui peut être très utile notamment quand l'enfant attend d'être appelé pour présenter un oral ou en attendant la distribution du sujet d'examen. Ainsi, quand son tour viendra (prise de parole ou commencer la rédaction d'un sujet), l'enfant sera dans les conditions optimales pour travailler.

Avec un peu d'entrainement, cet exercice peut également être pratiqué pendant les temps de parole du jury ou pendant la rédaction du devoir. L'enfant peut s'y habituer en le pratiquant pendant ses séances de travail à la maison avec le support audio d'une application sur son mobile ou d'un fichier audio trouvé sur internet.

Le second exercice est **la respiration en carré.** S'il permet également de se relaxer, cet exercice est surtout **idéal pour maximiser la concentration et la vigilance**. Il s'agit cette fois de respirer en 4 étapes que l'on enchaine plusieurs fois, idéalement pendant quelques minutes.

		1ère étape : on inspire profondément (idéalement par le nez) en comptant doucement jusqu'à 3.
	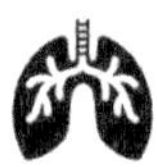	2ème étape : on suspend son souffle avec les poumons pleins en comptant doucement jusqu'à 3.
		3ème étape : on souffle doucement (idéalement par la bouche) pour vider complètement ses poumons en comptant jusqu'à 3.
	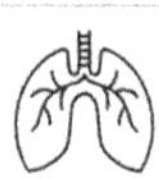	4ème étape avant de recommencer le même processus : on garde les poumons à vide pendant que l'on compte tranquillement jusqu'à 3.

Selon les capacités respiratoires de chacun, certaines personnes seront plus à l'aise de compter jusqu' à 4 ou 5 à chaque étape au lieu de 3. L'enfant testera ce qui lui convient le mieux, l'important étant qu'il se sente bien, qu'il ne se force pas à tenir longtemps, cela serait contre-productif car plus l'exercice est fluide, plus il est efficace !

La respiration en carré peut être faite à tout moment et peut, comme la cohérence cardiaque, se faire assez discrètement, même en public. Cet exercice est particulièrement efficace pour recharger les batteries et réorganiser ses idées quand la fatigue se fait sentir et que l'on doit rester productif, comme par exemple pendant une épreuve un peu longue.

LA SCOLARITE

Les examens

POURQUOI ?

Ce chapitre concerne les plus grands enfants.

Si tout le monde sait qu'un travail régulier permet une meilleure réussite aux examens... entre la théorie et la pratique, c'est parfois un peu différent chez les ados et les étudiants !

Et outre la régularité, le succès aux examens est aussi lié à beaucoup d'autres facteurs :
- la manière d'aborder les révisions... que ce soit pour les retardataires ou pour les plus assidus ;
- ainsi que les conditions psychologiques et émotionnelles dans lesquelles l'étudiant passe les épreuves.

Quels sont les ennemis de la réussite ?

- **La fatigue** est la principale ennemie de la mémoire. Lorsqu'un élève rencontre des difficultés d'apprentissage et de mémorisation, son hygiène de vie est souvent en cause. De ce point de vue, le vrai booster du cerveau, c'est le sommeil.

- **Alcool et drogue** (cannabis, entre autres) sont évidemment à proscrire, leurs effets néfastes sur la mémoire étant largement démontrés. En agissant sur les neurotransmetteurs, alcools et drogues altèrent la qualité de la transmission des informations vers l'hippocampe (zone du cerveau où la mémoire est stockée).

Dans un article paru dans le magazine *Sciences et Vie* de Février 2013, il est fait mention de recherches faites par l'Université de Duke aux Etats-Unis en 2012 sur plus de 1.000 Néo-Zélandais suivis de leur naissance jusqu'à l'âge de 38 ans avec tests neuropsychologiques à 13 ans et 38 ans et évaluation de la consommation (ou non) de cannabis à 18 ans, 21 ans, 26 ans, 32 ans et 38 ans. Les résultats : les gros fumeurs de joints, dépendants pendant au moins plusieurs années, subissent entre l'adolescence et l'âge adulte une baisse moyenne de 8 points de Q.I. (NDLR : une personne lambda a entre 90 et 109 de Q.I. ce qui signifie une perte de quasi 10% de ses points de Q.I.).

- Le **recours trop important à des produits excitants** (café, certains médicaments, boissons énergisantes) est aussi à éviter car ils annulent ou perturbent les signes de fatigue... la fatigue étant la principale ennemie de la mémoire et la mémoire étant la principale alliée de la réussite aux examens. Il ne sert donc à rien de se doper pour tenir, ça serait comme remplir un tonneau percé. Tout au plus, cela peut avoir un effet – avec modération et exceptionnellement – pour un apprentissage la veille pour le lendemain sur un sujet complètement inconnu... et encore, dans une certaine limite car si la fatigue est trop grande, il ne restera pas beaucoup d'énergie pour l'examen le lendemain.

COMMENT ?

Les bonnes conditions pour préparer un contrôle ou un examen :

La répétition d'exercices d'entrainement : répéter plusieurs fois les mêmes types exercices pour mieux mémoriser les procédures de résolution de problème.

Repérer quel est le canal d'apprentissage le plus efficace : **visuel ? auditif ? ou kinesthésique ?**

Pour les visuels : lire, relire et réviser régulièrement les cours pour mieux imprégner la mémoire, utiliser des couleurs ou des fluo, faire des cartes mentales, etc.

Pour les auditifs : s'enregistrer, lire à haute voix, écouter un autre élève réciter le cours, se poser des questions entre élèves et discuter des réponses, travailler avec un adulte en interaction orale, etc.

Pour les kinesthésiques : mimer les cours, faire une présentation comme si l'étudiant devait présenter la notion sur scène, bouger en apprenant le cours, etc.

Fixer des temps de travail concentré et les respecter en alternant séquences de travail et de récupération. Et, un peu avant la série d'examens, augmenter progressivement les temps de concentration jusqu'à ce que la durée réelle de l'examen soit atteinte sans fatigue excessive.

Qui dit travail concentré dit souvent :
- seul·e (sauf quand le travail de révision est déjà fait et que l'étudiant l'ancre alors par des questions-réponses avec ses pairs) ;
- sans téléphone pour ne pas être tenté·e ou interrompu·e par des bips de messages (qui interrompent la concentration en moyenne toutes les 10 minutes) ;
- et, le meilleur pour la fin, en position confortable (bureau, lit, fauteuil, terrasse, jardin) et dans de bonnes conditions : certaines personnes travaillent mieux avec un fond sonore alors que d'autres sont plus concentrées avec des bouchons d'oreille, certains ont besoin de bouger quand d'autres sont plus efficaces accrochés à leur bureau…
- pour les plus grands, la bibliothèque, la médiathèque ou la B.U. (bibliothèque universitaire) peuvent être des lieux efficaces quand il y a une salle de travail/lecture. Elles sont ouvertes à tous et l'ambiance calme et studieuse incite à faire de même… et aucune distraction n'est possible !

Pratiquer régulièrement un sport d'extérieur (course ou marche à pied, vélo…) **et/ou aller marcher dehors entre deux sessions de travail.**

Le sport améliore l'oxygénation du cerveau et un corps mal oxygéné, qui ne sort jamais, apprend moins bien. Faire du sport stimule le cerveau et le réseau de communication entre les cellules nerveuses (sécrétions d'endorphines et de dopamine).

Soigner son sommeil : nombre régulier d'heures de sommeil, mêmes heures de coucher et de lever.

Pendant la nuit, le cerveau est en grande activité, il revisite les données emmagasinées dans la journée pour les classer et les stocker afin de pouvoir les réutiliser plus tard. Le sommeil permet incontestablement de renforcer et de consolider la mémoire.
Pour mieux s'en rendre compte, il est intéressant de savoir que 17 heures d'éveil (soit un lever à 8h et un coucher à 1h) équivalent en termes de manque de vigilance à 0,5g d'alcool dans le sang.

En cas de fatigue, deux solutions : l'exercice de la respiration en carré vu dans le chapitre sur la gestion du stress ou faire une micro-sieste (10 à 15 minutes suffisent ! Et pas plus de 20 à 30 minutes !) qui permet surtout une forte récupération de la mémoire automatique.

Cibler les **périodes de travail les plus efficaces** : les périodes où l'attention est beaucoup moins bonne sont :
- l'après-déjeuner (d'environ 13h00 jusque 15h00),
- le soir (d'environ 21h à 7h du matin).

Imaginer les conditions d'examen.
- Si l'ado/l'étudiant connait déjà le lieu : visualiser la salle avec les tables et les chaises, se voir assis sur l'une d'elles avec sa trousse et ses crayons, percevoir les odeurs et la luminosité de la pièce, s'imaginer assis avec les crayons qu'il va utiliser en main, se souvenir de la décoration de la salle (affiches accrochées au mur, taille des fenêtres, emplacement de la porte

d'entrée, etc.), se projeter en train de voir des visages rassurants d'amis autour de lui, etc. ;

- Si l'ado/l'étudiant ne connait pas déjà le lieu : s'y rendre en avance pour le visiter (au minimum l'extérieur) ou aller sur internet voir des images du lieu pour s'en imprégner (intérieur ou extérieur) via le site de l'établissement ou les images partagées sur Google. Pour certains enfant/ado, avoir un plan du lieu pour situer la salle, la cantine et les toilettes peut aussi les rassurer. Et, si possible, s'imaginer dans le lieu. S'il doit déjeuner à l'extérieur, repérer avec lui les restaurants/boulangeries les plus proches en vérifiant les jours d'ouverture. L'adulte peut aussi faire physiquement avec l'ado/l'étudiant le chemin domicile/lieu d'examen ou le faire virtuellement via Google maps (*Tiens ! Quand tu tournes après la boulangerie chelou peinte en vert pomme, il y a un "Royal Kebab" qui n'a pas l'air mal... par contre, la boucherie qui est à l'autre bout de la rue donnerait envie d'être végétarien !).*

Certaines personnes ont plus besoin que d'autres d'anticiper les choses car cela leur permet de diminuer le nombre d'informations nouvelles/inconnues qu'elles auront à traiter le jour de l'examen et donc avoir plus d'énergie mentale et émotionnelle à consacrer à l'épreuve en elle-même. Pour d'autres personnes, cela leur permet de diminuer le stress par rapport à une préoccupation précise (*Et si j'ai envie d'aller aux toilettes ? Comment je vais trouver un truc à manger en moins d'une heure entre l'épreuve du matin et de l'après-midi ?).*

💡 Et la veille de l'examen : préparer ses affaires (carte d'identité, convocation, tenue dans laquelle on est à l'aise, sac, montre, bouchons d'oreille, bouteille d'eau, matériel propre à la matière...) et s'aérer les neurones.

LE MOT DE LA FIN

J'espère que vous avez trouvé dans ce livre des clés, des idées, des astuces pour dénouer des situations difficiles et faire en sorte que petits et grands se comprennent, se respectent, que chacun s'apaise, retrouve le sourire et la joie d'être ensemble.

Le monde éducatif a beaucoup changé en une seule génération, il n'est pas facile de trouver nos marques, nous les adultes, avec ces enfants "2.0".

Cet ouvrage est une trousse de secours pour résoudre les principaux problèmes éducatifs de la petite enfance à l'adolescence, mais souvenez-vous qu'on ne change pas une équipe qui gagne ! Ce livre n'est surtout pas un manuel du parfait adulte en relation avec l'enfant… il vous permet juste d'avoir des explications sur les causes de ce qui ne va pas et de nombreuses pistes sur comment faire quand la situation devient problématique.

Expérimentez ! Pratiquez ! Soumettez les solutions à votre vie, vos valeurs, votre personnalité, votre libre arbitre ! J'ai essayé d'être la plus inventive et généreuse possible pour que vous trouviez toujours une solution qui vous corresponde.

Partager mon expérience à travers cet ouvrage a été un plaisir et une grande satisfaction. J'espère qu'il en a été de même pour vous à sa lecture.

REMERCIEMENTS

Merci à mon mari qui m'a toujours portée dans mes projets avec un soutien et un enthousiasme inconditionnels qui me touchent tant à chaque fois.

Merci à mes enfants dont la personnalité, la pertinence et l'espièglerie ont été une source quotidienne de joie et de stimulation... mais aussi une source intarissable d'inspiration dans mon métier d'accompagnement des enfants comme des parents ! Sans vous, ce livre n'aurait pas pu exister tel qu'il est !

Merci à ma famille et ma belle-famille qui ne semblent plus s'étonner de mes nombreux projets, ni de mes nouvelles idées et passions.

Merci à mes ami·e·s, ceux et celles qui ont compté, chacun·e à leur manière, à des moments très différents de ma vie : Cécile, Christophe et Caro, Perrine, Hélène, Nathalie, Karine, Cathy, Veronika, Isa, Claudia, Sharone, Flavien, Pierre, Josette, les Larsens.

Merci à mes fées, ces homme et femmes qui ont été là et qui ont cru en moi, qui m'ont aidée à me lancer et à m'épanouir dans ce métier de thérapeute : Hélène, Idrissa, Marie-Claire, Christine, Mylène, Anne et Anne et leurs collègues d'Héric, Bernadette, Catherine, Bénédicte, Véronique, Simone, et encore une autre Catherine ! et le gang des orthophonistes de Nantes et de l'Ouest !

Merci à mes formateur·rice·s, notamment en hypnose et sur le sujet de la haute sensibilité, la générosité et la richesse de vos enseignements ont transformé ma pratique et ma vie.

Merci à Amandine pour avoir rendu ce projet concrétisable grâce à son enthousiasme, ses conseils et son travail attentif de relecture.

Merci enfin aux familles que j'ai reçues en consultations et à mes petits (et plus si petits que ça !) patients pour leur confiance : vous voir retrouver le sourire est une motivation de tous les jours.

Merci à chacun·e, j'ai une chance incroyable de vous avoir dans ma vie, MERCI.

LES TROIS PEPITES QUI ONT EMBELLI CE PROJET

- Amandine SOURISSE – Docteure en Lettres, Formatrice en expression écrite et orale

Amandine est aussi souriante que pertinente, fine et rigoureuse. Ses encouragements à la lecture des premiers chapitres et ses conseils ont sans nul doute contribué à ce que ce projet aboutisse sans que je jette l'éponge !
Méthodes et accompagnement scolaire sur-mesure, cours particuliers de prise de parole en public, relecture de thèses, ateliers d'écriture pour les petits comme les grands, elle a plus d'un tour dans son sac à malices pour faire de vos rêves une réalité.

https://eulexis.fr/ - Instagram et Facebook : eulexis_nantes.

- Maud GROLLEAU – Dessinatrice, Graphiste et Illustratrice

Les dessins de Maud m'ont touchée en plein cœur : poétiques, doux, bienveillants, si complexes avec une apparente simplicité. Sa gentillesse et sa générosité sont à l'image de ses créations ! Son adhésion à ce livre est un cadeau.
Maud crée des logos, cartes de visite, catalogues, affiches, illustrations de livre, projets d'architectes et de paysagistes...

https://www.laplumedemaud.com/

- Valérie SHERIN – Photographe

Si je devais la résumer en un mot, ce serait lumineuse ! Valérie a le rire aussi éclatant que son talent. Elle sait mettre en confiance et révèle l'éclat de chacun·e à travers ses photos pleines de vie et de douceur.
Valérie est photographe mais pas que, sa joie de vivre vous transporte et vous révèle à travers des clichés subtils et proches de ce que vous êtes.

https://valeriesherin.com/ - Facebook : Valérie Sherin